교육과정 콘서트

(통합교과수업을 위한 행복한 멘토링 교과서)

[행복한 교과서®] 시리즈 No.07

지은이 | 이경원
발행인 | 홍종남

2014년 3월 27일 1판 1쇄 발행 | 2014년 9월 16일 1판 2쇄 발행
2015년 1월 23일 1판 3쇄 발행 | 2015년 8월 15일 1판 4쇄 발행
2016년 6월 27일 1판 5쇄 발행 | 2017년 6월 10일 1판 6쇄 발행
2018년 3월　1일 1판 7쇄 발행(총 15,000부 발행)

이 책을 만든 사람들
책임 기획 | 홍종남
북 디자인 | 김효정
교정 교열 | 좋은글
출판 마케팅 | 김경아
자문 | 최상길 선생님(송화초)

이 책을 함께 만든 사람들
종이 | 제이피씨 정동수·정충엽
제작 및 인쇄 | 천일문화사 유재상, 다오기획 김대식

펴낸곳 | 행복한미래
출판등록 | 2011년 4월 5일. 제 399-2011-000013호
주소 | 경기도 남양주시 도농로 34, 부영e그린타운 301동 301호(다산1동)
전화 | 02-337-8958 팩스 | 031-556-8951
홈페이지 | www.bookeditor.co.kr
도서 문의(출판사 e-mail) | ahasaram@hanmail.net
내용 문의(지은이 e-mail) | leese34@hanmail.net
※ 이 책을 읽다가 궁금한 점이 있을 때는 지은이의 e-mail을 이용해 주세요.

교육과정 콘서트

통합교과수업을 위한
행복한 멘토링 교과서

이경원 지음

행복한미래

·추천사·

이경원 선생님은 참 아름다운 사람이다 — 남자에게 이런 말을 쓰는 것이 적당할지 모르지만, 그리고 나의 정체성이 의심받을 수도 있다는 것을 무릅쓰고 그냥 한마디로 그를 이야기 해보라고 하면 딱 떠오르는 말이다. 사실 내가 이경원을 안지는 몇 년 되지 않았지만, 그는 알면 알수록 대단하다는 말이 절로 나오게 하는 사람이다.

이것은 나 뿐만은 아닌 것 같다. 그와 만나는 많은 교사들과 학부모들이 교사로서 그의 뛰어난 수업에 놀라고 감탄한다. 그리고 감동을 받는다. 그러나 그에 대한 평가로서 이런 말들은 결코 공정하지 않다.

처음 '이경원'을 만난 것은 어느 토론회 장이었던 것 같다. 껑충한 키에 구부정한 모습으로 들어서는 그는, 별로 나의 관심을 끌만한 특별한 것이 없어 보이는 평범한 인상이었다. 오히려 만화에 나오는 캐릭터 같은 첫인상이었다. 그런데 수줍은 듯 말을 여는 이 사람은 어느새 주위 사람들을 매료시키고 자신에게로 끌어당기고 있었다. 나도 모르게 '이것 봐라 대단한 녀석(?)이 숨어 있었네?'라는 말이 절로 나왔다.

몇 년이 지났지만 아직도 그 때의 느낌이 생생하다. 당시 나는 혁신학교를 정착시키고 확산시키기 위해서 경기도교육청에서 고군분투하고 있던 시절이라 많은 교사들과 전문가들을 만났었다. 솔직히 교육계에서 대단하다고 하는 많은 사람들에게서 감동하지 못하던 때였다. 이렇게 눈이 높은 나를 감동시키고 놀라게 한 몇 안 되는 사람 중에 하나가 이경원이다.

'아이들에게 미치지 않고서는 이런 포스가 나올 수 없다'는 것이 나의 첫 평가였다. 이경원의 입에서 쏟아져 나오는 자신의 수업과 학교에 대한 이야기들도 놀라웠지만, 그보다 나는 아이들에 대한 너무도 따뜻한 시선과 애정에 놀라고 있었다. 그의 놀라운 에너지와 스스로 행복해하는 것이 절로 전해지면서 '제대로 된 미친 인간을 만났구나'라는 느낌이 나를 흥분시켰다. 이런 선생님들이 있으면 혁신학교는 성공할 수밖에 없다는 확신이 들었다.

이것이 이경원과 나의 첫 만남이었다 — 아주 강렬한 인상을 남긴. 그리고 한참 오랫동안 잠깐씩 마주치기만 하고 오래 이야기를 나누지도 못했다. 그래도 이경원은 늘 내 뇌리에 박혀 있는 사람이었다. 그리고 이경원의 이름은 어쩔 수 없이 계속 내 귀에 들려왔다. 청옥의 빛은 감추려 해도 감추어지지 않는가 보다. 요즘 나는 이경원을 자주 보게 되었다. 바쁘다고 거절하는 것을 강압해서 내가 하고 있는 연구팀에 끌어들였다. 그래서 이경원과 더 많은 이야기를 나눌 수 있게 되었다. 몇 번을 고쳐 생각해도 협박(?)으로 끌어들이기를 잘했다는 생각이 든다. 요즘에 나는 늘 그에게 배우고 감동받는다.

많은 사람들이 이경원의 수업 이야기를 한다. 정말 수업을 잘하는 선생님으로 알고 있고, 그것은 사실이다. 그러나 그들이 모르는 또 다른 것이 있다. 그것은 아이들에 대한 믿음과 뜨거운 사랑 없이 이경원과 같은 선생님 될 수 없다는 것이다. 나는 그와 학교와 수업에 대한 이야기를 하는 순간순간 이것을 깨닫는다.

그가 아이들과 나누었던 이야기를 들으면서 늘 이런 생각을 한다. 그 반 아이들은 정말 행복하겠다. 또 그 아이들이 이경원을 정말 행복하게 하는구나. 세상에서 가장 아름다운 교실을 만드는 아이들과 선생님이 너무 부럽다. 나는 이경원이 『교육과정 콘서트』를 집필하는 과정을 지켜보고 중간 중간 미리 읽어도 보았다. 이 책에 그가 하고 싶은 이야기를 온전히 다 담을 수도 없을 것이고, 그가 전해주는 감동을 다 느끼도록 할 방도도 없을 것이다. 그렇지만 어떤 마음으로 아이들과 마주할 것인지, 아이들과 교사가 함께 성장해가는 행복한 교실의 모습이 어떤지 알고 싶다면 이 글을 읽어 볼 것을 자신 있게 권한다.

학교가 행복할 수 있다는 것을, 공부가 즐거운 것이라는 걸 몸으로 체험하는 아이들의 이야기를 발견할 수 있을 것이다. 교사가 행복해지는 길이 어디에 있는지 아는 사람을 만나게 될 것이다. 읽는 사람의 마음이 행복해지는 좋은 글이다.

이경원은 천상 교사다 — 아름다운 교사. 우리의 마음을 따뜻하게 하는 내가 꿈꾸던

교사. 이경원과 함께 유럽의 어느 거리에 앉아서 감미로운 햇살을 즐기던 날을 떠올린다. 그때도 이경원은 여느 때처럼 고풍스러운 거리를 자신의 스케치북에 담고 있었다. 이렇게 따뜻하고 섬세한 그 사람의 이야기를 만나게 될 것이 기다려진다.

이성대 교수님
추천사를 써 주신 이성대 님은 신안산대학교 교수로, 혁신학교를 기획하고 경기도 교육청에서 기획예산담당관으로 일하면서 혁신교육 정책을 총괄했다.

학교 선생님들이 바라본
이경원의 수업과 교육과정

자신을 발견하는 희망의 수업

어떤 작가는 버려진 돌멩이에게도 고개를 숙이는 자세가 '배움'이라 하였습니다. 이처럼 돌멩이 하나, 나뭇잎 한 잎, 아이들의 눈빛과 표정 하나하나 까지도 자세히 들여다보는 이경원 선생님을 옆에서 지켜보면서 저도 배움의 자세를 느낍니다. 이 책의 이야기처럼……. 이경원샘과 같은 '생각의 시작'을 제시해주시는 선생님들이 많아진다면, 더욱더 생기 있는 수업, 자신을 발견하는 희망의 수업이 되리라 믿습니다.

|동안고등학교 교사 곽재은 님|

교사와 학부모를 교육전문가로 만들어주는 친절한 교육과정 안내서

이 책에는 이경원 선생님의 교육에 대한 끊임 없는 고민과 실천이 담겨있다. 교육과정을 재구성하여 학생들에게 통합적 사고를 가르치려고 노력하는 모습은 초등교육이 나아가야할 희망이자 비전이다. 교사와 학부모가 함께 읽고 교육에 대해 생각할 수 있는, 교사와 학부모를 교육전문가로 만들어주는 친절한 교육과정 안내서라 생각한다.

|분당고 교사 이주원 님|

아이들과 함께 성장하고픈 선생님들에게 길잡이가 될 것

자신이 아는 것과 행하는 것을 일치하기란 대단히 어려운 일입니다. 항상 바르게 알고 제대로 행동하려 애를 쓰지만 실제로는 그렇게 되지 않는 것에 대해 무덤덤해질 즈음, 깊이 생각하고 실천하며 아이들과 함께 행복하게 살아가는 이경원 선생님을 만났습니다.

함께 동학년을 가르치면서 많은 이야기를 나누었고, 아이들의 미래에 대한 꿈을 꾸며 많은 것들을 실천해 나갔습니다. 그런 과정에서 나누었던 이야기들과 가슴 벅차게 느꼈던 마음들이 고스란히 담겨 있는 이 책을 읽으면서 참으로 반가웠습니다. 아이들을 잘 보고 가슴으로 받아들이기 위해서 선생님이 어떻게 노력하고 성찰했는지 다시금 느낄 수 있었습니다.

그런 선생님 옆에서 행복해 하던 아이들 얼굴이 생각납니다. 재미있고 신나는 일이 가득하지도 않았고, 매일 공놀이를 하는 것도 아니지만 학교에 오는 것이 가슴 벅차보였습니다. 진지하게 배우며 행복한 6학년 생활을 하던 꾸러기들…… 아기오리들이 엄마오리를 따라 다니는 모습처럼 아이들은 선생님의 그림자를 따르며 매일 조금씩 성장하였습니다. 끊임없이 노력하고 진지하게 성찰하는 선생님의 모습 그 자체를 아이들은 받아들였습니다.

이 책은 아이들을 가슴 가득히 안고 싶은, 아이들과 함께 성장하고픈 선생님들에게 길잡이가 될 것입니다. 선생님들의 행복한 성장을 바랍니다.

| 서정초 교사 한은정 님 |

학부모님들이 바라본
이경원의 수업과 교육과정

주제별 학습은 아이들을 하나로 만들게 하고, '왜?' 라는 질문과 함께하는 체험 활동을 함으로써, 도전과 자신감을 안겨 주었다고 생각합니다!

이영진 님(2013학년 졸업생 박용균 어머님)

주제중심의 공부를 하면서 아이들이 서로의 의견을 수렴하고 협동과 배려심으로 스스로 깨달아가는 과정을 통해 얼굴에 자신감과 웃음 가득한 모습으로 나타났던 것이 기억에 남습니다.

왕원정 님(2013학년 졸업생 최수민 어머님)

잘 키워 주신 선생님들이 우리 혁신초 최고의 선물이랍니다. 선생님들 같으신 분이 많아지신다면 행복해질 아이들이 넘쳐날 텐데⋯⋯. 그런 시절이 얼른 왔으면 합니다.

한소현 님(2013학년 졸업생 김규태 어머님)

몸소 체험을 통한 독도 활동과 경험들이 진정한 울림이 되어 아이들의 마음에 각인되고 뜻깊은 추억을 남겼다는 점에서 만족스러운 한해였습니다.

한주희 님(2013학년 졸업생 배 준 어머님)

부모도 아이들과 같이 배운다는 자세로 함께 하니 새로운 것들이 보이더군요. 정말 소중한 시간들이였고 이런 교육에 참여할 수 있어서 행복했습니다.

박영실 님(2011학년 졸업생 전진호 어머님)

선생님의 소중한 시간을 아이들에게 쏟아 붓는 모습과 아이들이 정말 행복한 모습으로 늘 선생님과 함께하는 것을 보면서 몹시 놀라웠고 감사한 시간들이었습니다.

김정아 님(2011학년 졸업생 전한솔 어머님)

교과 수업이 통합되어있어 자연스럽게 아이들이 적극적으로 참여할 수 있는 토론식·그룹형 수업은 현재 중학교에 다니는 저의 아이에게 그룹형 수행평가 수업에 많은 도움이 됩니다.

김애숙 님(2011학년 졸업생 노윤지 어머님)

학부모의 적극적인 관심이 학교교육을 완성시킨다는 생각으로 열심히 쫓아다녔어요. 그렇게 할 수 있도록 해 주신 선생님께 감사드립니다.

김경실 님(2011학년 졸업생 서일권 어머님)

함께 할 수 있게 해주셔서 또 제가 어렸었던 그때를 다시 기억 할 수 있게 해주셔서 감사합니다. 무엇보다 아이들을 이해하고 기다릴 수 있는 여유를 주셔서 감사합니다.

정설영 님(2013학년 졸업생 김나윤 어머님)

요즈음의 도시 아이들에게 추억거리를 만드는 일은 입장료를 내고 들어가는 체험학습장이 전부인데, 서정초는 우리가족에게 즐거운 추억을 만들어 주셨습니다.

황미선 님(2010학년 졸업생 최유정 어머님)

교육과정은 교사의 마음心에서 출발합니다

마음의 힘

여러분은 자신의 마음의 힘을 얼마나 믿고 있는지요?

'마음만 먹으면 무엇이라도 할 수 있어!' 라고 우리들은 이야기합니다. 하지만 정말 마음만으로 이루어진다 믿나요?

간단한 테스트를 통해 마음의 힘을 알아볼까요? 먼저, 바른 자세로 앉아 주세요. 몸은 정면을 향한 채로 오른손만 앞으로 쪽 뻗어주세요. 이

배움의
근원은?

때 오른손 엄지손가락은 세워야 합니다. 이제 그 상태 그대로, 자신의 몸 오른쪽 옆을 지나 최대한 몸 뒤쪽으로 오른손을 이동해 주기 바랍니다. 그리고 그 자세 그대로, 고개만 돌려 오른손 엄지가 가리키는 곳이 어딘 지 보아주면 되겠습니다. 자~ 보셨나요?

그럼 다시 오른손을 제자리로 돌려놓고 내려놓으세요. 그리고 눈을 감고 상상하세요. 지금 방금 본 오른손의 위치보다 더 멀리 가 있는 자신 의 오른손의 모습을. 마음으로 상상하는 것입니다.

상상하셨나요? 이제 다시 눈을 뜨고 앞의 차례대로 오른손을 다시 뒤로 보내봅니다. 그런 다음 다시 고개를 돌려 확인해 보세요. 어떠신지 요? 혹시 처음보다 더 멀리 오른손이 이동하지 않았나요? 보통 이 활동 을 해 보았을 때, 대부분은 10센티 정도 더 멀리 이동하는 모습을 보였답 니다. 마음의 힘이 조금은 느껴지나요?

저는 개인적으로 이러한 마음의 힘을 믿고 있는 교사입니다. 그리고 지금부터 하게 될 이야기도 이러한 눈에 보이지도 않고, 확실하지도 않은 것 같은, 마음의 힘에 대한 이야기랍니다. 그래서 어쩌면 어려운 이야기

일 수 있습니다. 하지만 분명한 것은 불가능한 이야기는 아니라는 것입니다. 어려운 것과 불가능한 것!

제가 제일 두려워하는 것은 어려운 일을 만났을 때 그것을 불가능하다고 생각해서 포기해 버리는 것입니다. 마음의 힘을 붙잡고서 교육과 배움을 생각하는 일, 불가능하지 않습니다. 하지만 어려운 이야기는 맞습니다. 그래도 마음의 힘을 믿으신다면 아니 마음의 힘을 믿어보고 싶으시다면 한번 도전해 보면 어떨까요?

마음의 그릇

배움이란 무엇일까요?

교육과정을 바라본다는 것은 배움을 바라보는 것과 다르지 않다고 생각합니다. 제가 대학생일 때 제 친구는 과외를 많이 했습니다. 그러다 보니 용돈이 항상 풍부했지요. 그래서 저처럼 가난한 대학생 친구에게 맛있는 것을 자주

사 주었답니다. 그러던 어느 날 "경원아, 오늘 내가 돌 깨고 오느라 너무 힘들었다."라고 말하고서는 웃는 것이었죠. 저 또한 같이 웃었고요. 그 당시 저는 생각했습니다. 공부를 못 한다는 것은 머리가 나빠서이고 그런 머리를 우리는 '돌머리'라 불렀지요. 그래서 배움이라는 것은 돌을 깨고 머리를 채우는 것이라고 생각했답니다. 하지만…….

교사가 되고 15년간 아이들과 이리 저리 함께 뒹굴고 난 후 지금은 배움에 대한 이러한 생각이 달라졌습니다. 머리가 나빠서 배움이 어려운 것이 아니라는 사실을요. 그리고 실제 나쁜 머리, 즉 돌머리는 없다는 생각

도 하게 되었지요.

그렇다면 배움이란 무엇일까요? 제가 생각하는 배움이란 각자의 마음속에 들어 있는 '마음의 그릇'을 채우는 것이라 생각한답니다. 왜냐하면 마음의 힘은 무척 세다고 믿고 있기 때문이죠. 우리 각자의 마음속에 있는 마음의 그릇을 만들고 채우는 일, 개개인이 가진 여러 가지 모양의 마음의 그릇에 맞는 배움을, 안내하는 일들이 배움이 아닐까요?

그래서 배움이란 교사 혼자만의 몫도 아니고 학생 개인만의 몫도 아니라고 생각합니다. 학생, 즉 학습자는 자신만의 마음의 그릇을 크게 키워가야 하는 자세를 가져야 하고, 교사는 이렇게 다양한 마음의 그릇에 어떤 것들을 채워줄 수 있을지 고민하는 것이 배움이라 생각합니다. 마음의 힘은 세니까요.

교사이기 전에 어른이 되자!

그렇다면 마음의 그릇을 채운다는 것은 어떤 것이고 어떤 방법이 있을까요? 우리가 학교에서 배우는 교과서에 나와 있을까요? 결국 아이들의 마음을 채우려고 한다면, 눈에 보이지도 않는 마음을 채우고자 한다면, 제일 먼저 교사인 제 마음을 채우고 있어야 하지 않을까요?

현대의 교사는 소위 말하는 엘리트 집단이라 불리고 있습니다. 높은 수준의 교육대학을 졸업하고 임용고시까지 패스한 교사들. 소위 학교 다닐 때 공부 꽤나 했다던 사람들이 바로 교사인 것이죠. 그래서일까요? 교사들과 아이들과의 만남에 어려움이 있다는 생각이 들었습니다. 저 또한 '아니 이 문제를 이렇게 자세히 설명해 주어도 이해를 못하네. 어떻게 된 걸까?'라고 생각했으니까요. 아이들과의 눈높이를 더 맞춰볼 요량으로 다양한 연수도 받아보고 수많은 책과 논문들도 뒤져보았지만, 아이들과 하나의 호흡으로 만나는 것은 어렵기만 했습니다. 왜 그럴까요?

"앞"이 아닌 "뒤"
꾸밈없는 "나"를 생각하며...

　　교사이기 전에 어른이 된다는 것은 많은 연수를 받고, 다양한 책과 논문을 읽는다고 되는 것이 아니라, 교사 스스로 자신의 마음을 채우고 들여다보는 작업이 먼저 되어야 하는 것은 아닐까요? 자신의 마음을 채우며 자신의 고민과 생각을 넓고 깊게 만들어가는 것. 그래서 스스로 어른스러운 마음을 가졌을 때, 그 때부터가 진짜 교사로서의 생활이 시작되는 것은 아닐까요? 그리고 이러한 어른스러운 모습은 앞에서 보여지는 현란한 기술이 아닌 그저 아무런 꾸밈없는 뒷모습으로 덤덤히 표현되는 것은 아닐까요? 교사의 뒷모습을 생각하는 것이 바로 '교육과정'을 생각하는 것과 다르지 않다 생각하니까요.

아디오스~ 1인 주인공 시대

　　제가 나누고 싶은 이야기는 불가능한 이야기가 아닌 '어려운 이야기'라 말씀드렸죠? 배움이란 무엇인지? 교육과정이란 무엇인지? 교육과정을 재구성한다는 것은 또 무엇인지?

　　네. 어려운 이야기 들입니다. 하지만 아무리 어려운 이야기라 하더라도 그 속에는 항상 핵심이 되는 것이 있기 마련이죠. 그 핵심이 바로 '유니크(Unique)' 입니다.

여러분은 혹시 〈도둑들〉이라는 영
화를 보신 적 있으신가요? 1,000만 관
객이 본 영화라고 하지만 저는 영화가
개봉되고 시간이 지나서야 TV에서 방
영하는 것을 보았답니다. 사실 저는 이
영화를 보기 전에는 영화의 주인공이
전지현이나 김수현같이 요즘 한창 유명한 분들이 아닐까 생각했었답니다.
하지만 아니더군요. 영화 포스터에 등장한 모두가 주인공이더라고요. 주
인공이 1명이나 2명이 아니라는…….

　　그렇다면 혹시 2012년 런던 올림픽의 개회식은 보신 적 있으신가
요? 개인적으로 런던올림픽의 개회식은 오랫동안 기억에 남을 만한 개회
식이었습니다. 여러 가지 멋진 개회식 행사가 있었지만, 다른 건 다 제쳐두
고 최종 성화주자만으로도 말이죠. 혹시, 최종 성화주자가 누구였는지 기
억하나요?

1 ≠ 7

한사람의
최종주자가 아닌
7인의
최종주자!

1인 주인공의 시대는
끝났다!

올림픽이 예전처럼 큰 관심을 못 받고 있기는 하지만, 그래도 최종 성화주자에 대한 이야기는 지금도 최대의 관심사 중의 하나가 아닐까 합니다. 그래서 런던올림픽 때에도 '최종 성화주자가 누구일 것이다.'라는 언론의 보도가 많았었죠. 유명한 축구선수 데이비드 베컴이나 황태자 찰스이지 않을까 하는 보도 말이죠. 그런데 막상 뚜껑을 열어보니 놀라운 일이 벌어졌습니다.

바로 최종 성화주자가 1명이 아닌 7명으로 구성된 영국의 젊은 육상선수였기 때문이죠. 이제까지의 올림픽에서 최종 성화주자가 1명이 아니었던 적이 있었을까요? 제 기억으론 없는 것 같습니다. 그런 면에서 보면 런던 올림픽에서의 7명의 최종 성화주자는 무척 파격적인 것이죠.

그렇다면 제가 어려운 이야기의 핵심이 유니크라고 해놓고서, 왜? 〈도둑들〉 영화 이야기와 런던 올림픽 최종 성화주자 이야기를 하는 것일까요?

그것은 바로 '1인 주인공 시대의 종말'을 보여주고 있다 생각해서 입니다. 1인 주인공의 시대가 아닌 다인 주인공의 시대, 한 사람의 최종 성화주자가 아닌 다인 최종 성화주자인 시대가 지금의 시대이며, 이 말 속에는 결국 우리 모두가 주인공인 시대라는 말씀을 드리고 싶어서입니다.

우리 모두가 주인공인 시대에서 우리가 갖춰야 할 것은 무엇일까요? 저는 그것이 바로 '유니크함'이라 생각한답니다. 결국 이런 유니크함이 교사로서 아이들과의 배움을 이야기하는 핵심이 되는 것이죠. 나만의 유니크함을 가지도록 하는 것. 결국 이것도 마음이네요.

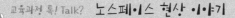

교육과정 톡! Talk? **노스페이스 현상 이야기**

예전에 인터넷에 이런 이야기가 떠돌았던 적이 있습니다.

'중·고생들이 왜 노스페이스를 좋아하는지 아십니까?'
'우리나라 교육이 점점 산으로 가서 그렇다네요.'

우리나라 교육의 문제는 모두가 똑같은 모습의 사람을 만들어내는 것에 있지 않을까요? 남들과 똑같은 옷을 입는 것을 부담스러워하고, 자신만의 스타일을 중시하는 사람. 다시 말해 자신만의 이야기를 만들 수 있는 유니크한 사람을 길러야 함에도 우리는 그러지 못하고 있는 것은 아닐까요?

'세상이 얼마나 무서우면 이렇게 하나가 되어 세상 속에서 살아남고 싶어 할까?'를 생각하니 이 시대의 교사로서 죄스럽습니다.

교사가 교육과정이다!

1인 주인공의 시대가 끝나고 모두가 주인공인 시대에서 살고 있는 우리 교사들은 그렇다면 어떻게 살아가야 하는 것일까요? 새로운 시대에 맞는 새로운 배움을 이야기해야 하는 이유가 여기에 있다 생각합니다.

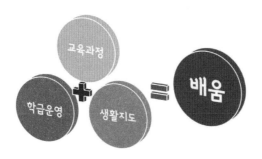

예전의 저는 교과서는 교과서대로 가르치고, 학급운영은 학급운영대로 하고, 생활지도도 따로 했었던 교사였습니다. 각 과목을 각각의 교과서를 가지고 분절적으로 가르치던 교사였지요. 하지만 이제는 새로운 배움의 모습을 찾아야 했습니다. 저만의 교육을 위해 저만의 성찰과 마음을 담아야 했지요. 그래서 교과서와 학급운영과 생활지도가 다르지 않도록 해야 하겠다 생각했고, 결국 그렇게 하기 위해서는 교사 개개인이 스스로 교육과정이 되어야 했습니다.

이렇게 모두 하나가 되었을 때만이 그것이 진정한 배움으로 우리 아이들의 마음에 변화를 줄 수 있었답니다. 어떤 프로그램을 잘 설명한다고 해서 아이들이 배우는 것이 아닌, 그저 지금 현재의 '나' 자체를 받아들인다는 것을 알게 된 것이죠. 결국 교사가 교육과정이었습니다.

교육과정 톡! Talk? 무지개

무지개가 아름다운 이유는 저마다의 색을 가지고 있으면서도, 그 색이 서로 다르다는 것에 있습니다. 그리고, 그 서로 다름을 인정하며 존중하기에 아름다운 것이지요.

교사 개개인이 교육과정이라는 말 속에는 교사 각자가 가진 다름이 존재함도 이야기 하고 있다 생각합니다. 모두가 무지개처럼 자신만의 색을 가지고, 다른 사람을 인정하며 지내는 것이 진정한 공동체로서 함께 하는 것은 아닐까요?

무지개

무지개가 아름다운 이유는
저마다의 색을 가지고 있으면서도
그 색이 서로 다르다는 것에 있다는 것이다.

그리고
그 서로 다름을 인정하며
존중하기에 아름다운 것이다.

모두가 똑같이 가야 한다는 것을 자칫 하나의 색으로 만들어야 한다고 생각하게 되면, 그것은 다양한 색을 하나로 섞어버리는 것과 같습니다. 결국 '회색'만 남게 되겠지요. 모두가 자신의 색을, 자신만의 교육과정을 가지게 되는 것. 그리고 그것을 서로 인정하는 것. 이것이 우리가 추구해야 할 공동체의 모습은 아닐까요?

창의성의 또 다른 이름

창의성이 무엇보다 강조되는 시대에 살고 있습니다. 그런데 교사가 교육과정이라는 말을 했습니다. 결국 이 말은 교사 스스로 창의적인 사람이 되지 않고서는 아이들에게 창의성을 가르칠 수 없다는 말과 같습니다. 이론적으로 '정말 그렇다.'라고 말씀 드릴 순 없지만, 일리 있는 말이라 생각하고 있답니다. 그렇다면 교사 스스로 창의적인 사람이 되어야 하는데 어떻게 해야 할까요? 지금이라도 창의적인 사람이 될 수 있을까요? 한 가지 예를 이야기하며 생각해 보겠습니다.

여러분은 엘리베이터에 왜 거울이 있다고 생각하나요? 개인적으로 항상 엘리베이터에는 거울이 있었기에 무심코 넘겼던 일이었는데, 이 작은 거울에도 놀라운 이야기가 숨어있더군요.

큰 건물에 많은 사람들이 지내다 보니 항상 엘리베이터가 부족했답니다. 당연히 사람들로부터 느리고 부족하다는 불만들이 쏟아졌고요. 그래서 건물주는 느리고 부족한 엘리베이터를 어떻게 보충해 주면 좋을지 방법을 찾아보기 시작했답니다. 직원들과 머리를 모아 고민했지만 기술상, 여건상의 이유로 더 이상 엘리베이터를 늘릴 수도 빠르게 할 수도 없었다네요.

그때!

"사장님, 많은 엘리베이터를 설치하고 속도를 높이는 것이 현실적으로 어렵다면, 그저 엘리베이터에 탄 사람들이 느끼는 지루함을 달래줄 방법을 찾아 불평을 최소화하는 것은 어떨까요?"

많은 사람들이 엘리베이터의 숫자와 속도에만 집착할 때, 이 직원은 사람들의 마음을 읽어내었고, 결국 그 이야기가 받아들여져 지금과 같이 엘리베이터에 거울이 설치되었다고 합니다.

어떠세요? 창의적이지 않나요? 저는 교사도 이와 같아야 한다 생각합니다. 같은 문제를 두고서 다르게 생각할 수 있는 힘, 즉 마음의 힘을 키워야 하는 것이죠. 그래서 저는 생각합니다. 창의성의 또 다른 이름은 바로 '마음의 힘'이 아닐까 하고요.

이 책에는 스스로의 마음의 힘을 믿고 그것으로 주인공이 된 삶을 살아보고자 노력했던 일, 진정한 어른으로서의 삶을 살아보려 노력한 일, 그리고 진정으로 행복한 교사는 어떤 교사일지 고민한 일들의 이야기가 담겨있습니다. 혹시 같이 읽으면서 스스로에게 질문해 보면 어떨까요?

'난 지금까지 내 삶의 주인공처럼 살아왔는가?'
'난 교사이기 이전에 어른으로 성장해 있는가?'
'난 진정으로 행복한 교사인가?'

이런 고민들을 함께 하고 싶은 제 마음을 담아 이야기를 시작하도록 하겠습니다.

한 눈에
보는
목차

세상에 하나뿐인 교육과정 케이스 스토리

목차

교육과정 톡! Talk?

교육과정
콘서트

나는
정말
교사였을까?

1부

01
나는 가수다 vs 나는 교사다

나이가 들어간다는 것은 뜨거운 탕 속에 들어가도 '어~ 시원하다.' 라고 말할 수 있는 것이고, 웬만한 일에는 눈물을 보이지 않는 것이라고 생각합니다. 그런 저에게 나이를 잊고 눈물을 흘리도록 만든 프로그램이 바로 〈나는 가수다〉라는 프로그램이었죠.

왜? 저는 〈나는 가수다〉를 보며 눈물을 펑펑 흘렸을까요? 바로 '부러움' 때문이었습니다. 〈나는 가수다〉에 나오는 가수들이 너무너무 부러웠습니다. 그곳에 나온 가수들은 자신들이 가진 재능을 맘껏 펼쳐 보이며 소리 높여 외치고 있었습니다.

"나는 가수입니다. 노래하는 가수요!"

아이들과 다양한 활동을 하는 것을 좋아하던 저는 방학 중에도 아이들과 만나 같이 어울리기를 좋아했습니다. 그럴 때면 같이 영화도 보고, 박물관도 가면서 오랜 시간 같이 있게 되지요. 그러다보니 같이 밥을 먹을 기회도 있는데, 식당에서 나올 때면 어김없이 이런 말을 들었답니다.

"아이들과 같이 오셨나 보네요. 혹시 학원선생님이세요?"

"……."

"아! 교회에서 오셨군요?"

"……."

(한 아이를 쳐다보며) "혹시 너희 아버님이니?"

"……."

저는 아무 말도 할 수 없었습니다. 왠지 모르게 교사로 살아가는 제가 죄스러웠습니다. 스승의 날이 되면 기쁜 날이기보다는 부담스러웠습니다. 괜히 언론에서 교사에 대한 이야기가 나오기라도 하면 교사를 바라보는 세상의 차가운 시선에 상처받기 일쑤였습니다. 그래서 어딜 가서도 속 시원하게 '저는 교사입니다.'라고 말해 본적이 없었던 것 같습니다. 그래서 제가 하지 못하는 것을 하고 있는 〈나는 가수다〉 프로그램이 무척 부러웠답니다.

하지만 학교 내에서의 저는 완전히 다른 모습을 보이고 있었답니다. 학교에서 만큼은 저만의 존재감을 마음껏 발휘하고 있었다고 해야 할까요? 무엇을 하건 인정받았고 행복했습니다. 그 이유는 아이들과의 관계에서 찾을 수 있었습니다.

제가 초등학교 교사가 된 이후에 생각한 교사의 모습은, 이 시대를 살아가는 우리나라 아이들의 아픔을 어루만져주는 교사였답니다. 어떻게 하면 학교에서 있을 때만이라도 행복하게 해 줄 수 있을지 고민했습니다. 학교가 끝나면 다시 학원을 전전하는 아이들을 위해서 말이죠. 그래서 선택했던 방법이 '학급운영'이었답니다. 아마 저처럼 학급운영에 집중하는 교사들의 대부분이 이와 같은 생각일 것입니다.

아무튼 저만의 학급운영을 통해 아이들을 행복하게 해 주고 싶었습니다. 그래서 찾아낸 저만의 방법으로 생태교육을 학급운영에 적용하는 것이었습니다. 생태를 기반으로 하는 학급운영은 아침나들이 활동, 아침 햇살 활동, 환경동아리 활동 등으로 대표되었고, 특히 환경동아리에서는 환경UCC를 제작하는 활동까지 하게 되었죠. 아이들과 매일 방과 후 학교에 남아서 만들던 환경UCC는 그 당시 있었던 각종 대회에서 대상을 휩쓸었으며, 그로 인해 각종 언론에 소개가 되는 나름 유명한 교사가 되었답니다.

교육과정에 대한 이해가 부족해도, 교과서 순서대로 열심히만 가르쳤어도, 학급운영을 따로 집중해서 운영했어도, 학교 내에서 만큼은 저는 '행복한 교사'였습니다. 하지만 여전히 세상 속에서의 저는 교사라 외치지 못하는 교사였죠. 그래도 이렇게 지내온 저를 돌아보니 이 시기가 저에게 준 소중한 것들이 있음을 알게 되었습니다. 바로 아이들과 오랜 시간 같이 있으며 활동하다 보니, 아이들을 자세히 볼 수 있는 눈을 가질 수 있었던 것 같습니다. 아이들을 더 잘 이해할 수 있는 눈을 가지게 된 것이죠.

02
50% : 학부모와 교사의 거리

"선생님 감사합니다. 우리 아이가 학교에 가는 것을 너무 좋아합니다."
"아! 네. 별 말씀을요. 오히려 제가 고맙습니다."

학부모님들께서는 학교에 오셔서 저에게 이런 말씀들을 많이 해 주셨죠. 아이가 학교에 가는 것을 좋아한다고요. 그래서 저는 믿었습니다. 제가 가고 있는 교사의 길이 결코 잘못되지 않았다고 말이죠.

이런 저를 좋게 보신 선생님들께서 지금의 학교인 서정초등학교로 함께 가자고 했었던 것은 어찌 보면 참 고마운 일이었죠. 그런데 저는 처음에는 가지 않겠다고 했습니다. 왜냐하면 그 당시 교사로서의 삶에 약간의 불편함은 있을지 모르지만, 그래도 나름 '행복하다'고 생각했기 때문입니다. 그래서 새롭게 개교하는 학교, 더군다나 혁신학교로 개교하는 학교에는 가지 않겠다 말씀드렸죠. 그런데 결국은 2010년 개교와 동시에 혁신학교로 지정된 지금의 서정초로 오게 되었습니다. 바로 50%의 이야기를 듣고서 말이죠.

우리 부모님들은 내 자녀의 담임선생님에게 얼마나 솔직한가요? 모든 것을 다 이야기 할 수 있으신지요? 교사인 저로서는 알 수 없는 부모님들의 마음. 그 마음이 제 생각에는 50%라 생각했습니다. 하지만 저는 제 앞에서 이야기하는 부모님들의 이야기만을 믿었던 것 같습니다. 나머지 50%는 막연하게 넘기면서 말이죠. 그런데 그 나머지 50%의 이야기, 절대 교사들은 들을 수 없는 이야기를 듣게 되는 사건이 생겼습니다. 어떻게 듣게 되었냐고요?

부모님들은 교사들에게는 절대 하지 않는 이야기 50%를 어디서 할까요? 일단, 일반적으로 카페 등에 모여서 이야기하지만, 더 은밀한 이야기는 누구누구네 집에 모여서 차를 한잔하며 이야기 하는 경우가 많은 것 같았습니다. 공개된 장소가 아니다보니 누가 어떤 이야기를 하고 있는지 알 길이 없는 것이죠. 그런데, 저는 그 이야기를 생생하게 들을 수 있었습니다. 바로 저에게는 저만의 스파이가 있었거든요.

저만의 스파이는 바로 제 아내입니다. 아내가 어떻게 스파이냐고요? 제가 살고 있는 곳과 관련이 있습니다. 저는 아직까지 제 집을 가지고 있질 않습니다. 그러다보니 2년에 한 번씩은 이사를 가야하는 상황이지요. 그런데 이것이 꼭 나쁜 것만은 아닙니다. 왜냐하면 새로운 집과 새로운 환경에서 새로운 마음으로 시작할 수 있잖아요. 일반 공립학교의 교사들은 5년 만기가 되면, 그 학교에 계속 있지 못하고 학교를 새롭게 옮겨야 한답니다. 그래서 학교를 옮길 때 집 근처의 학교를 신청하고 옮겨갔답니다. 그런데 문제는 제 아내는 교사가 아니라는 것입니다. 그저 성격 좋은 동네 아줌마인 것이죠. 그러다 보니 동네에 비슷한 또래의 아주머니들과 친하게 지내게 되는데, 이 동네 아주머니들의 대부분은 제가 있는 학교의 학부모이기도 하거든요. 자~ 감이 오나요?

네. 맞습니다. 제가 있는 학교의 학부모님들이 이야기하는 장소에 제 아내도 같이 앉아있게 된 것입니다. 결국 저는 교사들에게는 절대 들려주지 않는 50%의 이야기들을 생생하게 들을 수 있었습니다.

"자기야. 1학년 1반 선생님이……. 정말이야?"
"아! 그래? 나도 모르는 이야기인걸?"

부모님들의 말을 전해 들으면서 참 놀라운 사실들을 알게 되었습니다. 부모님들의 학교에 대한 관심은 굉장히 높지만, 그 관심이 투명하지 못한 학교의 시스템에 의해 잘못된 정보, 부정적인 상황들로 흘러가고 있었다는 것이었습니다. 확인되지도 않은 사실들이 사실인양 이야기되고 있는 현장. 그 현장의 이야기는 저에게 학교란 무엇인지, 교사란 어때야 하는지 다시 한 번 생각하게 하기도 했습니다. 그러던 어느 날……

"자기 이야기도 엄마들이 하던데?"
"응? 그래? 뭐라고 하셔?"
"응. 자기네 반이 되게 해 달라고 어떤 엄마들은 새벽기도를 드리기도 한데."
"와! 정말이야? 음……. 내가 좀 열심히 하긴 하지. 하하하"

평소 제 앞에서 보이던 부모님들의 반응과 크게 다르지 않아 안심이 되었다고 할까요?

"그런데……"

갑자기 가슴이 철렁 내려앉은 느낌이 들었습니다. '그런데? 그런데?'

"그런데 라니? 뭐라고 하셨어?"
"자기네 반이 되면 무척 안심이 되고 좋다고 하셨어. 그런데, 공부는 좀 덜 가르치는 것 같데."

다른 말은 이미 필요 없는 말이 되었습니다. 그저 제 마음속에는 '공부는 좀 덜 가르치는 것.'이 말만 맴돌 뿐이었습니다. 제 가슴에 커다란 구멍을 내고서 말이죠.

03
교사, 진짜 배움을 찾아서

'그런데 공부는 좀 덜 가르치는 것 같아.'

이 말이 계속 제 마음속을 맴돌고 있을 때, 저보고 함께 혁신학교에 가자는 분들의 이야기가 다시 들려왔습니다. 그래서 생각했습니다.

'혁신학교에 가면 내가 배움이라는 것에 대해 좀 더 진지하게 고민할 수 있지 않을까?'

이 생각 하나를 붙잡고 지금의 서정초라는 혁신학교로 학교를 옮기게 되었습니다. 그리고 연이어 저에게 주어진 새로운 업무와 역할. 저에게 주어진 첫 역할은 6학년 학년부장이었습니다. 6학년이라 해 봐야 2개 반이 다였지만, 교사가 된 후로 처음 맡게 된 학년부장 자리는 저에게 여러 가지 혼란스러운 상황을 만들기도 했습니다. 그동안 학년이 아닌 학급에 집중하던 것을, 이제는 학년 전체를 살펴야 하는 위치에 있게 된 것이지요. 더 큰 문제는 학년부장이 되었기에 반드시 해야 할 학년교육과정을 짜야 하는 것이었습니다.

"학년 부장님들께서는 학년교육과정을 제출하셔야 하는데, 혁신학교 에 맞게 혁신학교 학년교육과정을 제출해 주세요."

"네? 그런데 어떤 것이 혁신학교 학년교육과정인가요?"

저에게 주어진 첫 번째 일은 '혁신학교 6학년 교육과정 작성' 이었습니다. 혁신학교라는 말 자체도 낯설고 이상한데, 혁신학교 6학년 교육과정이라니요? 그동안 저에게는 교육과정이란 그저 반드시 제출해야 하는, 귀찮은, 형식적 문서 정도의 의미였을 뿐인데, 이제는 무엇인가 특별한 것을 만들어야 하는 위치에 서게 된 것입니다. 그때까지의 저는 학급운영에 집중해 오던 교사였다 말씀드렸었죠. 그러다 보니 저만의 학급운영에 대한 색깔은 분명히 있었지만, 그것이 교육과정과 동떨어져 운영되기 일쑤였습니다. 그런 저에게 교육과정이라는 것은 그저 귀찮은 형식적 문서 이상도 이하도 아니었죠. 그런데 갑자기 혁신학교 6학년 교육과정을 짜야 했으니, 오죽하면 새벽에 잠을 자다 교육과정 괴물에 놀라 잠을 설치기도 했을까요.

그저 배움이라는 것에 대해 좀 더 깊이 있는 생각을 하기 위해 혁신학교에 왔는데 , 배움에 대한 고민은 어디로 가버리고 교육과정을 만들어 내느라 괴로워했던 것 같습니다. 그 당시 저는 '배움'과 '교육과정'은 아무런 상관관계가 없다 생각했으니까요. 그래도 학년부장이라는 책임을 맡았기에 열심히 교육과정에 대해 공부하기 시작했습니다. 그동안 '교육과정이 왜 필요해?'라며 혼자 학급운영에만 집중하던 제가, 이제는 어쩔 수 없이 교육과정을 붙들고 고민하는 시간이 늘어났고, 그 당시 저에게는 괴로운 시기였음에 틀림없습니다.

세 가지 교사의 유형

    지금까지 제가 경험한 교사의 모습과 주변의 동료교사들의 모습을 보며 생각한 교사의 3가지 모습을 나타낸 그림입니다. 먼저 제가 예전에 속해있었던 교사의 유형이 '학급운영중심 교육과정운영'이었던 것 같습니다. 이 유형의 특징은 자신만의 색깔을 가지고는 있지만, 그것이 교육과정과 연계되지 않고 교육과정을 벗어나서 운영되는 경향이 많다는 점입니다. 그러다 보니 학기말이 되면 그동안 미뤄왔던 진도를 나가느라 바쁜 유형인 것이죠.

    두 번째 유형의 교사는 '분절적인 교육과정운영'이라 생각했습니다. 분명히 교육과정 속에서 운영되고 있지만 자신만의 색깔을 갖지 못하고, 무엇이 좋다고 하면 그것을 그대로 따라 하는 유형이라 생각했습니다. 그래서 이런 저런 경험들은 많지만, 그것이 하나로 연결되지 못하여 오랜 시간 교육과정을 운영하는 교사로 살아오지만, 자신이 제대로 하고 있는지 불안해하는 유형이 아닐까 생각합니다.

    마지막 유형은 '교육과정+학급운영 융합 교육과정운영'의 교사입니다. 교육과정이라는 큰 틀 속에 들어 있으면서도 자신만의 색깔을 가지고 교육과정을 운영하는 교사라 생각합니다. 그리고 그러기 위해서 교육과정을 있는 그대로 따라 가르치는 것이 아니라, 자신만의 것으로 만드는 교육과정 재구성의 길을 걷는 교사인 것이죠. 여기서 제가 추구하는 교사는 마지막 유형이었습니다. 나만의 색깔을 가지되, 그것이 교육과정과 함께하는 교사의 모습을 원했답니다.

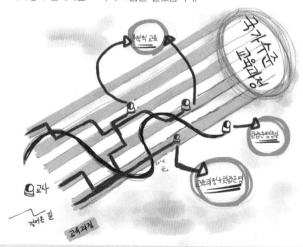

04
적과의 동침? : 학부모와 교사

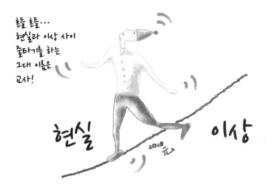

흔들 흔들…
현실라 이상 사이
줄타기를 하는
그대 이름은
교사!

현실   이상

    혁신학교 6학년 교육과정으로 고민하던 저는 어떻게 되었을까요? 도저히 어떻게 해야 할지 알 수 없었기에 그전 학교에서와 마찬가지로 형식적인 교육과정을 제출할 수밖에는 없었습니다. 그럼 형식적인 교육과정이란 무엇을 말할까요? 쉽게 말하자면 교과서의 진도를 그대로 따라가며 무난하게 교육부에서 요구하는 사항들을 지켜나가는 교육과정 구성이랍니다. 이제까지 제가 해 온 교육과정은 다 이런 식으로 했었지요. 좀 과장해서 말하자면 '시수'라는 것을 잘 맞춰서 제출하면 그만이었던 것이죠. 그렇게 하다 보니 교육과정이란 것이 왜 필요한지 몰랐고 그저 골치 아픈 문서에 지나지 않았던 것이죠. 하지만 배운 것이 그것뿐이라서 새로운 것

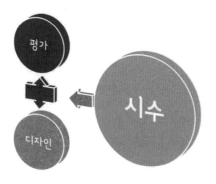

을 만들어내진 못하였고, 시수를 중심으로 하는 교육과정을 만들어 낼 수밖에는 없었습니다.

'뭐 교육과정이 중요한가? 이전처럼 아이들과 열심히 그리고 행복하게 지내면 되는 거지.'

이런 생각을 가지고 교육과정의 고통에서 빨리 벗어나려고 노력했고, 형식적이지만 6학년 교육과정을 완성하여 제출하였습니다. 그리고 다시 교육과정은 머릿속에서 지우고 열심히 그리고 행복하게 아이들과 지냈습니다. 최소한 제가 보기에는 우리 아이들 모두 학교생활을 즐거워하는 것처럼 보였습니다. 부모님들도 마찬가지로 좋아하는 것처럼 보였고요. 그런데 문제는 제가 6학년 교사라는 점이었습니다.

"선생님, 고맙습니다. 우리 아이가 학교에 가는 것을 너무 좋아합니다."
"아! 네. 별말씀을요. 고맙습니다."

이 상황은 제가 서정초로 오기 전과 같았습니다. 하지만 그 뒤의 이야기는 달랐습니다.

"그런데 선생님. 내년에 이 아이들이 중학교에 진학하는데, 그 때는 어떻게 하나요? 공부를 하긴 하는 건가요?"

네. 맞습니다. 그동안은 부모님들이 저에게 50%만 보여주고 나머진 보여주지 않으셨는데, 이곳 서정초에서는 저에게 나머지 50%도 바로 보여주더군요.

'공부를 하냐고요? 네 당연히 하고 있죠.'

마음속으론 외치고 있었지만 차마 입 밖으로 꺼낼 수 없었습니다. 무엇을 가지고 부모님들을 설득해야 할 지 몰랐기 때문입니다. 그저 벙어리 냉가슴 앓듯이 발만 동동 굴릴 뿐이었습니다. 현실과 이상 사이의 외줄타기를 하고 있는 피에로의 심정이었습니다.

05
교과서를 버려라???

비록 교육과정은 형식적으로 제출했지만 아이들과의 생활에서는 진심을 다해 열심히 지냈습니다. 아이들 입에서 이곳은 천국이라는 말이 나오도록 지냈으니 나름 최선을 다 했다 할 수 있겠죠? 그러던 중 EBS의 〈다큐프라임〉에서 학교로 촬영 요청이 들어왔습니다. 혁신학교의 다양한 모습을 방영하고 싶다는 것이었죠. 그래서 뜻하지 않게 방송국 PD분과 함께 우리의 교육에 대해 이야기할 기회가 생겼습니다. 〈학교! 미래를 준비하다 3부—학교의 재구성〉편에서 방송된 분량은 짧았지만 방송국 PD분은 오랜 시간 우리와 함께 지내며 촬영을 하였습니다. 그때 이런 말씀을 하더군요.

"제가 전국의 여러 유명한 학교들을 많이 가 보았습니다. 아무래도 교육방송이다 보니 그렇지요. 그런데 그런 학교들을 가보았을 때 세 가지 형태의 학교모습이 보이더군요."
"어떤 유형의 학교모습이 있나요?"
"먼저, 학교장만 좋아하는 학교가 있고요. 학교장과 교사들이 좋아하고 자랑스러워하는 학교가 있으며, 마지막으로 학생들이 좋아하는 학교가 있더라고요. 그런 면에서 보았을 때 이 학교의 아이들은 마지막 유형의 학교 같아요. 아이들이 너무 좋아하는 것이 그냥 느껴지니까요."

정말 고마운 말이었죠. 그동안 제가 하고 있는 교육에 대해 이렇게 구체적인 칭찬(?)을 받아본 적이 없었던 것 같은데, 우연히 만난 교육방송 PD분의 이 말씀은 저에게 큰 힘이 되었던 것 같습니다. 하지만 현실은 앞에서 언급한 것처럼 학교에서 공부를 하는 것이 아닌 , 놀러 다니는 느낌이라 생각하는 부모님들이 많으셨다는 것이지요. 그리고 그것을 깨고 나아가기 위해 어떻게 해야 할지 고민만 가득 안고 있었습니다.

그 때 벌어진 사건이 있었습니다. 서정초등학교의 교장선생님인 이우영 교장선생님께서 놀라운 이야기를 하셨죠. 바로 다음의 말이었습니다.

"교과서를 버리세요!"

이건 무슨 말일까요? 갑자기 교과서를 버리라니요? 교과서를 기준으로 아이들과 만나고 있었고, 그것을 통해 배움을 실천하고 있었는데 교과서를 버리라는 말은 저에게 너무 당황스러웠죠.

'교과서가 나름 괜찮은데 왜 교과서를 버리라는 것이지? 혹시 교과서 말고 다른 교재로 다른 교과서를 만들어서 가르치라는 말씀인가? 그런데 그건 너무 힘든 일인데? 특별히 그렇게 한다고 해서 교과서보다 더 좋은 교재를 만들 수 있다는 보장도 없고……'

이런 생각들이 제 마음을 흔들어 놓았습니다. 그리고 교장선생님의 밑도 끝도 없이 말씀한 교과서를 버리라는 말에 그저 서운함만 느끼고 있었습니다. 그런데 그 때 문득 이런 생각이 들었습니다.

'그래, 교과서를 버리라고? 그럼 교과서 없이 내가 하고 싶은 교육을 하면 되겠네. 좋아! 한번 해 보지 뭐'

어떤 기준이나 제약에서 벗어날 수 있겠다는 생각을 하게 되자, 자유로운 생각을 하게 되었고, 그것을 의미 있게 묶어 낸 것이 지금의 '주제중심교육과정'이라 할 수 있을 것입니다. 이 상황이 주제중심교육과정에 대해 고민하던 저의 첫 모습이었습니다. 그럼 제가 하고 싶었던, 아니 지금 하고 있는 교육은 어떤 모습일까요? 그 이야기를 이제부터 하도록 하겠습니다.

교육과정
콘서트 ♪

교육과정이라 쓰고
'배움'이라고
읽는다!

2부

1장

배움과의 첫 만남

인간이란 다른 존재를
도와줄 수 있는 유일한 존재

'인간이란 다른 존재를 도와주는 유일한 존재다.'

제가 생각하는 인간의 정의입니다. 이 정의가 옳고 그른가를 따지는 것은 크게 의미가 없다 생각해요. 왜냐하면 제가 아이들과 함께 지내오며 만들어낸 저만의 인간을 보는 눈이기 때문이죠. 왜 이런 정의를 만들었는지 말씀드릴게요.

학교 현장에서 아이들과 지내다 보면 정말 다양한 상황을 만나게 됩니다. 교사라는 직업이 뭐가 어려울까 하는 분들께서는, 아이들과의 생활 속에서 느끼는 다양한 상황들을 제대로 느껴보지 못한 분들의 생각입니다. 아주 사소한 다툼부터 미묘한 신경전, 때로는 학교폭력이라 불리는 일들까지, 예쁘고 아름다운 모습만 학교에 있는 것이 아니라 우리 사회에서 보이는 다양한 어려움도 많이 가지고 있답니다. 그리고 교사는 그 어려움을 아이들과 그것을 해결하기 위해 노력하는 것이 학교생활입니다. 그런데 문제는 상황이 하도 다양하다 보니 각 상황마다 어떤 이야기를 해 주어야 할지 고민되는 것이 사실입니다.

친구의 뒷담화를 한 친구에게 뒷담화가 왜 나쁜지 이야기해야 하고, 친구에게 욕을 한 친구에게는 욕이란 어떤 나쁜 말인지 설명해 주고 생각하게 해야 하는 것이죠. 그런데 여기서 고려했어야 하는 점 중의 하나가 제가 만나고 있는 아이들은 초등학생이라는 점이었습니다. 물론 중·고등학생도 다르지는 않겠지만, 아직 어린 아이들일 뿐인 초등학생들에게 이런 저런 상황마다 약간씩은 다른 이야기를 해야 한다는 점이었죠. 결국은 착하게 지내야 한다는 이야기를 해야 하는데, 그렇게 되면 아이들은 새로운 상황에서는 어떻게 해야 하는지 구체적인 방법을 모른다고 생각하게 될 것입니다. 그럴 때마다 교사도 매 상황마다 다른 이야기를 해 주어야 한다는 부담감만 늘게 되는 것이었죠. 왠지 끝없는 이야기가 될 것 같지 않나요? 물론 이렇게 끝없는 이야기를 해야 하는 직업이 교사라 생각하기도 하지만, 왠지 더 좋은 방법이 있지 않을까 고민하게 되었습니다. 그때 생각했던 것이 바로 인간에 대한 정의였습니다.

우리가 배움을 이야기하고 아이들이 일정한 교육을 받는 것은 결국 '인간'으로 성장하기 위한 도움을 주는 행위이기에, 결국 인간이란 어떤 존재인지 아이들과 나눌 수 있다면, 모든 상황에서 일관된 이야기를 할 수 있지 않을까 생각했죠. 친구에게 욕을 한 상황에서도, 친구 뒷담화를 한 상황에서도 심지어 친구를 도와 준 상황에서도 말이죠.

'인간이란 다른 존재를 도와주는 유일한 존재이다.'라는 말은 다양한 아이들의 상황에서 사용될 수 있는 말이 되었습니다. 그래서 아이들과의 첫 만남에서 인간이란 어떤 존재라고 생각한다는 이야기를 아이들에게 들려준답니다. 선생님이 어떤 사람인지 알려주는 일과 함께요.

여기서 제가 중요하게 이야기하는 부분은 인간이 다른 인간만을 도와주는 존재가 아니라는 점이었죠. 다른 존재를 도와주는 존재로서 인간만의 시각으로 세상을 보지 않았으면 하는 마음도 담겨있답니다.

"선생님이 생각하기에 정욱(가명, 이하 동일)이가 정훈이에게 욕을 한 행
동은 인간다운 행동이 아니라 생각해요."
"태훈이가 학교 화단에 있던 잠자리의 날개를 뜯어낸 행동은 인간다
운 행동이 아니라 생각하는데……"
"재욱이가 우리 모두를 위해 정리해 주어서 너무 고마워요. 선생님은
이런 작은 행동 하나 하나가 인간다운 모습이라 생각한답니다. 인간
은 다른 존재를 도와주는 존재니까요."

궂은 일이 있어도 혹은 좋은 일이 있어도 아이들은 인간이란 어떤 존
재인지 생각하게 되었고, 저 또한 인간이란 어떤 존재인가를 중심에 두고
아이들과 만나고 있답니다. 혹시 이런 모습이 교사이기 이전에, 어른의 모
습으로 아이들과 만나고 있는 것은 아닐까요?

〈마주이야기〉를 통해서 본 듣기의 위대함

'들어주고, 들어주고, 들어주자'

배운다는 것은 과연 무엇일까요? 그리고 배움의 기본은 무엇일까요? 저는 다른 것을 받아들이는 것이 배움이라 생각합니다. 각자의 마음의 그릇을 가지고서 말이죠. 그런데 받아들이기 위해서는 무엇을 해야 할까요? 제일 중요한 것은 '듣기'가 아닐까요? 이러한 듣기에 대해 저를 일깨워 준 분은 이오덕 선생님이었습니다.

이오덕 선생님의 참교육에 대한 이야기는 저에게 교사로서 어떻게 살아가야 한다는 목표의식을 주었던 것 같습니다. 그 중에서도, 특히 저에게 다가왔던 내용은 우리 아이들의 이야기를 정말 진심을 다해 들어주라는 말씀이셨습니다. 아이들의 삶과 배움을 하나로 만들 수 있는 기본은 아이들의 말을 들어주는 것이라는 말씀을 보고, 저는 교사로서 아이들의 이야기에 얼마나 집중하고 들어주었는지 반성하였답니다. 그리고 그것을 구체적인 실천으로 이어가고 계셨던 박문희 유치원 원장님의 〈마주이야기〉를 접하고 저도 그 실천을 같이 해 보기로 하였습니다.

〈마주이야기〉는 '대화'라는 말의 순 우리말이라고 합니다. 박문희 원장님께서는 유치원 교육과정을 마주이야기를 중심에 두고 운영하시고 있더군요. 마주이야기는 아이들이 사용하는 말을 기록해놓고 그것에서 배움을 이끌어 내는 교육과정입니다. 그 분의 글을 읽으며 우리 아이들이 사용하는 말이 얼마나 예쁘고 진실된지 알게 되었습니다. 그래서 저 또한 아이들이 사용하는 말을 기록하기로 결정하고, 시작하게 된 것이 〈꾸러기 문집〉이었답니다.

2007년부터 시작된 꾸러기 문집은 일 년에 3~4회 발행되었는데, 현재까지 28호가 나왔답니다. 개인적으로 아이들이 사용하는 말이 그대로 기록되어 있는 이 문집의 글들이 저에게는 보석 같은 존재랍니다. 그리고 이 보석 같은 글을 기록하고 읽으면서 즐거워하고 눈물 적셨던 만큼 저에게 도움이 되었던 것 같습니다. 아이들의 말 속에 제가 하고자 하는 말들이 모두 들어 있었으니까요.

2007년 3월 22일 목요일 합체시간
오늘은 합동체육이 있는 날, 반별 대항으로 이어달리기를 하였다.

아이들	**야! 네가 희망이다. 잘해야 해!**
채현	**헐……**
	(열심히 뛰었다. 그래서인지 나름 순위가 올라갔다. 다음으로 진국이가 달렸다. 그런데…….)
아이들	**진국이가 넘어졌어! 어떤 아이랑 부딪친 것 같아!**
	(진국이는 달리다가 저학년 아이와 부딪혀 운동장을 구르고 있었다. 그 순간…….)
진국	(저학년 아이를 보며) **괜찮아? 많이 아프지?**
채현	**……** (동생을 걱정하는 진국이의 모습. 본받고 싶다.)
	(2007년 마주이야기 중)

아이들은 제가 이야기 해 주지 않아도 어떻게 살아가야 할지 친구들과의 관계 속에서 그 답을 찾아가고 있었습니다. 아이들의 말을 자세히 들여다보기 시작하니 그것이 보이더군요. 결국 아이들의 말을 들어준다는 것은 아이들이 아닌 저에게 더 큰 도움을 주었습니다. 그런데 이런 생각을 하지 못했던 지난 과거의 저는 어떤 모습이었을까요?

"발표할 때는 자신감 있고 큰 목소리로 했으면 좋겠어. 발표력도 배움의 하나라 생각해."

아이들에게 큰 소리로 자신감 있게 이야기하기를 바랐었죠. 그리고 그것을 할 수 있어야지 다른 곳에서도 큰 소리로 자신의 의견을 말할 수 있다 생각했답니다. 하지만 정말 그런 것이었을까요? 물론 큰 목소리로 자신감 있게 이야기 하는 것은 필요하다 생각합니다. 하지만 더 중요한 것은 누가 어떤 이야기를 하건, 그것을 정말 온 몸을 다해 들어줄 수 있는 자세를 배우는 것. 그리고 그런 사람들을 위해 진심을 다해 자신의 이야기를 할 수 있는 것. 이런 것이 더욱더 필요한 것은 아닐까요?

아무리 작은 목소리로 자신의 이야기를 하더라도 누군가 정말 진심을 다해 온몸으로 들어준다는 것을 알게 된 아이는, 앞으로 삶에서도 자신이 존중받는 다는 것을 느끼며 살 수 있지 않을까 생각합니다.

우리 반 칠판에는 항상 '들어주고, 들어주고, 들어주자'라는 글이 쓰여 있습니다. 단순히 귀로 듣는 것이 아닌 온 몸으로 들어주는 것, 아이들과 함께 매일 매 순간 실천하기 위해 칠판에 적어놓았습니다. 처음에는 제가 적고 설명하지만 그 다음부터는 아이들이 스스로 적어놓고 실천하기 위해 노력합니다. 아이들도 알거든요. 누군가 자신의 이야기를 진심을 다해 온몸으로 들어준다는 것이 얼마나 기쁘고 행복한 일인지를요.

학부모님들이 바라본
이경원의 수업과 교육과정

6학년 한 해 동안 여러 가지 활동들이 있었지만 학부모로서 가장 기억에 남는 것은 꾸러기맘 책읽기 모임이다. 책 선정부터 획기적이었으며 책 이야기를 하면서 아이의 마음을 이해할 수 있었고, 아이와 소통하는 방법과 내가 부모로써 잘 못 하고 있는 것들을 알게 되었다. 부모가 바뀌어야 아이가 변하듯이 학교생활 이외의 시간까지 아이들이 행복하길 바라시는 선생님의 마음이 느껴진 소중한 시간이었다.

윤영희 님(2013학년 졸업생 유정 어머님)

아이들과의 이야기 속에서 상훈이의 마음까지 알아차리시곤 하셨던 선생님. 선생님과 함께 한 1년 동안 상훈이는 자신이 무엇을 좋아하는지 알게 되었지요. 우리 부부는 그 때 선생님과 함께 상훈이를 키운다고 느꼈습니다. 우리 부부에게도 선생님이셨던 선생님의 이야기를 책으로 만나게 된다니 매우 기대됩니다.

김은영 님(2010학년 졸업생 상훈 어머님)

주입식 교육이 아닌 진정한 삶을 위한 교육을 실천하는 데 열심이시고, 아이들의 투정과 장난까지도 사랑으로 교육하시기에, 아이들에게 인기 짱이신 천성의 선생님이시지요!

김영옥 님(2012학년 졸업생 승현 어머님)

바다가 썩지 않는 까닭은 5%의 소금 때문이고, 사막에 생명이 숨 쉬는 것은 이따금씩 내리는 3%의 비 때문이라고 합니다. 우리나라 교육에 희망이 있는 건 5%의 이경원 선생님 같은 분이 계시기 때문이라고 생각합니다. 아이들이 선생님 곁에서 행복해 하는 것이 그 징표겠지요.

강현이 님(2012학년 졸업생 승민 어머님)

2장

깊은 배움으로의 초대

01

꿈꾸는 자와 깨어있는 자

'꿈꾸는 자와 깨어 있는 자.'라는 말을 혹시 들어보신 적이 있으신가요? 아마 처음 들으실 거예요. 왜냐하면 이 말은 제가 아이들에게 설명해줄 때 사용하려고 만든 말이기 때문입니다. 이런 말을 생각하게 된 것은 순전히 우리 뇌가 좌뇌와 우뇌로 나뉘어 있다는 사실을 알게 되고 나서부터입니다. 더 정확히 말해서 좌뇌형 인간이 있고, 우뇌형 인간이 있다는 이야기를 들었죠. 아시다시피 좌뇌형 인간은 논리적이고 체계적인 사고를 많이 한다고 하지요. 반대로 우뇌형 인간은 추상적이고 이미지적인 사고를 많이 한다고 합니다. 그런데 다양한 책들을 읽다 보니, 우리 아이들 대부분이 우뇌형 인간의 특징을 보인다는 글을 보게 되었죠.

'우뇌형 아이들은 추상적이고 이미지적인 것에 강하게 반응한다고 하던데……. 음 정말 그런 것 같았어. 왠지 모르게 그림과 관련된 학습에서 더 긍정적인 모습을 보여준 것 같아.'

그래서 더 자세히 아이들을 바라보았더니 역시 아이들은 그림과 같은 이미지와 함께 배울 때 더 잘 배우는 것 같았죠. 그런 눈으로 배움을 들여다보았더니, 현재 우리나라의 교육과정이 지나치게 좌뇌형 아이들을 위한 내용이 아닌가 하는 생각도 들었답니다. 그러다 보니 논리적이고 체계적인 내용들을 잘 이해하는 친구들은 큰 어려움 없이 적응할 수 있지만,

그렇지 못한 아이들, 즉 우뇌적 특징을 더 많이 보이는 아이들에게는 어려운 교육과정이었다는 생각이 들었죠. 물론 인간의 뇌가 좌뇌와 우뇌 따로 작동하는 것이 아닌 서로 상호작용을 통해 작동한다고 알고 있습니다만, 아무래도 어릴 때에는 어느 한쪽 특징이 좀 더 두드러지게 나타나는 것이라는 생각이 들었습니다. 그런 생각들을 하고 있을 때 만난 것이 바로 〈발도르프 교육〉이었습니다.

부끄럽게도 교육대학교를 졸업했지만 기억나는 교육학자라고는 피아제 밖에는 없었던 저에게 발도르프 교육의 신비스러움은 그 자체로 충격이었죠. 아이들의 성장을 다양한 시각으로 연구하고 적용해 나가는 모습이 정말 새로웠답니다. 그런데 그곳에서도 비슷한 이야기를 하더군요. 7세부터 14세까지의 아이들은 감정과 상상력의 단계라고 말이죠. 감정과 상상력이라는 말, 우뇌형 아이들의 특징과 비슷하지 않나요?

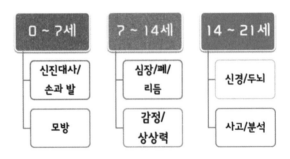

『감정코칭』이라는 책에서 제시되어 있는 인간의 뇌가 발달하는 단계에서도 이와 거의 같은 특징으로 서술하고 있었습니다. 인간의 뇌를 3층으로 나눈다고 하더군요. 지하 1층의 파충류의 뇌에서 인간의 기본적인 욕구를 해결하는 것을 알게 되고, 1층의 포유류의 뇌에서 감정을 느낀다고 하네요. 마지막으로 2층의 인간의 뇌에서 전두엽과 후두엽을 활성화해서 이성적인 판단을 내린다는 내용을 보게 되었죠.

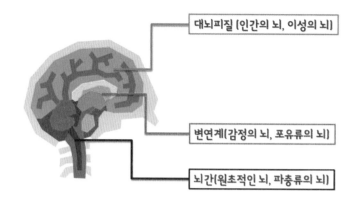

대뇌피질 (인간의 뇌, 이성의 뇌)

변연계(감정의 뇌, 포유류의 뇌)

뇌간(원초적인 뇌, 파충류의 뇌)

그런데 현재 학교에서는 어떤 뇌에 집중하고 있는 걸까요? 그리고 저는 어떤 뇌를 성장시키기 위해 노력해 왔을까요? 저는 그동안 '인간의 뇌를 발전시키기 위해 노력해 왔다.'라는 생각이 들었습니다. 수많은 학습지와 문제풀이, 그리고 기계적으로 외우도록 안내하는 학습방법 등으로 말이죠. 그런데 그렇게 발전시키려 노력한 인간의 뇌가 최종적으로 발전하는 시기가 남자 30세와 여자 25세로 평균 27세라고 하네요. 사람이 27세는 되어야 인간의 뇌로서 정상적인 작동을 한다는데, 13살도 넘지 않은 아이들에게 인간의 뇌가 발전해야 한다고 다그친 사람이 바로 저였던 것이었죠. 우리 아이들은 그저 꿈꾸는 아이들일 뿐인데 말이죠.

그래서 제 나름대로 아이들을 '꿈꾸는 자'와 '깨어 있는 자'로 구분해 보았답니다. 꿈꾸는 자는 말 그대로 꿈속에서 살아가는 아이라는 뜻입니다. 꿈꾸듯이 살아가는 아이들은 무엇인가를 배울 때에도 체계적이기 보다는 추상적으로, 그리고 이미지적으로 접근하는 아이들인 것이죠. 깨어 있는 자는 논리적이고 체계적으로 배울 때 더욱더 잘 적응할 수 있다는 이야기고요. 그리고 한 교실에 꿈꾸는 아이들과 깨어 있는 아이들이 동시에 존재하고 있고요.

100번 듣기 < 1번 보기

꿈꾸는 아이들과 깨어 있는 아이들이 동시에 존재하는 교실에서 교사는 어떻게 해야 하는 것일까요? 저는 그래서 꿈꾸는 아이들에게 맞는 교육을 중심에 두고, 깨어 있는 아이들을 위한 교육을 보충해 주었답니다. 그래서 이미지를 활용한 교육을 중심에 두고 아이들과 만났고, 그것이 효과적이었다는 경험을 말씀드리고 싶습니다. 무엇을 배우건 그것을 그림으로 표현해 보고 그 속에 여러 가지 감정까지 담아보려 했죠. 결국 제가 했던 수업준비는 이러한 표현들을 어떻게 할지 고민하는 것이 대부분이었답니다.

'백문이 불여일견'이라는 말이 있죠. 아주 오랫동안 내려온 격언인데 신기하게도 여기서도 이미지와 관련된 이야기를 하는 것이라 생각했답니다. 그래서 존 듀이도 그런 이야기를 한 것은 아닐까요?

결국 안다는 것은 단순히 텍스트를 읽는 것(간접경험)만으로 알 수 있는 것이 아니라, 직접 보고 느끼는(직접경험) 것과 함께 해야 제대로 알 수 있다고 말이죠. 그래서 이미지와 함께 하는 배움은 단순한 흥미 위주의 교육도 아니고, 가벼운 배움도 아니라 생각합니다. 그림을 통해 새로운 사실을 알게 된다 생각했으며 우리 아이들도 그러한 모습들을 보여주었죠. 그리고 그러한 이미지를 실제 현장에서 만났을 때 아이들은 그 현장을 좀 더 제대로 볼 수 있었답니다. 배움의 시작이 인간에 대한 이해와 다른 사람의 말을 들어주는 것이라면, 배움이 깊어지기 위해서는 이미지를 활용한 교육이 필요하지 않을까 생각해 봅니다.

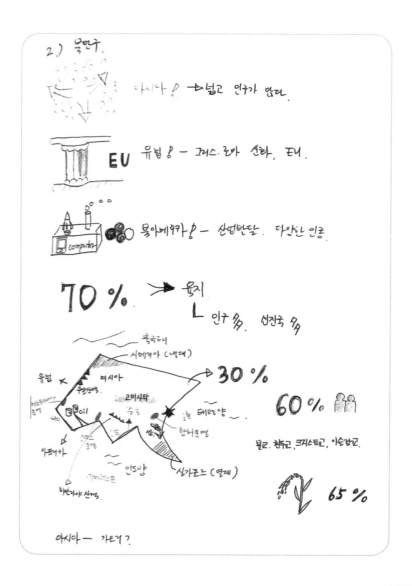

"선생님, 저는 올해 들어서 과학수업이 너무 좋아졌어요. 이해도 잘 되고요."

"왜 그런 거야?"

"우리가 과학시간에 그림을 그리면서 배우고 있잖아요? 그림을 그리는 수업이 너무 좋아요. 그림을 그린 것과 실험을 한 것이 서로 연결되어 이해가 잘 되는 것 같아요."

꿈꾸는 자와 깨어 있는 자를 활용한 생활지도

꿈꾸는 자는 꿈만 꾸는 경향이 강한 아이들이고, 깨어 있는 자는 현실을 논리적으로 해석하고 적용하는 아이들이라 말씀 드렸습니다. 아이들의 특성을 살펴보면 이러한 특성들이 나타나는 것을 볼 수 있었답니다. 꿈꾸는 자의 유형에 속한 아이는 매일매일 즐겁기만 합니다. 무엇인가를 해 내는 것이 중요하지 않지요.

깨어 있는 자의 유형에 속하는 아이는 매일매일의 삶이 피곤하기만 합니다. 왜냐하면 세상의 다양한 것들을 자신의 논리에 맞춰보아야 하는 것이죠.

그래서 저는 꿈꾸는 자에 속하는 아이들은 깨어 있는 자의 논리적이고 체계적인 마음을 배워야 한다 이야기하고 있으며, 깨어 있는 자에 속하는 아이들은 냉혹한 현실에 상처만 받지 말고 꿈꾸는 자에게 아름답고 즐겁게 살아가는 마음을 받으면 좋겠다 이야기 한답니다.

꿈꾸는 아이들과 깨어 있는 아이들이 공존하는 작은 교실 안. 이미 그 안에서 우리가 나아가야 할 조화로운 삶의 모습을 기대해 봅니다.

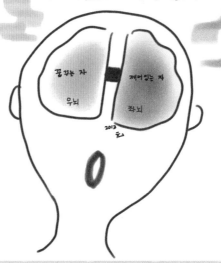

3장

배움에 대처하는 우리의 자세

01
꾸준함
: 꾸준함을 이기는 것은 세상에 없다!

배움이 무엇인지 고민하는 것이 바로 교육과정을 제대로 바라보는 일이라 생각합니다. 그래서 배움을 어떻게 만날 것인지부터 깊은 배움까지 이야기 했네요. 그렇다면 이러한 배움을 대하는 우리는 어떤 자세와 태도를 가지고 있어야 할까요? 제가 첫 번째로 말씀 드리고 싶은 자세는 '꾸준함' 입니다.

얼마 전에 재미있는 뉴스가 있었습니다. 고양 원더스라는 독립야구단의 단장이 미국 독립야구 리그의 한 구단에 입단하고, 첫 선발투구를 했다는 내용의 뉴스였죠. 메이저리그도 아닌 미국 독립야구 리그에서 투수로 선발 투구했다는 내용이 뉴스가 되어서 호기심이 생기더군요. 도대체 무슨 일인데 이럴까 하고요. 뉴스를 검색해 보며 깜짝 놀랐답니다. 주인공인 허민 씨는 우리 나이로 치면 이미 운동선수의 나이가 아니었으며, 정식 야구선수도 아니었습니다. 더 놀라운 것은 한 기업의 CEO이기도 했고요. 이런 조건의 사람이 어떻게 이 나이에 미국까지 가서 야구를 할 생각을 하고 더군다나 투수가 된 것인지 궁금했습니다. 더 놀라운 이야기는 여기서 나왔답니다.

너클볼을 처음 시작할 때는 하루에 한 시간 두 시간 연습을 했어요. 점점 좋아지면 좋아질수록 시간을 늘려 왔습니다. 그렇게 하다가 8년이 걸린 거죠.

무려 8년을 너클볼이라는 투구를 위해 연습했고, 그 결과 미국 독립 리그 야구단에 입단하게 된 것이죠. 하루 종일 야구만 하고 살아가는 야구선수가 아닌데도, 매일매일 꾸준히 한 결과로 지금의 위치까지 오게 되었다는 이야기는, 저에게 꾸준함의 위대함에 대해 다시 생각하는 계기를 만들어 주었답니다. 무엇인가를 원한다면 꾸준히 하는 것이 필요하다는 이야기로 제 가슴 깊이 새겨진 것이었죠. 그렇다면 이러한 꾸준함을 저는 어떻게 실천하고 있었을까요?

혹시 여러분은 '1인 1역'이라는 활동을 알고 있나요? 개인적으로 이 활동을 하지 않았던 제가 최근에는 이 활동을 아주 열심히 하고 있답니다. 왜냐하면 그 속에 꾸준함이라는 중요한 마음이 들어있다 생각해서입니다. 그동안 제가 1인 1역 활동을 하지 않았던 이유는 그 활동이 보이던 겉모습 때문이었습니다. 아이들에게 1인 1역 활동을 제안하고 실천하는 많은 선생님들의 모습을 겉으로만 보았을 때 느껴진 마음은, 그저 청소구역을 정해주고 매일 매일 청소하게 하는 정도로만 보였기 때문이었죠. 그래서 왠지 제가 신경 써야 할 부분을 아이들에게 미루는 느낌이 들었다고 할까요? 그래서 그런 마음으로 하는 것은 원치 않았기에 하지 않았었답니다. 그런데 1인 1역 활동 속에 꾸준함이라는 중요한 마음이 들어있다는 생각이 들자 다시 생각하기 시작했죠.

'1인 1역 활동을 통해 매일매일 꾸준히 하는 것을 배우게 하면 좋을 것 같아. 그런데 기존에 하던 방식처럼 청소구역을 정해주거나 하는 것은 싫어. 그러면 어떻게 할까? 음, 혹시 아이들에게 자신이 개인적으로 하고 싶은 활동을 아무 것이나 정해서 실천해 보도록 하면 어떨까?'

이렇게 생각을 정리하고 아이들에게 이야기 했죠. 너희들이 하고 싶은 1인 1역을 생각하고 실천해 보라고 말이죠.

"자. 이제 새롭게 선생님과 친구들을 만났는데 선생님은 여러분이 꾸준하게 무엇인가를 해 나가기를 바라고 있답니다. 그래서 여러분 각자가 자신이 매일 실천할 수 있는 것으로 하나의 역할을 정했으면 좋겠어요."

"선생님, 1인 1역 이야기 하는 거죠?"

"네, 맞아요. 그런데 선생님이 생각하는 1인 1역은 좀 다르답니다. 여러분이 해야 하는 1인 1역은 그저 자신이 매일 할 수 있는 일이라면 무엇이든 좋아요. 물론 지금도 매일 하고 있는 일은 제외하구요. 예를 들어 숨쉬기 같은 거 말이죠."

"그러면 제가 매일 선생님과 악수하는 것은 괜찮은 건가요? 지금은 매일 선생님과 악수하지는 않으니까요?"

"그럼요. 그런 것도 좋습니다. 각자 자신이 무엇을 매일 할 수 있을지 생각해 보세요. 단, 가장 중요한 것은 매일매일 할 수 있는 일로 정해야 해요. 선생님이 원하는 것은 매일 꾸준히 하는 것을 실천하는 것이랍니다."

아이들답다고 해야 할까요? 6학년 아이들도 분명히 아이들 이었습니다. 매일 선생님과 손가락 씨름을 하겠다, 매일 선생님과 참참참 게임을 하겠다는 아이와 묵찌빠 게임을 하고 싶다는 아이, 심지어 선생님 등을 매일 한 대 때리겠다는 아이도 있습니다. 물론 아주 감성적인 것도 있지요. 매일 선생님께 사랑한다고 말하는 친구, 매일 선생님을 꼭 껴안아 주는 친구 등 저에게 즐거움을 주는 1인 1역도 많이 한답니다.

자! 이런 1인 1역은 어떠세요? 저는 매일 꾸준히 실천하는 연습만으로도 무척 좋다는 생각을 가지고 있답니다. 배움을 대하는 첫 자세로 꾸준함을 이야기 했습니다. 이 꾸준함은 앞으로의 삶 속에서도 반드시 필요한 우리의 삶의 자세라 생각합니다. 매일매일 자신이 정한 1인 1역을 하며 행복해하는 아이들의 모습을 보는 것만으로도, 그 의미는 충분하다 생각합니다.

교육과정 톡! Talk? **아침나들이**

정확하게 8년이 되었네요. 제가 아침에 아이들과 아침나들이를 한지도 말이죠. 매일 아침 학교에 등교해서 아이들과 만나는 곳은 교실이 아닌 학교 주차장입니다. 주차장에서 아이들은 제가 학교에 도착하기를 기다리고 있답니다. 무슨 한류스타를 기다리는 것처럼 말이죠. 이유는 아침에 저와 함께 하는 아침나들이를 하기 위해서 입니다. 매일매일 하루도 거르지 않고 해 온 활동이 벌써 8년이 되었네요. 언젠가는 일본에서 원자력 발전소가 폭발하여 밖에 나가지 말라고 하던 날도 '아침에 잠깐 걷는 것은 괜찮을 거야!'라는 말을 하며 아이들과 산책을 하기도 했답니다. 물론 그 날은 아주 잠깐만 했답니다.

매일매일 하다 보니 아이들과 자연스레 계절의 변화나 우리 주변의 생명들에 관심을 가질 수 있었습니다. 특히 아이들과 우리 학교에 숨어 있는 비밀스러운 장면들을 찾아내는 재미는 새로운 활력을 주기도 하지요. 저쪽 미끄럼틀 아래에서는 매일 먹물버섯이 피어나고, 저쪽 느티나무 풋말 아래에는 청개구리가 자주 찾아와 잠을 잔다는 등 우리만의 비밀스러운 장면들을 말이죠. 그리고 이러한 아침나들이가 저나 아이들에게 하루를 시작하는 마음가짐, 즉 평화로운 마음을 준다는 점이 좋습니다. 무엇인가 큰 활동이나 프로그램은 아닙니다. 하지만 매일 하고 있기에 큰 의미를 가지는 것은 아닐까요?

02
협력 : 아름다운 동행

배움을 이야기할 때 우리는 흔히 교사와 학생의 상호작용에 대해 이야기를 많이 합니다. 하지만 실제로는 교사와 학생간의 상호작용 이외에도 학생과 학생의 상호작용도 중요한 배움의 모습이지요. 그런데 문제는 그렇게 되기 위해서는 친구와 함께 해야 한다는 점이지요. 함께⋯⋯.

예전의 제가 있던 교실의 칠판에는 반드시 모둠별 점수판이라는 것이 붙어 있었습니다. 말 그대로 모둠별로 활동을 할 때 순위별로 점수를 주는 것이었죠. 공부시간 모둠별 활동의 편차가 심해서 그것을 줄여볼 방법으로 선택하였고, 나름 아이들도 열심히 했다 생각했답니다. 그리고 모둠별 점수를 많이 받거나 개인적으로 좋은 일을 한 친구들에게는 쿠폰을 나눠주었고, 일정량의 쿠폰이 모이게 되면 상품이나 혜택을 주었었죠. 그런데 가만히 생각해 보면 제가 초등학교 다닐 때에도 담임선생님들께서 사용하셨던 방법이었더군요. 쿠폰은 아니지만 비슷한 개념으로 중·고등학교에서는 상벌점제가 있다고 들었고요. 예전의 저는 이러한 모습이 당연하다 생각했던 것 같습니다. 이렇게 해야 아이들이 움직인다 생각했던 것이죠. 하지만 정말 그럴까요?

제가 혁신학교에 와서 정말 크게 배운 것이 있다면 바로 '협력의 아름다움'일 것입니다. 경쟁을 벗어던지고 모두와 함께하는 협력의 마음. 다른 친구의 다름을 인정해 주는 마음의 위대함을요. 그래서 서정초등학교는 혁신학교를 시작하면서 기존의 학교가 가지고 있던 '임원제도'를 도입하지 않았답니다. 즉, 회장 부회장 혹은 반장 부반장이 없다는 말입니다. 거기에다 교내 상장제도도 만들지 않았죠. 상을 타기 위해 경쟁하는 것 보다 모두 함께 나누는 것이 더 중요하다 생각해서 입니다. 이러한 학교 문화와 어우러져 저 또한 교실 내에서 쿠폰제와 같은 활동을 전혀 하지 않았답니다. 사실 처음에는 제가 불안했습니다. 아이들이 정말 이렇게 해도 열심히 할까 하고서 말이죠. 그런데 결과는……

"와. 너희들 정말…… 선생님이 모둠별로 잘 한 모둠에게 선물을 준다고 한 적도 없는데, 왜 이리 열심히 준비했어?"
"선생님이 그러셨잖아요. 우리는 협력해야 한다고. 사실 예전에 모둠별로 경쟁할 땐 1등 모둠이 아니면 기분이 무척 나빴어요. 하지만 지금은 모두가 함께 하기 때문에 아주 좋아요."

아이들에게 배웠던 순간이었습니다. 그동안 아이들을 믿지 못하고 불안해하던 저를 반성하던 순간이기도 했고요. 사실 아이들은 어떤 마음을 가지느냐에 따라서 쉽게 변화될 수 있는 순수한 마음을 가진 친구들이라 생각합니다. 경쟁이 아닌 협력의 마음을 교사가 가지고 전달하려고 하기만 한다면 아이들은 얼마든지 따라오게 된다고 생각하는 것이지요.

교실 속에서 아이들 사이에 불신이 생기는 중요 원인 중 하나가 바로 교실 내에서의 경쟁이 아닐까요? 모둠별로 점수를 받아야 하는 상황이 되면 모둠을 정할 때 이미 같이 하기 싫은 친구가 생길 수밖에는 없으니까요. 그 친구와 함께 한다면 이미 우리 모둠이 1등을 한다는 것은 포기해야 하는 것이니까요. 우리 어른들은 이야기합니다. '경쟁이 없는 곳은 없다.'고 말이죠. 하지만 저는 그렇게 생각하지 않습니다. 아무리 사회가 경쟁을 요구한다 하더라도 최소한, 학교 안에서 만큼은 경쟁이 아닌 협력의 가치를 실천하고 배울 수 있도록 해야 한다고. 그랬을 때 우리 사회가 건강하게 유지될 수 있다고 말이죠. 진짜 경쟁은 학교를 졸업한 후 각자가 전문가가 된 다음 전 세계의 젊은이들과 경쟁하는 것이 진짜 경쟁이 아닐까요?

협력의 실천 - 공책정리

우리 반에서는 공책정리의 중요한 원칙이 두 가지 있답니다.

첫째, 글을 써야 할 때는 반드시 쓴다. 단, 무엇을 써야 할지 모를 때에는 다른 친구의 글을 참고해서라도 쓴다.

둘째, 다른 친구가 내 글을 참고하는 것을 절대 막지 않는다. 단, 내 공책을 친구에게 주는 것은 안 된다.

이게 무슨 원칙이냐고요? 아이들과 협력을 실천하는 우리 반의 모습이랍니다. 아이들과 하는 배움의 모습 중 공책정리는 꽤 중요한 위치를 차지하고 있답니다. 공책은 매일매일 수업시간에 자신이 배우는 것을 공책에 정리하며 자신만의 생각을 만들어가는 기본이 되는 곳이죠.

그런데 일반적으로 이런 공책정리를 해 보면 공책을 제대로 정리하는 친구와 그렇지 못한 친구로 크게 갈라져 버립니다. 보통 여학생들은 깨끗하고 정리된 공책정리를 하지만 남학생들은 상대적으로 그렇지 못한 경우가 많지요. 그런데 이러한 문제를 한 번에 해결해 주는 것이 바로 협력의 마음이었습니다.

예전에 모둠별 경쟁이 있거나 개인별 쿠폰이 있을 때에는, 내 공책만 잘 쓰면 되었고 다른 친구가 참고하겠다면 경계할 수밖에는 없었죠. 하지만 모두가 협력하는 문화에서는 그럴 필요가 없는 것이었죠. 그렇다고 해서 먼저 잘 하는 친구에게 못 하는 친구를 기다려주라고 하는 것이 아니라, 잘 하는 친구는 잘 하는 대로 앞으로 나아가게 하는 것이죠. 대신에 못 하는 친구가 원하면 언제든지 자신의 것을 보여주고 알려주는 자세를 가르쳐 주는 것이랍니다. 이런 식으로 공책정리를 하게 되면 어떤 일이 벌어질까요? 공책정리를 처음부터 잘 하던 친구와 처음에는 제대로 하지 못하던 친구가 시간이 지나면 비슷해진답니다. 못하는 쪽이 아닌 잘하는 쪽으로 비슷해지는 것은 당연한 결과이고요. 처음에는 글 한줄 쓰기도 힘들어 하던 친구들이 다른 친구들의 글을 참고해서 글을 쓰기 시작했고, 시간이 지날수록 다른 친구의 글을 참고하지 않아도 자신만의 글을 쓸 수 있게 되는 것이었죠. 아이들은 실제로 무엇인가를 못하는 것이 아니라 안 해본 것일 뿐이라 생각합니다. 그런데 이런 모습이 가능하려면 무엇이 필요할까요? 경쟁으로 정말 우리의 삶이 더 나아질까요? 협력의 아름다움과 힘에 대해 깊이 생각해 보았으면 좋겠습니다.

03
존중과 존경
: 내가 선택하는 존중과 존경

존중한다는 것과 존경한다는 것의 구분. 별 필요 없을 수도 있지만 개인적으론 필요하다 생각합니다. 배움을 이야기 한다는 것은 결국 그 속에 서로의 마음이 소통해야 하는 것인데, 존중하지 못하는 관계 속에서는 그러한 마음의 소통은 일어나지 않는다 생각하기 때문입니다. 존중이 바탕이 되어 일정 수준 이상이 되었을 때 우리는 존경을 하게 되는 것은 아닐까요? 아이들과 생활하며 여러분은 존중받고 계신가요? 아니면 존경받고 계신가요?

"너희들! 전담시간이 되면 왜 그렇게 행동하니? 선생님과 수업할 땐 그러지 않잖아?"
"아니요. 전담선생님은 우리 마음을 잘 몰라주세요. 그래서…"

당연한 이야기겠지요. 전담선생님은 담임선생님처럼 하루 종일 아이들과 있지 못하고 여러 학년을 동시에 가르치다 보니 어려움이 크지요. 거기다 6학년은 이제 곧 졸업하면 중학교에서 전담선생님과 같은 선생님들과 생활해야 하는데 하는 걱정도 있었지요. 그래서 아이들에게 제가 들려준 이야기는 존중과 존경의 구분이었습니다.

"애들아. 그래 너희들 말이 맞을 거야. 전담선생님들께서는 너희들과 함께 오랜 시간 있지 않기에 너희들의 마음을 잘 몰라주실 수 있어. 그럴 때 너희들은 어떻게 행동해야할까? 선생님 생각에는 너희들이 '존중'과 '존경'을 잘 구분하지 못한다는 생각이야."

"존중과 존경이요?"

"응. 선생님은 일방적으로 너희들에게 강요하지 않을 거야. 전담선생님을 존경하라고. 하지만 우리가 전담선생님을 존중해 드려야 하지 않을까? 우리가 인간으로 살아간다는 것은 다른 존재를 도와주는 존재라고 했잖아? 다른 존재를 도와주기 전에 기본으로 가져야 할 마음이 존중하는 마음은 아닐까?"

"존중은 그러면 누구에게나 해야 하는 것이네요?"

"그럼! 당연하지. 인간으로 태어난 존재라면 아니 인간이 아니라도 생명을 가진 존재라면, 아니 심지어 이 세상 모든 존재에게 우리는 존중하는 마음을 가져야 하지 않을까? 하지만 존경은 그렇지 않다 생각해. 아무리 나이가 많아도 나보다 아는 것이 많아도 존중할 순 있지만, 존경할 순 없을 수도 있다 생각한단다. 존경은 그만큼 나에게 가치 있는 존재에게 하는 거라 생각해. 선생님은 너희들이 이런 존중의 마음을 마음 깊이 새기고 있으면 좋겠어."

내 발을 보호하기 위해
온 대지를 감싸는 것이 아니라
나의 발만을 감싸는 것

'나를 먼저 돌아보고
'성찰'하는 것

학생인권에 대해 이야기가 많습니다. 하지만 먼저 생각해 봅니다. 나는 과연 아이들을 존중하며 무엇을 하고 있었는지. 그리고 난 우리 아이들에게 존경받을 수 있는 교사로 서 있는지 말이죠. 배움이라는 것은 어쩌면 존중과 존경 사이에 있는 것은 아닐까요?

아이들의 청소지도. 매번 아이들과 실랑이를 하며 청소를 하고 나면 힘이 다 빠져 나가는 듯 했습니다. 청소하기 싫다고 빗자루 끝을 잡고 슬슬 놀고 있는 친구부터 대충 친구랑 수다를 떨고 있는 아이. 매번 그런 아이들을 청소시키기 위해 같이 해보기도 하는 등 많은 행동을 해보았습니다. 그러던 중 어느 날 문득 이런 생각이 들었습니다.

'그냥 청소는 내가 하는 것이 어떨까? 깨끗한 교실에 들어올 때 느낄 수 있는 좋은 감정을 아이들이 느낀다면, 한 번을 청소한다 하더라도 진심으로 하지 않을까?' 이런 생각이 드니 갑자기 마음이 편안해 지면서 용기가 생겼습니다. 그래서 아이들에게 이야기 했죠.

"음. 선생님이 오늘부터는 혼자 청소하기로 했단다. 단, 혹시 선생님을 도와서 청소하고 싶은 친구는 같이 해도 좋아."

"와! 그럼 우린 청소 안 해도 되는 건가요?"

"응. 그렇지. 그런데 한가지 조건이 있어. 바로 선생님과 일 년을 지내며 선생님과 헤어지기 전, 즉 너희들 졸업하기 전까진 진심을 다해 한 번은 청소를 같이 하기! 어때?"

"네! 좋아요."

어느새 이렇게 청소를 한지 3년째 입니다. 교실을 제 손으로 정리하고 치우다 보니 교실 곳곳에 있는 우리 아이들의 흔적을 더 잘 볼 수 있게 되었습니다. 그리고 가끔씩이지만, 정말 진심으로 청소하는 기특한 녀석들과도 만났구요. 하지만 진짜 저에게 감동은 준 것은 바로 졸업식 날이었습니다.

"와! 네가 웬일로 청소를 다하니? 그것도 졸업식 날?"

"선생님이 그러셨잖아요. 한번은 진심을 다해 청소하고 가라구요. 저는 오늘이 그 날입니다."

"저도요!"

"저도요 선생님!"

진심을 다한 청소. 아이들의 마음 한 쪽에 계속 남아있지 않을까요? 그리고 언젠 가는 그 마음이 빛을 발하지 않을까요? 제가 실천하고 있는 아이들을 위한 존중의 활동입니다.

04

정답·해답·답 : 정답은 없다!

배움의 자세에서 빠져서는 안 되는 이야기가 바로 자신만이 옳다고 믿어서는 안 된다는 것이라 생각합니다. 자신만 옳다고 믿게 되는 순간 모든 소통이 차단되고, 차단된 관계 속에서는 어떠한 배움도 일어나지 못할 테니까요. 그런데 가만히 생각해보니 우리네 인생과 닮아 있는 것 같았습니다. 우리 인생에서 과연 항상 옳은 일이 있을까요? 정답이라 불릴만한 일이 있을까요?

『틀려도 괜찮아』라는 유명한 그림책이 있습니다. 매년 아이들과의 만남에서 빼놓지 않고 읽어주는 몇 안 되는 그림책입니다. 아이들은 자랄수록 자신의 생각을 이야기 하지 않습니다. 초등학교 1~2학년 때는 선생님의 질문에 '저요! 저요!'를 외치던 친구들이 고학년이 되는 순간 입을 굳게 닫고 있는 것이죠. 왜 그럴까요? 제가 생각하는 이유는 '정답을 말해야 하는 부담감' 때문이라 생각합니다.

우리는 흔히 '답'을 찾으라고 하지 않고 '정답'을 찾으라는 말을 많이 사용하는 것 같습니다. 저 또한 예외는 아니었죠. 그런데 어느 순간부터인가 '과연 정답이라는 것이 있을까?' 하는 의문을 가지게 되었습니다. 왜냐하면 모든 것에는 동전의 양면처럼 각자의 입장이 있기 때문입니다.

그런데 문제는 학교 시험에서는 정답을 찾아야 한다는 것이었죠. 그러나 더 큰 문제는 그렇게 학교에서 교육받아 왔는데, 막상 어른이 되고 나서 사회에 나와 보니 정답은 없고 여러 가지 답이 있다는 것이었습니다. 선생이 되었으니 교육문제를 예로 들어보면 '선행학습이 도움이 되는가?'라는 이야기만 가지고도 이 사람 의견과 저 사람 의견이 다르다는 것이었지요. 누구의 의견이 100% 맞다는 것은 없는 것 같았습니다. 그런데 학교에서 보는 시험에서는 정답을 찾아야 합니다. 그래서 아이들에게 다음과 같이 이야기 해 주고 있습니다.

"애들아. 시험이란 말이지 엄마가 우유를 사오라고 시키면 우유를 사 가지고 가야 하는 것이 시험이야. 만약 거기서 네가 우유가 아닌 초코우유를 사 가지고 가면 엄마한테 혼나잖아? 그거랑 같은 거야. 우유랑 초코우유는 같은 우유 같지만 엄마가 요구한 것은 그냥 우유지 초코우유가 아니잖아? 방금 선생님이 말한 내용이 너희들이 치러야 할 시험의 속성이야."

이렇게 이야기 한 이유가 있습니다. 졸업한 후 만난 학부모님들의 이야기를 들어보니 초등학교 때 보던 서술형 논술형 시험에 익숙한 우리 아이들이, 중학교 첫 시험에서 위와 같은 문제로 어려움을 겪었다는 이야기를 들었기 때문입니다. 문제가 주어졌을 때 출제자가 원하는 정답을 써야 하는데 자신의 생각을 넣어서 쓰다 보니 틀린다는 것이었죠. 중요한 것은 시험의 속성이 이러하니 모든 면에서 이렇게 정답을 찾아야 하는지 결정하는 것이었습니다. 그런데 이렇게 정답만을 요구하는 것은 처음에 언급한 것처럼 아이들을 편안하게 만들지 못한다는 생각이 들었습니다.

"왜 발표하는 것을 어려워 하는 거야? 저학년 때는 너희들 모두 열심히 했었잖아?"

"에이. 그 때는 뭘 몰라서 틀려도 별로 부끄럽지 않잖아요. 지금은 틀리면 부끄러워요."

아이들은 틀리는 것에 대한, 즉 정답을 말해야 한다는 사실에 억눌려 있다는 생각이 들었습니다. 그래서 모두에게 이야기 해 주었죠.

"음. 선생님 생각에는 정답은 없다고 생각해. 우리 모두가 다 자신만의 관점이 있는데 어떻게 '이것만 정확한 답이다.'라고 이야기 할 수 있겠어? 그래서 선생님은 너희들이 하는 모든 말이 답이 된다고 생각하는데 너희들 생각은 어떠니?"

아이들은 이러한 저의 원칙에 동의하며 수업시간 편안하게 이야기하기 시작했습니다. '들어주고, 들어주고, 들어주자.'와 연계해서 다른 친구의 말은 제대로 들어주면서 말이죠. 그런데 문제는 아이들이 아무 이야기나 막 하는 것을 어떻게 할 것인지가 문제였죠. 어떻게 했을까요?

"와! 이렇게 다양한 이야기를 해 주니 수업시간이 왠지 더 힘이 나는 걸? 그런데 아무 이야기나 막 하고 그러면 안 되지 않을까? 그래서 선생님이 한 가지를 더 이야기할게. 선생님이 정답은 없고 답은 있다고 그랬잖아? 그런데 이 정답과 답 사이에 하나가 더 있는 것 같아. 그것은 바로 '해답'이란다. 해답은 말 그대로 그 문제를 해결하기 위한 답인거야. 너희들이 말하는 것이 전부 답은 맞아. 하지만 그렇다고 아무 이야기나 한다면 우리에게 주어진 시간을 훌쩍 넘겨서 우리가 원하는 것을 찾지 못할 수 있잖아? 그러니까 주어진 문제를 해결하기 위한 답, 즉 해답을 고민하고 이야기 나눠보면 어떨까? 물론 해답을 이야기하지 않고 답을 이야기 했다고 해서 선생님이 너희들을 혼내지는 않을 거야. 어차피 답을 말한 거니 틀린 것은 아니잖아? 어떠니?"

물론 처음보단 대답이 줄어들긴 했지만 그래도 아이들은 정답만을 요구할 때보단 훨씬 자유롭고 편안한 상태로 대답을 하기 시작했습니다. 그 모습을 보며 아이들이 마음을 열 수 있도록 계속해서 노력하는 선생님이 되어야 할 것 같았습니다. 에구! 선생님이 되는 건 쉽지 않습니다.

Best : Best라 쓰고 '최선'이라 읽는다!

정답은 없고 답은 존재한다.

그렇지만 해답을 찾아내야 한다는 이야기는 약간 모호할 수 있을 것 같습니다. 그래서 정답은 없다와 함께 고려되어야 할 것이 바로 최선을 다하는 것은 아닐까요? 배움의 자세에서 최선을 다한다는 것은 무엇인지 이야기하도록 하겠습니다.

'Best라 쓰고 최고가 아닌 '최선'이라 읽는다!'

아이들은 못하는 것이 많습니다. 그림을 못 그린다 이야기하고, 노래를 못 한다 이야기합니다. 공부도 못 한다 이야기하는 친구들도 많지요. 정말 아이들은 못하는 것일까요? 예전의 저는 이렇게 못한다 말하는 아이들의 마음을 위로해주기 위해 잘하는 것이 있으면 얼른 칭찬해 주는 것으로 대신했던 것 같습니다. 그렇게 해서 그 아이가 잘하는 것이 무엇인지 찾아주려고 노력했지요. 물론 지금도 그 아이가 잘하는 것을 찾아주는 것을 소홀히 하진 않습니다. 하지만 잘하는 것을 찾아주기 이전에, 그저 지금 그 친구가 하고 있는 일을 격려해주고 최선을 다하도록 해 주는 것이 더욱더 중요하지 않을까요?

그래서 제가 바라는 아이들의 모습은 지금 무엇인가를 잘 하는 모습이기 보다는 지금 이 순간 자신의 최선을 다하는 모습을 가진 친구인 것 같습니다. 지금 잘 한다는 것은 어떤 의미로는 이미 최고의 순간에 도달했다는 이야기와 관계되었다 생각하고, 지금 최선을 다 한다는 것은 앞으로 더욱더 성장할 수 있다는 이야기와 관계되었다 생각한답니다. 그래서 아이들과 배움의 순간에 만나게 되는 여러 가지 상황에서 이렇게 말하는 것이죠.

"와! 정말 멋지게 했구나. 열심히 한 것이 보여서 정말 좋다."

잘했다고 말하는 것이 아닌 그 친구가 열심히 해 온 것을 이야기 해 준답니다. 아이들은 이런 저의 말을 더욱더 좋아하는 것 같았습니다. 왜냐하면 그 순간 다른 친구와 비교하는 것이 아닌, 자신에게 집중하는 선생님의 모습을 볼 수 있어서이지 않을까요? 하지만 '잘한다'와 '최선을 다한다'는 것은 엄연히 다른 말임에도 혹시 잘 구별하지 않고 사용되는 것은 아닌지 하는 생각도 들었답니다.

우리가 흔히 '다르다'와 '틀리다'를 잘 구분해서 사용하지 않는 것처럼 말이죠. 작은 차이라 생각할 수 있습니다. 하지만 저는 완전히 다른 의미라 생각하며 그 결과의 크기는 작은 차이가 아닐 것이라 생각한답니다.

'Best'라는 글자를 보며 '일등'이나 '최고'가 아닌 '최선을 다하라'로 해석하는 것. 1인 주인공의 시대가 아닌 우리 모두가 주인공인 시대를 살아가는 우리에게 반드시 필요한 배움의 자세가 아닐까요?

성적 : 성적이 낮은 건 나쁜 것이 아니야!

배움의 결과는 어떤 모습일까요? 우리는 배움의 결과를 어떻게 받아들여야 하는 것일까요? 혹시 이렇게 생각하는 분은 없으시겠죠?

'성적이 낮은 아이 = 나쁜 아이?'

저는 이렇게 생각하는 어른은 없다고 생각하고 믿고 싶습니다. 하지만 우리도 모르게 혹시 내 마음 속 깊은 곳에 이러한 마음이 있는 것은 아닐까요?

"엄마랑 주말에 수학 공부하는데, 문제를 이해 못한다고 엄마가 막 구박하고 나중에 제 머리를 한 대 때렸어요."

이 말을 한 아이는 굵은 눈물방울을 뚝뚝 흘리고 있었습니다. 어떤 위로도 지금의 상태에서는 도움이 안된다 생각해서 그저 묵묵히 어깨를 다독거릴 수밖에 없었습니다. 고학년을 많이 하다 보니 아이들의 성적에 대한 스트레스가 상당하다는 것을 알 수 있었습니다. 그래서 스스로 성적이 낮아 고민하는 아이들도 많았고요. 그런데 큰 문제는 성적이 낮은 아이 스스로 자신을 나쁜 아이라 생각하는 모습이었습니다. 왜 그렇게 생각하는지 꼼꼼히 들여다보았더니 가장 큰 원인이 부모님의 기대에 부응하지 못하는 자신의 모습 때문이었답니다. 이 세상의 모든 아이들은 부모님에게 인정받고 싶어 하고 부모님의 기대를 만족시켜드리고 싶어 한다 생각하니까요. 그래서 아이들에게 이런 이야기를 들려주었답니다.

"애들아~ 발명왕 에디슨 알고 있지? 에디슨이 한 유명한 말 '99%의 노력과 1%의 영감이 발명을 이끈다.'라는 말은 들어보았니? 이 말 속에는 재능보다 노력하는 것이 중요하다는 의미가 있다고 생각해. 실제로 에디슨은 전구를 발명하기 위해 수많은 실패를 거듭했지만 결국 엄청난 노력으로 그것을 극복해 냈잖아. 그런데 우리가 고려해야 할 점이 하나 있어. 에디슨이 이렇게 엄청난 노력을 통해 전기관련 제품들을 발명했을 때, 이미 맥스웰이라고 하는 과학자가 전자기학이라는 이론을 만들었단다. 만약 에디슨이 맥스웰의 전자기학을 이 때 알았더라면 어땠을까? 전자기학을 미리 공부한 후 전기관련 제품들을 만들었다면 어땠을까? 선생님 생각에는 에디슨의 발명의 질이 더 높아졌으리라 생각해. 그리고 더 쉽고 편안하게 발명했을 것 같고. 그러면 여기서 물어볼 말이 있어. 에디슨이 맥스웰의 전자기학을 알지 못해서 그냥 열심히 노력하고 실패를 극복한 다음 전기제품들을 만들었는데, 전자기학을 공부하지 않은 에디슨은 나쁜 사람일까?"

저의 약간은 생뚱맞은 질문에 아이들은 잠시 어리둥절한 모습을 보이다 반응하더군요.

"에이~ 그런 게 어딨어요. 그냥 몰랐을 뿐이잖아요. 물론 알았다면 더 좋았겠지만 그것을 몰랐다고 나쁜 사람은 아닌 것 같아요."
"그렇게 생각해? 선생님도 마찬가지야. 그래서 너희들에게 이런 이야기를 해 주고 싶어. 성적이 낮은 것은 나쁜 것이 아니라 단지 불편할 뿐이라고. 그리고 그 불편함을 극복하려면 많은 노력이 필요하다고 하지만 내가 공부를 열심히 해서 성적이 높아진다면 지금보단 조금 더 편해지지 않을까? 만약 개인적으로 성적이 낮아 여러 가지 불편함을 겪는 일이 나에게 크게 문제되지 않는다면 그냥 당당히 내가 하고 싶은 일을 하면 좋겠어. 만약 그렇지 않고 성적이 낮아서 불편한 것이 싫으면 지금부터라도 공부를 열심히 하면 어떨까? 어떤 선택을 할지는 너희들이 결정하렴."

'나쁘다' 혹은 '좋다' 이렇게 모든 일을 판단하는 것이 아니라, 나에게 어떤 일은 불편하기도 하고 어떤 일은 편하기도 하다라고 생각하는 것. 그 것은 그 불편을 해결해 나가면 되는 것이기에 앞으로 나아갈 수 있다고 생각합니다. 그랬을 때만이 배움을 대하는 마음가짐이 편안해지지 않을 까요?

07
열매 : 열매의 다른 이름은 씨앗!

배움에는 어떤 형태로든 그 결과물이 있다고 생각합니다. 스스로 생각한 글을 쓰거나 어떤 작품을 만들 수도 있고, 아니면 자신만이 갖게 된 어떠한 마음가짐도 결과물일 수 있겠지요. 그런데 그 결과물을 어떻게 보느냐는 배움을 대하는 자세와 관계가 있다고 생각합니다.

'결과물 = 열매'

우리는 보통 결과물로 나온 것들을 열매라 생각하는 것 같습니다. 그래서 그동안 노력했던 모든 것이 하나의 열매 맺음으로 끝난다고 생각하는 것이지요. 하지만 저는 그 열매가 가진 다른 이름에 주목했습니다.

'열매의 다른 이름은 씨앗'

네. 맞습니다. 열매의 다른 이름은 씨앗이죠. 열매가 맺었다는 것은 다음 세대로 삶을 이어가기 위해서이고 이것을 우리는 씨앗이라 부르고 있죠. 이것들을 정리해 보면 이렇게 되겠네요.

'결과물 = 열매 = 씨앗'

배움의 결과로 나온 열매는 그 자체만으로 가치를 가짐과 동시에 앞으로의 배움에 대한 씨앗으로 작용한다고 생각합니다. 즉, 처음과 끝이 함께

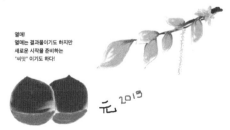

열매!
열매는 결과물이기도 하지만
새로운 시작을 준비하는
"씨앗" 이기도 하다!

공존하고 만나는 것. 이러한 생각으로 배움을 바라보는 것은 배움의 결과를 바라보는 저만의 시각이랍니다. 그런 의미를 가지고서 제가 아이들과 함께 배움의 결과물이자 씨앗으로 활용하고 있는 것은 '주제별 공책'입니다. 새로운 주제가 시작되면 새로운 공책에 그 주제와 관련된 내용을 기록하게 한답니다. 갑자기 웬 공책정리일까요? 세상은 디지털 시대, 모바일 시대로 가고 있는데 배움의 결과로 공책이라니 좀 이상하지 않으세요?

현대는 생활의 많은 부분이 디지털화 되었다 이야기하지요. 예전에는 일부 사람들만 누리던 정보의 혜택은 이제 그 벽이 허물어졌고, 세상의 모든 정보가 공유되는 시기에 살고 있다는 것을 저 또한 무척 잘 알고 있습니다. 개인적으로 중학교를 다닐 때부터 컴퓨터를 다뤄왔기에 정보화 기기를 다루는데 누구보다 능숙하기도 하답니다. 그래서 한 때는 ICT교육이라 불리는 정보화 기기들을 활용한 수업에 집중하며 지냈었죠. 그런데 교사로 살아가며, 아이들을 관찰하며 든 생각은 정보화 기기들로 아이들을 변화시키는 것에 한계가 분명히 있다는 점이었습니다. 정보화 기기의 장점들이 무척 많았지만 결국 그것만 가지고서는 안 된다는 이야기였죠. 그럴 때 읽게 된 미래를 예측하는 책들 중『퓨쳐마인드』라는 책이 제 마음속에 들어왔습니다. 이 책의 내용 중 미래사회가 정보화되고 디지털화 되어 갈수록, 우리 사회는 그것과 반대되는 아날로그적 삶을 실천하는 운동이 일어날 것이라는 이야기를 하더군요. 이 부분을 읽으며 번쩍 떠오른 곳이 있었습니다. 바로 제가 근무하는 제 삶의 터전인 '학교'였습니다.

학교란 어떤 곳일까요? 아니 어떤 곳이어야 할까요? 미래의 학교는 어떤 모습이면 좋을까요? 저는 미래의 학교는 지금보다 더욱더 아날로그적 삶을 실천하는 곳이 되어야 하지 않을까 생각했습니다. 어찌 보면 세상의 디지털화와는 상반되는 교육으로 아이들의 성장에 균형을 잡아주는 일. 이것이 학교의 역할이 아닐까 생각한답니다. 그래서 예전에 제가 많이 하던 학급홈페이지나 모바일 모임이 아닌 아날로그적인 배움의 자세, 즉 직접 손으로 쓰고 손으로 그리는 것을 강조하고 있답니다. 그리고 그것이 지금의 시대를 온전히 균형 있게 살아가는데 도움이 된다 생각하고요. 물론 정보화 기기를 활용할 때는 프레지, 증강현실, 인포그래픽 등 최신의 정보들을 찾아내고 활용할 수 있도록 합니다. 저 또한 이러한 정보화의 흐름을 놓치지 않기 위해 끊임없이 정보화 기기들에 대해 알아가고 있고요. 하지만 기본은 항상 공책으로 시작하고 있습니다. 모든 배움의 기본에 아날로그적 감성을 깔아 놓는다고나 할까요? 그렇기에 손으로 만지고 느낄 수 있는 결과물들이 만들어 진답니다.

아이들의 책상 위에 자신들이 쓴 공책과 스케치북이 가득합니다. 아이들은 1학기를 마무리하며 자신의 책상 위에 놓인 1학기 동안의 흔적들을 보게 됩니다.

"와! 선생님, 이거 다 쓰느라 팔 빠지는 줄 알았어요!"
"제가 해 온 것들이 이렇게 쌓여있으니 정말 뿌듯해요!"

다양한 반응들이 나옵니다. 처음에는 장난스럽게 접근하던 친구도 금새 진지한 모습으로 스스로를 대견해 하는 것이 보입니다. 서로 서로 돌아보며 더욱더 놀랍니다.

"와!" "와!" "와!"

나 혼자가 아닌 우리 모두가 만들어 놓은 결과물을 보며 아이들은 어떤 생각을 하게 되었을까요? 과연 결과물로서의 역할만 했을까요?

1학기를 이렇게 보낸 후 그 때의 결과물을 보며 감동했던 아이들은 2학기에는 더욱더 열심히 공책을 정리하고 스케치북에 기록한답니다. 열매가 결과물로 끝난 것이 아닌 새로운 씨앗으로 작용하는 것을 알 수 있는 대목입니다. 어느 날 중학생이 된 제자가 찾아와 저에게 자랑을 합니다.

"선생님, 제가 중학교에서도 공책을 정리하고 있는데 보여드릴까요?"

"중학교도 수업시간에 우리처럼 공책을 정리하며 수업하고 있는 거니?"

"아니요. 중학교 선생님들께서는 수업시간에 공책을 정리할 시간을 충분히 주지 않아서 제가 혼자 정리하고 있어요."

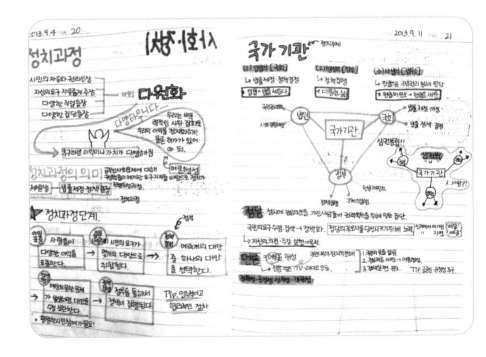

제자의 중학교에서의 공책을 보고 생각했습니다.

'우리가 말하는 자기주도적인 학습은 혹시 이런 것을 말하는 것은 아닐까? 자기주도학습은 어떻게 해야 한다는 방법들을 이야기하며 시간 계획 세우기 등과 같은 방법들을 연습하기 이전에, 먼저 자신이 무엇인가를 해 낸 결과물들을 보며 만들어낸 씨앗이 각자의 마음속에 뿌려져 새로운 배움의 새싹으로 돋아야 하는 것은 아닐까? 타임테이블을 작성하고 계획적으로 살아가기 이전에 말이지.'

배움에 대처하는 우리의 자세에서도 결국은 마음을 바라보는 우리의 자세가 중심이 됩니다. 내 마음속에는 어떤 씨앗을 뿌리고 살아가고 있을까요? 교사로서 저를 다시 되돌아봅니다.

4장

배움 속에서 아이들을 만나다

배움에 대한 지금까지의 고민들을 실제 아이들에게 적용한 몇 가지 이야기입니다.

제가 가진 고민들과 실제 아이들과의 만남이 어떻게 이루어지고 있는지 이야기 해 보도록 하겠습니다.

재미있는 수업 vs 재미없는 수업

여러분은 재미있는 수업이 어떤 것이라 생각하나요? 언젠가 TV에서 달인을 찾아가는 프로그램 중 〈수업의 달인〉이라는 프로그램이 방영이 된 적이 있답니다. 교사인 제가 관심을 가진 것은 당연하겠지요? TV에 등장한 선생님께서는 마술을 이용해서 아이들과 만나고 계셨습니다. 재미있고 신기한 마술을 보여주며 수업을 열어가더군요. 그것과 관련된 수업도 진행하고요. 아이들의 표정이 밝고 건강한 것만 보아도 그 선생님이 얼마나 훌륭한 분인지 알 수 있을 것 같았습니다. 그런데 이렇게만 소개되고선 '수업의 달인'이라고 하기에는 왠지 씁쓸한 생각도 들었답니다.

'저렇게 마술을 가지고 수업을 하면 재미있어 하는 건 맞는데 그렇다면 얼마나 많은 마술을 알고 있어야할까? 그리고 혹시 마술이 보여주는 신선함이 금방 끝나지는 않을까?'

원래 방송이라는 것이 흥미 있는 부분만 강조해서 보여주는 것이라 그럴 수밖에 없었겠지만, 사실 수업을 잘한다고 말하는 것에 대한 기준이 애매한 것 또한 사실이지요. 마술처럼 신기한 것을 '펑'하고 보여주며 시작하는 수업, 무엇인가 화려한 컴퓨터 영상으로 시작하고 진행하는 수업, 흥미 있는 소재의 노래와 율동으로 만들어 가는 수업 등을 좋은 수업이라 말할 수 있을까요? 왜냐하면 우리가 하는 수업은 일회성이 아닌 365일

계속 진행하는 일상이니까요. 우리가 매일 먹는 흰밥처럼 말이죠. 만약 강한 인상을 주는 수업이 정말 재미있는 수업이고 바람직한 수업이라면, 지금 당장 저부터도 개인기를 연마해야 할 것 같았습니다. 하지만 저는 그런 것이 재미있는 수업의 본질은 아니지 않을까 생각한답니다. 그렇다면 제가 생각하고 실전에서 적용하는 재미있는 수업은 어떤 모습일까요?

'나는 내가 할 수 있다고 믿고 최선을 다 할 것이다. 최선을 다 했는데 못한다 하더라도 나는 그것에 도전한 나를 자랑스러워 할 것이다.'

국어 교과서에 나오는 콜럼버스 이야기를 읽고 콜럼버스의 계란 이야기를 하던 중 나온 우리반 아이의 생각쓰기였습니다. 이 발표를 같이 들은 모두의 입에서는 '아!'라는 외마디 감탄사가 나왔으며, 이때 아이들 얼굴 하나하나에는 묘한 표정이 보였답니다.

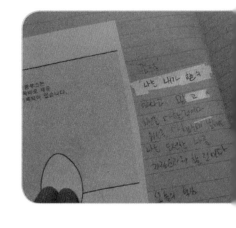

콜럼버스가 항해를 했고 달걀을 세운 이야기는 많이 알고 있는 이야기입니다. 그리고 그 사실 자체는 재미있는 이야기가 아니라 생각합니다. 하지만 그 이야기를 '관점'이라는 측면으로 함께 진지하게 고민하고 이야기한 다음 자신의 생각쓰기를 통해 다른 사람과 나누는 활동. 그 활동의 결과로 나온 이야기에 모두가 '감동'했던 순간. 혹시 재미있는 수업은 이런 진지함 속에서 피어나는 배움의 즐거움은 아닐까요? 스스로를 돌아보며 다시 새로운 나를 찾아가는 수업이 진정 재미있는 수업이 아닐까요? 아이들과 함께 이러한 이야기를 나누며 행복해 하던 순간이 지금도 선명하게 떠오릅니다.

02
길 위의 아이들

길 도(道)

길을 걷는 다는 것은 어떤 의미가 있을까요? 왜 '길'이라는 글자의 한문은 '이치'와 '근본'을 뜻하는 '길 도'라는 글자일까요?

2009년 가을이었습니다. 그 당시 제가 운영하던 생태동아리 아이들과 제주도 한라산 등반을 했었지요. 한 번도 한라산을 올라가 보지 않았음에도 그냥 무작정 올라갔었습니다. 아이들은 저보다 훨씬 빠르게 올라갔으며 심지어 서로 장난치면서 올라가더군요. 저는 다리가 무척 아팠는데 말입니다. 그렇게 한라산 정상을 오른 후 내려오는 시간. 저는 올라갈 때와 내려갈 때가 비슷했지만 아이들에게는 내려오는 길이 무척 힘들었나 봅니다.

올라갈 때의 그 생기가 없어지고 땅만 하염없이 쳐다보며 걷고 또 걷더군요. 그런데 그 때 제 눈에 보인 것은 힘든 아이들의 모습이 아닌 아이들의 진짜 진지한 모습이었습니다. 힘든 길을 걸을 때 보이던 아이들의 모습. 그 진지한 모습은 평소 장난꾸러기처럼 놀던 이 친구들로부터 볼 수 없었던 모습으로 굉장히 신선했습니다. 그렇게 한참을 내려와 도착한 한라산 아래에서 아이들은

쓰러져 땅바닥에 누워버렸지만, 얼굴 가득히 무엇인가 해 내었다는 기쁨을 표현하고 있었습니다. 그리고 고등학생이 되어서도 그때의 한라산을 잊지 못하던 모습들. 그때부터였던 것 같습니다. 아이들과 걷기 시작한 것은.

현장학습을 아이들과 가고 있습니다. 하지만 그저 편안하게 떠나는 현장학습은 없었던 것 같습니다. 항상 많이 걷고 또 걸어가는 현장학습. 그러다보니 학년 초에는 아이들의 발걸음도 무겁고 힘겨워하는 모습이 많이 보입니다. 투덜거리는 소리도 들어야 하지요.

"아니 왜 6학년은 매번 이렇게 걷기만 한데?"
"그러게 말이야……."

하지만 묵묵히 걷고 또 걷다 보면 어느새 아이들은 제가 2009년 한라산에서 보았던 아이들의 표정을 보이기 시작합니다. 무엇인가를 넘어선 모습으로 말이죠. 그리고 그렇게 걸었던 길은 오랫동안 아이들 마음속에 남아 있는 것처럼 보였습니다. 실제로도 졸업한 녀석들과 이야기 해 보면 그렇게 힘들게 걸었던 길을 더 오래 기억하고 있었으니까요. 그리고 이런 말이 있더라구요. 추억이 많은 아이는 나중에 비행을 저지를 확률이 훨씬 낮아진다는 말이요. 자신의 두 발로 직접 경험한 것들은 아이들 마음 속 깊숙한 곳에 소중한 추억으로 남게 되지 않을까요?

6학년을 마무리 하며 서정초에서는 '졸업여행'이라는 여행을 떠납니다. 제주도로 말이죠. 여러분은 제주도에 가면 무엇을 하나요? 가족끼리 가게 되면 다르겠지만 이렇게 단체로 제주도를 가는 경우 대부분은 버스를 빌려 타고 다니며, 제주도의 유명한 곳들을 다니는 것으로 알고 있답니다. 하지만 자신의 두 발로 직접 걸어보지 않은 곳은 아무리 좋은 곳을 가더라도 그 곳을 온전히 느끼지 못한다 생각했고, 그 생각 끝에 제주도 졸업여행의 콘셉트가 정해지게 되었죠. 제주도 올레길 걷기 활동으로 말입니다. 현장학습과 졸업여행에서의 올레길 걷기까지. 6학년이 된다는 것은 일 년 동안 60~70km는 걸어야 한다는 것을 의미한답니다. 걷는다는 것. 그것은 단순히 체력을 키우기 위한 것뿐만 아니라 자신을 돌아보고 새로운 자신과 만날 수 있는 하나의 계기가 되는 것은 아닐지 생각해 봅니다.

그래서 '길 도(道)'겠지요?

실전을 좋아하는 아이들

"선생님, 우리 농구시합을 먼저 하면 안 될까요?"

"음, 선생님 생각에는 먼저 연습을 하며 몸도 풀고 기술도 발전시킨 다음 경기하는 것이 더 좋다고 생각하는데……."

저는 농구를 참 좋아합니다. 대학 때 농구를 맘껏 할 수 있는 체육관이 있다는 것이 저에게는 축복 같은 것이었죠. 그래서 교사가 된 후에도 아이들과 함께 방과 후 저녁시간 농구동아리를 운영하고 있답니다. 그런데 농구동아리를 처음 운영할 때 아이들이 보이는 첫 번째 모습이 바로 위의 대화에 나온 모습이랍니다. 아이들은 바로 농구시합을 하기 원하죠. 저는 이런 아이들의 모습을 보며 이런 생각을 하게 되었죠.

'실전을 좋아하는 아이들'

하지만 아이들이 원하는 것처럼 바로 농구시합을 하면 문제가 생기더군요. 일단, 농구경기의 룰이 익숙하지 않아서 계속 반칙을 하게 됩니다. 드리블, 패스, 슛 어느 것 하나 제대로 이루어지지 않기에 농구라기보다는 럭비 같은 경기가 되어버리죠. 가장 큰 문제는 부상이 많다는 것입니다. 농구공에 익숙하지 않은데 딱딱한 농구공을 가지고 시합을 하다보면 손가락이나 얼굴 등에 큰 부상을 입기 쉽습니다. 아이들은 실전을 좋아합니다. 하지만 무작정 실전으로 들어갔을 때 생각지도 못한 어려움에 처할 수도 있었습니다. 그렇다고 실전을 좋아하는 것을 뻔히 알면서 시합, 즉 실전을 하지 않을 수 있을까요? 제가 농구동아리에서 농구시합은 하지 않고 매일 연습만 시킨다면, 분명히 아이들은 아무도 동아리에 남아있지 않을 것입니다. 그래서 저는 농구동아리를 운영할 때 분명하게 구별하며 운영합니다. 연습이 있은 후 그 연습의 실전으로 시합을 하는 것으로요. 비록 연습하는 시간이 지루하거나 어려울 수 있지만, 연습을 통해 안전하게 시합에 임할 수 있고 시간이 지날수록 연습한 것들을 실제 시합에서 사용할 수 있기에 스스로 대견해 하는 모습들을 볼 수 있었습니다.

아이들은 지금 당장이라도 세상에 뛰쳐나가고 싶어 하는 모습을 가지고 있습니다. 그러다보니 어른들이 자신들에게 너무 자유를 주지 않는다 불평하는 친구들도 많답니다. 하지만 어른들이 무조건 아이들의 자유를 억압한다고도 생각하지 않습니다. 먼저 이 세상을 살아가고 있는 사람으로서 아이들에게 필요한 것이 무엇인지 알고 있다고 생각하기에 그러는 것이 아닐까요? 하지만 아이들은 실전, 즉 지금 당장 자유롭기를 원하는 것 같습니다. 저와 함께 지내고 있는 아이들도 마찬가지죠. 그러던 어느 날 우리 학년 텃밭에 방울토마토 모종을 심는 날이 되었습니다.

"여기 방울토마토 모종이 있어요. 이제 곧 심으러 갈 텐데 그 전에 한 가지 궁금한 점이 있답니다. 여기 모종을 보면 꽃이 피었고 그 옆을 보면 작은 열매도 맺혀 있어요. 보이나요?"

"네, 선생님 그 열매 먹어도 되나요?"

"음 익으면 먹을 수 있지. 그런데 선생님은 지금 이 꽃과 작은 열매를……."

그리고서 열매와 꽃을 뚝 떼어 내 버렸죠. 열매와 꽃을 딸 때는 아주 신중하게 그리고 안타까운 마음으로 말이죠. 다시 아이들에게 물었습니다.

"선생님이 왜 이랬는지 아는 친구?"
"예전에 부모님과 함께 주말농장을 했었는데, 그 때 이런 작은 꽃을 따 주어야 토마토가 크게 자란다고 하셨어요."
"맞아요. 저도 예전에 어디선가 그렇게 들었던 것 같아요."
"오! 맞아요. 그런 이유가 있지요. 그런데 선생님이 어떤 마음을 가지고서 이 꽃과 열매를 땄을까요? 혹시 선생님의 모습에서 그런 마음이 보였는지 모르겠네요."
"왠지 굉장히 조심스럽게 하셨어요."
"네 맞아요. 사실 이 토마토 모종은 비록 작지만 꽃을 피울 수도 있고 열매도 맺을 수 있어요. 하지만 만약 이대로 둔다면 더 이상 크지 못하고 그냥 여기서 몇 번의 꽃과 열매를 맺은 후 사라질 것입니다. 선생님은 여러분도 마찬가지라 생각해요. 지금 당장은 공부하는 것이 힘들고 특히 어른들이 주변에서 간섭도 많이 해서 힘들죠? 물론 여러분은 지금 모습으로도 충분히 훌륭하고 아름다워요. 지금의 이 작은 방울토마토 모종처럼 말이죠. 하지만 여러분에게 지금 필요한 것들을 해주지 못하거나 여러분이 하지 않는다면 여러분은 여기 있는 작은 방울토마토 모종처럼 여기서 성장이 멈추게 될지 몰라요. 그래서 어른들이나 선생님들이 여러분에게 이런 저런 간섭을 하는 것이라고 선생님은 생각해요."

"그런데 아까도 잠시 물어본 것처럼 선생님이나 어른들이 여러분의 일에 간섭하는 일이 즐거운 일은 아니랍니다. 방금 선생님이 방울토마토 모종의 작은 열매와 꽃을 안타까워하며 땄던 것처럼 여러분에게 간섭하는 선생님이나 어른들의 마음도 이렇게 조심스럽고 안타깝답니다. 부모님의 마음도 당연히 그럴 것이고요. 여러분이 이런 우리의 마음을 조금이나마 알아준다면, 지금의 학교생활이 현재의 나를 위해서 그리고 더 나아가 미래의 나를 위해서 필요한 시간임을 알 수 있지 않을까 생각해요. 그랬을 때 진짜 최선을 다하는 생활로 나아갈 수 있다 생각하고요."

교육과정 톡! Talk? **핵심역량 이야기**

데세코(DeSeCo : Definition and Selection of Key Competence) 프로젝트라는 말 들어보셨나요? OECD에서 1997년부터 2003년에 걸쳐 개인의 성공적 삶과 사회의 발전에 요구되는 핵심역량을 규명하기 위해 진행한 프로젝트라고 합니다. 최근 사회가 너무 급속도로 발전하다 보니 기존의 지식을 단순히 알고 있는 것으로는 한계가 있다 생각하고, 새로운 사회에 필요한 것을 '핵심역량'이라 부르고 있다고 생각합니다. 이 세상의 주인공이 나이기에 이 말 또한 제 나름대로 해석하고 있습니다.

'To Know에서 To Do까지'

무엇인가 그저 머릿속으로 알고 있는 것으로 끝나는 것이 아닌 그것을 실제 내 삶 속에서 실천할 수 있는 것. 그것이 핵심역량의 중요한 포인트라 생각하고 있으며, 그것을 실현하는 것이 어쩌면 '실전을 좋아하는 아이들'의 태도와 잘 일치한다 생각하고 있습니다. 여기서 주의할 점은 To Do만이 아닌 To Know와 함께 했을 때 진정 필요한 역량이 키워질 것이라는 점입니다.

몰입의 3가지 조건
: 뚜렷한 목표, 즉각적 피드백, 적합한 도전

여러분은 언제 몰입해 보셨나요? 부끄러운 이야기지만 예전의 저는 게임에 무척 몰입했던 교사였습니다. 혹시 〈리니지〉라는 게임을 들어보셨나요? 한창 게임에 빠져있을 때 〈리니지〉라는 게임에 몰입했었던 경험이 저에게 있었답니다. 그때의 저는 퇴근 후에 집에 도착하면 곧바로 컴퓨터 앞에 앉아 게임 속 캐릭터와 함께, 수많은 게임 속 고수들과 만나 용이 산다는 동굴에 들어가 용을 때려잡으며 즐거워하던 교사였죠. 그렇다면 게임의 어떤 요소가 저를 이렇게 몰입하게 만들었을까요? 그리고 저는 왜 교사가 되어서도 이렇게 게임을 하고 있었을까요?

변명 같은 이야기겠지만 아이들을 제대로 이해하기 위해서는 아이들의 문화를 알아야 한다 생각했기에 게임을 했었답니다. 게임뿐만 아니라 아이들이 보는 만화책, 애니메이션 등도 함께 읽고 보며 지내왔죠. 사실 교사들이 받는 교사연수는 거의 받아 보지 않은 교사가 바로 저입니다. 어찌 보면 게임하고 만화책 보는 활동들이 시간낭비 같이 보일 수도 있겠지만, 저에게는 이것이 아이들과 소통하는 데 큰 도움이 된 연수였답니다. 제가 아이들의 말을 듣다가 한 번씩 이렇게 말하는 거죠.

"선생님도 그 캐릭터가 좋아. 여러 가지 스킬을 사용하기 좋고 레벨업도 다른 캐릭터에 비해 더 쉬운 듯하던데?"

"와! 선생님도 그런 게임을 아세요?"

아이들은 제가 자신들과 비슷하거나 같은 게임을 한다는 사실 하나만으로도 저를 특별하게 보기 시작하는 것 같았습니다. 여기에 한 술 더 떠서 애니메이션 주인공을 예로 들어가며 어떻게 살아가야 할지 이야기하기 시작하면, 아이들은 저와 친구처럼 대화하기 시작하는 것이죠. 주변의 선생님들 말처럼 정말 초딩다운 선생님인 것이죠. 이러한 아이들의 문화를 이해하기에 아이들에게 진심으로 무엇을 가려야 할지 알려줄 수 있는 것은, 교사로서의 존재감을 보여주는 중요한 부분이 되었답니다.

"선생님이 요즘 유행하는 'LoL(롤)'이라는 게임을 보니 왜 너희들이 좋아하는지 알 것 같더라. 그 게임은 한 방이 있던걸? 우리 편이 수세에 몰려도 한 방의 싸움으로 뒤집을 수 있는 게임이 롤이라는 게임 같았어. 그래서 너희들이 좋아하는 것 같은데 선생님이 생각하기에 그 한 방을 바라는 마음이 학교에서도 이어지면 안 되지 않을까 생각해. 무엇을 하건 한 방에 해치우는 것이 아니라 꾸준히 만들어 가야 하는 것이 너희들이 배워야 할 배움이니까."

정답이 없는 우리네 삶에서처럼 게임도 무조건 나쁘다고 이야기 할 것이 아니라, 어떤 점이 해로울 수 있는지 이야기 나눌 수 있다면 더 좋지 않을까요? 아무튼 게임을 많이 했던 이유는 이 정도 설명이면 될 것 같습니다. 그렇다면 왜 게임에 푹 빠져들게 되었을까요? 아이들도 그렇고 저도 마찬가지였고 말이죠.

『Flow』라는 책을 쓰신 칙센트미하이 교수님의 이야기를 만나게 된 것은 저에게는 행운이었습니다. 교수님은 몰입이라는 것이 무엇인지, 어떻게 하면 몰입할 수 있는지를 연구한 교수님으로 몰입이 되는 조건 3가지에 대해 이야기 하셨더군요. 『조벽 교수의 희망특강』 속에 이 세 가지를 정리해 놓았는데, 이것을 보고 정말 공감하였답니다. 3가지를 말씀드리면 다음과 같습니다.

첫째, 뚜렷한 목표
둘째, 스스로 알 수 있는 즉각적인 피드백
셋째, 적합한 도전

이 세 가지가 충족되면 몰입할 수 있다고 이야기 하는 것이었습니다. 제가 온라인 게임에 빠졌던 이유가 여기에 다 있었습니다.

첫째, 온라인 게임 속에서는 뚜렷한 목표가 분명하게 제시된답니다. 레벨업이라는 목표를 말이죠.

둘째, 게임을 하는 시간만큼 레벨업을 위한 경험치와 아이템을 얻을 수 있답니다. 그것도 눈에 잘 보이도록 되어있죠.

셋째, 게임 속 캐릭터가 성장하기 위해서는 자신에게 적합한 미션을 수행해야 하는 것이죠. 만약 너무 쉬운 미션을 수행하거나 높은 미션을 수행하면 그 결과가 좋지 않다는 점이죠.

어떠세요? 게임 속 이야기에 몰입과 관련된 요소가 다 들어있나요? 아이들도 이런 게임의 장치에 자신도 모르게 빠져들어 게임에 빠져드는 것이라 생각합니다. 그렇다면 이렇게 명확하게 제시되어 있는 몰입의 조건을 실제 교육과정에서 적용하면 어떨까요?

05
몰입과 배움의 이중주

예전부터 저는 뚜렷한 목표를 설정하는 것을 중요하게 생각했던 것 같습니다. 그래서 매 시간 수업을 할 때면 학습목표라는 글을 칠판에 적어놓고 수업해야 한다 배웠고 실천해 왔었죠. 그래서 공개수업이라도 하려고 하면 학습목표를 어떻게 제시할 것인지 무척 고민하였답니다. 학습목표를 아이들 속에서 끌어내야 한다 생각했기에 다양한 관심을 끌만한 것으로 수업을 시작했죠. 우리는 그것을 동기유발과 연계했던 것 같습니다. 그래서 이렇게 진행했었죠.

"선생님이 보여주는 이 그림들에서 공통점을 찾아볼까요?"
"같은 도형이 방향만 다르게 그려져 있는 것 같아요."
"네 맞습니다. 그래서 오늘 여러분과 하게 될 학습목표는 이렇게 다양한 그림들이 어떤 규칙을 가지고 배열되어 있는지 알아보는 거랍니다."

칠판에 학습목표를 쓰는 일부터 시작했죠. 정보화 기자재가 교실에 들어온 이후에는 이 부분도 컴퓨터 화면으로 대신하였고요. 그런데 문제는 이런 식의 수업 시작이 매번 있을 수 없다는 점이었습니다. 오히려 수업의 첫 시작에 깊은 배움으로 들어갈 수 있음에도 불구하고 단계를 지켜야 하듯이, 학습목표를 제시해야 했고 그러다 보니 공개수업이 아니고서는 매 시간 그렇게 하지 않는 경우가 대부분이었던 것이 사실이었고요. 동기유발이 덜 중요해서가 아니라 이런 방법은 아니라는 생각을 가지고 있을 때 만나게 된 것이 교육과정 재구성이었죠. 교육과정 재구성에서 이 부분에 대한 해답을 찾아냈으며 그 해답이 바로 몰입과도 연계된다는 것을 알게 되었답니다.

교육과정을 재구성하며 느낀 점은 수업이라는 것이 따로 떨어져 존재하는 분절적인 존재가 아니라는 점이었죠. 우리가 매일 밥을 먹듯이 수업도 매일 하고 있는데, 그것들이 일정한 흐름 속에 존재한다 생각했고, 그러한 흐름을 만들어 주는 것이 교육과정 재구성의 방법이었던 것 같습니다. 그래서 재구성을 통해 추출한 주제가 시작되기 전에 먼저 우리가 무엇을 배우게 될지 소개하는 시간을 80분 동안 가지고 있답니다.

'아! 대한민국' 주제 수업 소개

"이번 주제에서 여러분과 나눌 마음은 우리나라를 자랑스러워하는 마음이라 생각해요. 특히 이번 주제에서 할 경험으로 '독도탐사'가 예정되어 있기 때문에 여러분의 나라사랑하는 마음이 더욱 더 간절하답니다. 친구들과 함께 어려운 독도탐사를 하게 되었으니 어려움을 극복하는 마음도 필요하겠죠? 그리고 무슨 일이 생겼을 때 비난이 아닌 정의로운 마음으로 서로를 바라볼 수 있는 마음도 우리가 함께 만들어 가야 할 것 같아요."

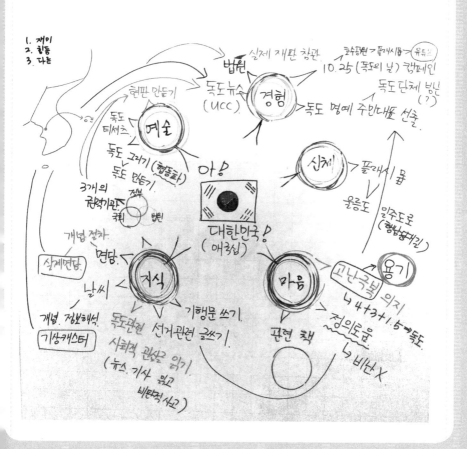

이런 식으로 주제를 소개하고 질문하는 시간을 가지는 것. 이번에 함께 하게 될 주제에서 무엇을 할지 아는 것은 몰입의 요소인 '뚜렷한 목표'를 제시하는 것이라 생각합니다. 매 시간 이 목표를 상기시키기만 하여도 동기유발은 자연스럽게 되는 것이죠. 그리고 주제와 관련된 활동들을 해 나가면서 하나하나의 활동들이 하나씩 하나씩 마무리되는 과정을 겪어가며 자연스럽게 피드백을 받게 되었습니다. 그리고, 마지막으로 주제의 선정 및 교육내용의 구성에 그 학년의 교육과정과 아이들의 환경적 요소가 반영되어 있으므로 적합한 도전이 되는 것입니다.

어떠세요? 몰입의 요소들이 골고루 갖춰진 것 같나요? 이렇게 주제를 시작하기 전에 주제에 대한 전체적인 이야기와 안내를 하는 것은, 여행자가 목적지를 생각하고 떠나 목적지를 다양한 방법으로 찾아가는 것과 같다 생각합니다. 목적지가 없이 떠난 여행자는 자칫 방랑자가 될 수 있으니까요.

"선생님, 처음에 주제에 대한 소개 이야기를 할 때에는 이걸 다 할 수 있을까 의심했는데 정말로 다했네요. 왠지 이걸 다 해낸 우리가 자랑스럽습니다."

주제를 중심으로 자연스러운 흐름을 만들어 그 속에서 자연스럽게 몰입할 수 있도록 하는 것. 몰입을 통해 뛰어넘을 수 없을 것만 같았던 것을 해 내는 일. 몰입과 배움은 이렇게 관계되어 있다 생각합니다.

06
아름다운 변화의 시작, 5%

5%미만의 소금이 섞여
짠바닷물이 되었듯이
우리의 작은 성찰들이 모여
의미있고 다양한 교육과정을
만들어 주는 것은 아닐까?

2013 元

　바닷물이 짠 이유는 많이 들어보셨을 것입니다. 정확한 과학적 사실은 아니겠지만 대체적으로 5% 정도의 염분 때문에 바닷물이 짜다고 하더라고요. 95%는 똑같은데 나머지 5%가 달라 다른 물이 되는 것처럼, 교육과정을 제대로 바라본다는 것은 무엇인가 기존의 것들을 부정한다는 이야기가 아니랍니다. 그저 지금까지의 활동들에 단 5% 정도의 변화를 주는 것. 그리고 그 변화가 아름다운 변화였으면 하는 것이 교육과정을 제대로 보는 것이라 생각합니다. 그래서 가끔 이런 질문과 답을 할 때가 있답니다.

"서정초에서 하는 주제중심교육과정은 어떤 이론적 배경을 가지고 있고, 어떤 점들이 다른 것인가요?"

"이론적 배경을 가지고 교육과정을 재구성하지 않았습니다. 그리고 기존의 교육과정 운영과 크게 다르지도 않습니다. 다른 점이 있다면 이 교육과정 속에는 교육과정을 바라보는 우리의 마음이 담겨있을 뿐입니다."

사람들은 무엇인가 새로운 것을 한다 생각하면 큰 변화를 생각하는 경향이 있는 것 같았습니다. 하지만 그러한 큰 변화를 만들어 내기 위한, 그동안의 작은 변화들이 없다면 큰 변화가 있을 수 없겠지요. 교육과정을 재구성하고 제대로 바라본다는 이야기만 들어보면 엄청 커다란 변화를 요구하는 것처럼 들릴 수 있습니다. 하지만 변화라는 것의 첫 시작은 아주 작은 것부터라는 것을 잊지 말아야 합니다. 그리고 이러한 작은 변화가 아름다웠으면 좋겠습니다.

'모든 인간은 아름다운 것을 추구하는 경향이 있는 것 같아. 그렇다면 우리의 배움에서도 아름다운 것들을 보거나 경험할 수 있도록 만들어 주어야 할 것 같은데, 아이들이 쉽게 느낄만한 아름다움에는 무엇이 있을까?'

저는 인간이 아름다움을 추구하는 기본적인 속성이 있다고 믿고 있으며, 그 속성이 배움에서도 나타난다고 생각합니다. 그래서 작은 변화의 시작으로 5% 다름을 추구하되 아름다움을 동시에 추구하고자 노력하는 것이죠.

그래서 고민하고 실천한 것 중의 하나가 바로 교실환경의 변화였습니다. 그리고 그 변화의 중심에 '칠판그림'이 있죠.

칠판그림은 2010년 졸업생의 어머님께서 선물로 만들어준 작은 칠판에 그림을 그리는 것을 말합니다. 작은 칠판에 그린 그림이지만 그 그림 속에는 현재 제가 생각하는 배움의 중심내용이나 추구하는 생각들이 들어 있습니다. 이렇게 그려진 칠판그림이 교실 한 켠에 자리 잡고 있는 것만으로도 저는 아이들에게 영향을 준다고 확신합니다.

로버트 프로스트의 「아무도 가지 않은 길」이라는 시를 그림으로 표현한 칠판그림입니다. 3월에 아이들과의 첫 만남을 준비하며 그린 칠판그림이지요. 이 그림을 그리면서 아이들과 어떤 이야기를 해 나갈지, 새로운 학년의 새로운 아이들과 어떤 만남을 준비하는 시간을 가져야 하는지를 생각하게 하여 저에게 큰 도움이 되었답니다.

그동안의 첫 만남과는 5% 다른 만남으로 작은 칠판 속 그림이지만, 선생님의 손길이 느껴지는 그림을 같이 보며 이야기를 나누는 것이 이전의 첫 만남 모습보다 더 좋았습니다. 그래서 주제가 시작되기 전에 혹은 아이들과 나누고 싶은 마음이 있을 때에는 어김없이 칠판그림을 그린답니다. 그림을 잘 그려서 그린다 생각할 수 있지만 '잘'그려서 그리는 것이 아니라 '최선'을 다해서 그릴 뿐이랍니다. 칠판그림으로 시작된 작은 변화는 주제마다 그리는 주제망에도 영향을 주어, 제가 할 수 있는 최선의 아름다움을 추구하는 주제망을 그리려고 노력합니다. 그 변화의 모습은 다음 그림에서 확인할 수 있겠네요.

　이렇게 시작된 5%의 아름다운 변화는 교육과정을 재구성하거나 아이들과 다양한 활동을 할 때 저에게는 나침반 같은 역할을 하고 있습니다.

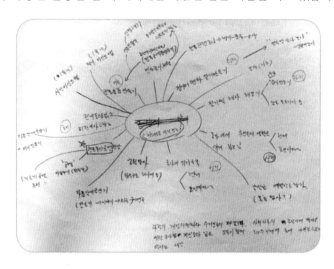

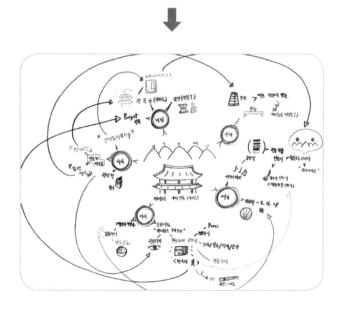

2012년 3월 2일

오늘은 2012학년도 꾸러기들과 처음 만나는 날.

무슨 이야기를 할까 고민도 하고 무엇을 준비할까 고민도 했지만 딱히 떠오르는 것은 없고, 예전에 생각했던 담임설명서를 준비할까? 아니야. 시간도 없고, 그냥 말로 하면 되는데, 아무튼 이런 저런 생각을 하다 전에 하려고 마음먹었던 방법을 사용해 보려고 마음먹었다. 마침 아침에 국악방송에서 흘러나오는 이야기 중에 「아무도 가지 않은 길」이라는 시에 대한 이야기가 흘러나온다. 오! 바로 이거야. 바로 검색! 역시 스마트폰은 나를 위해 존재하는 기기야! 내가 아이들에게 주고 싶었던 첫 날의 메시지는 지금부터 새로 시작이라는 말이었다. 아! 그러고 보니 어제 TV에서 본 영화 〈쿵푸팬더〉의 대사에서도 나왔다.

'과거와 미래에 사로잡혀 살지 말고 오로지 지금 이 순간에 최선을 다 하라고. 그래서 지금 이 순간. 즉 현재가 영어로 Present 즉 선물이란다!'

지금 이 순간의 소중함을 다시 생각하고 지금부터 시작이라는 말로 시작하고 싶었고 그렇게 했다. 〈죽은 시인의 사회〉에서 나온 카르페디엠도 언급하면서. 그리고 일단은 박수를 쳤다. 그냥 막 쳤더니 아이들이 따라서 친다. 딱 두 녀석이 따라서 치지 않았는데 살짝 눈치를 주자 같이 한다. 막 치다가 박자를 맞추어 보았다. 아이들이 박자를 맞추어 치기 시작했다. 내가 어떤 박자를 하더라도 다 따라한다. 그리고 멈춘다. 아이들도 어리둥절하다. 왜 이걸 했는지……

"여러분이 인간이라는 것이 증명된 순간입니다. 왜냐하면 인간이기에 환경에 따라 빠르게 순응하고 따라할 수 있는 것이랍니다. 그 만큼 인간의 뇌는 똑똑하기도 하지만 말랑말랑해서 쉽게 변하기도 한다지요. 여러분의 뇌는 선생님보다 훨씬 말랑말랑하기에 더 쉽게 변할 수 있다고 생각해요. 실제로 뇌를 연구하는 분들이 오랜 기간 실험과 관찰을 통해 밝혀진 사실이랍니다. 그런 의미에서 여러분이 오늘 선생님과 만나고 새로운 친구들과 한 반이 되었다는 것은 아주 큰 새로운 시작이라는 것이지요. 즉 여러분은 오늘부터 새롭게 시작할 수 있다는 이야기입니다. 자! 선생님과 새롭게 시작해 보고 싶지 않은가요?"

아이들의 눈빛이 초롱초롱! 그 다음으로 바로 로버트 프로스트의 「아무도 가지 않은 길」의 시 낭송. 새로운 길, 아무도 가지 않은 길, 두렵고 떨리겠지만 우리가 가는 길에 우리의 새로운 이야기를 만들 수 있다는 이야기와 함께 모두 같이 열심히 해 보자는 이야기. 그리고 이어서 마음의 그릇 이야기. 아무리 좋은 음식이라도 마음의 그릇이 더럽다면 누구도 그 음식을 먹지 않는 것처럼, 여러분도 마음의 그릇을 깨끗하게 하는 것이 중요하다는 이야기. 어떻게 마음의 그릇을 닦냐고요? 바로 다른 사람을 위한 봉사와 희생을 하며 닦을 수 있지 않을까요? 그런 의미에서 오늘 수업이 끝난 후 선생님을 도와 교실 정리를 할 친구는 손을 들어보라는 이야기로 연결~.

"아! 선생님. 이건 뭔가요?"
"선생님이 강요하는 건 아니야. 애들아!"

갑자기 개그 모드로 빠졌지만 그 속에서 본 아이들의 순진한 모습이 참 좋았다. 모두 선생님과 헤어질 때는 하이파이브로 손을 높이 들고 손바닥을 치며 나가기. 모두 반갑다. 우리 잘 지내보자!

_2012년 3월 2일 서정초 6학년 1반 풍경

07
스토리가 스펙을 이긴다!

학년 초 체육시간의 표현활동 시간, 모둠별로 '따뜻한 봄'을 몸으로 표현해 보라는 말에 아이들이 열심히 논의 중입니다. 하지만 3모둠의 친구들은 협의하고 논의하는 것이 아니라 그냥 각자 놀고 있었죠.

"선생님, 태완이랑 은정이가 같이 안 해서 못하겠어요······."

학년 초라 그런지 같이 하자 말하는 것도 어색한 것 같았습니다. 제가 나서서 같이 해 보라고 권유도 했지만 결국 진지한 논의를 하지 못한 채 주어진 시간이 끝나버렸죠. 각 모둠별 발표가 이어집니다. 준비하지 못한 3모둠을 제외한 다른 모둠 친구들은 발표를 열심히 해 주었습니다. 잘하고 못하고가 중요하지 않고 최선을 다 해주기를 이야기했는데, 생각보다도 더 열심히 발표를 해 주었습니다. 어떤 모둠은 아주 훌륭하게 준비한 모둠도 있었습니다. 아이들과의 만남이 아직도 어색한 일주일이 지난 시점이라 나에게나 우리 반 친구들에게 도움이 되는 활동이었죠. 그런데 이제 남은 모둠은 연습을 하지 못한 3모둠입니다. 어떻게 했을까요?

"오늘 체육시간에 모둠별로 열심히 그리고 최선을 다해 표현해 주어서

115

너무 고마웠어요. 오늘 수업은 여기까지 하도록 하겠습니다."

저의 예상치 못한 이야기에 모두 당황하는 눈치였죠. 왜냐하면 그동안은 이런 일이 생기면 준비가 소홀한 모둠도 발표의 기회는 부여 받을 수 있었으니까요. 하지만 발표를 할 수 있는 기회 자체를 주지 않는 모습은 처음이어서 그랬을 것입니다.

다음 날, 국어 토의시간.
'공동체 공연' 준비에 대한 토의가 진행 중이었습니다. 어제 체육시간에 했던 표현활동과 관련된 논의였죠. 모두 다 참여해야 하고 무대에 함께 서야 한다는 말에 아이들이 긴장하고 기대하는 눈치입니다. 그때 질문을 던졌습니다.

"어제 선생님이 보통 같으면 그냥 연습이 안 되어 있어도 발표 시켰을 거야. 하지만 발표를 시키지 않았잖아? 그때 기분이 어땠는지 이야기 해 주면 좋겠다."

잠시 침묵이 흐른 뒤……

"사실 좀 속상했어요."
"처음에는 발표하지 않아도 된다는 사실에 기뻤는데 다른 모둠 친구들이 열심히 하는 모습을 보니 하고 싶어졌고, 그런데 하지 못해서 서운했어요."
"그래, 그랬구나. 서운했구나. 그런데 선생님이 너희에게 주고 싶었던 메시지가 바로 그것이란다. 너희들에게 그냥 경험의 기회를 줄 생각이었으면 발표를 시켰을 거야. 그리고 또 다른 이유 중 하나는 혹시 너희에게 발표할 시간을 주지 않았을 때 학부모님들로 부터 오게 될 민원을 생각해서라도 너희들에게 기회를 주었겠지. 하지만 선생님은 그보다도 더 큰 의미가 있었기에 너희들에게 일부러 기회를 주지 않았단다. 너희가 하고 있는 활동들, 그리고 앞으로 펼쳐질 다양한 활동들에서 가장 중요하게 생각해야 하는 것을 알려주기 위해서……."

잠시 침묵, 그리고 집중하는 아이들…….

"바로 모든 소중한 것들은 그냥 얻어지는 것이 아니라 너희들이 노력해서 얻는 것이라는 사실. 그냥 대충 놀다가 대충 하는 것이 아닌, 정말 열심히 노력하는 모습을 보여주어야 한다는 이야기야. 자~ 이번 공동체 공연도 마찬가지지. 너희들이 진지하게 노력하지 않는다면 우리 반은 공연을 하지 않을 수 있다. 다른 반이 공연을 하니까 우리도 그냥 대충 하자는 생각은 안 된다고 생각해. 너희가 정말 원하는 것이 있다면 그것을 노력해서 이뤄내야 그 속에서 너희들이 자라는 것이 아닐까?"

아이들에게 어떤 기회를 많이 제공하는 것은 좋은 일이고 필요한 것이라 생각합니다. 하지만 단순히 좋은 경험만을 위해, 그 경험을 했다는 한 줄의 스펙을 위한 활동이라면 하지 않는 편이 낫다고 생각합니다. 스스로가 준비하지 않았고 준비되지 않았음에도 그저 누군가 마련해 준 것을 단순히 하는 것. 왜 그것을 하는지 마음 속 깊이 생각하고 진심을 다해 노력해 보지 않았으면서도 하는 것. 그것은 그저 우리의 겉모습을 치장하는 것과 다르지 않다고 생각합니다. 첫 시선은 화려한 겉모습에 눈길이 가

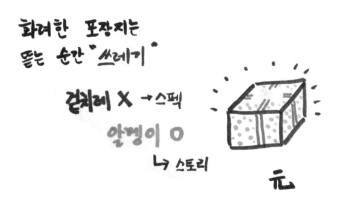

겠지만 결국 그것은 벗겨지고 버려지게 되는 포장지가 아닐까요? 온 마음을 다해 겉이 아닌 알맹이를 채우는 일, 나만의 이야기를 만들어 가는 것이 결국 우리가 원하는 배움의 모습이 아니겠습니까? 이러한 나만의 이야기를 만약 학교에서 펼칠 수 있다면 얼마나 좋을까요? 지금부터는 이런 나만의 이야기가 국가에서 요구하는 교육과정과 만난 이야기를 하도록 하겠습니다.

'응답하라! 교육과정'

"좋은 교육"
교사, 학생, 학부모가 함께 만들어 가는 교육을 말합니다.

교육과정
콘서트

21세기형 인재를
키우는
교육과정 멘토링

3부

1장

교육과정 재구성의 베이스캠프

01
교육과정 재구성의 출발점, 국가수준교육과정을 이해하라!

'우리는 창의적인 사람을 길러야 하며……'

어디서나 가장 많이 들을 수 있는 이야기가 위와 같은 이야기가 아닐까요? 지금의 시대 아니 예전에도 그리고 미래에도 우리는 창의적인 사람을 원하는 것 같습니다. 그래서일까요? 교육부에서는 최근 '창의인성'이라는 말을 사용하고 있으며, 제가 소속되어 있는 경기도교육청에서는 '창의지성'이라는 말을 사용하고 있습니다. 교육부나 경기도교육청을 비롯하여 공통적으로 강조하는 것은 바로 '창의성'인 것이고요. 그렇다면 이러한 창의성은 어떻게 하면 길러지고 키워질 수 있을까요? 새롭게 제시된 국가수준교육과정(2009년 개정교육과정)에서는 이 부분에 대해 어떤 방향을 제시하고 있는 것일까요?

국어는 국어 과목의 특성을 살려서, 사회도 사회과목만의 특성을 살려서, 과학도 마찬가지. 이렇게 배우고 가르치던 곳이 지금까지 학교에서의 교육과정 운영모습, 아니 정확하게 말해서 제가 운영하던 교육과정의 모습이랍니다. 학교교육이 이

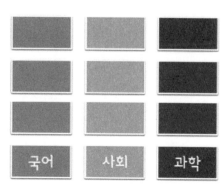

국어   사회   과학

런 모습을 보이는 가장 큰 이유는 우리나라만의 특성이 있기 때문이라 생각합니다. 유럽이나 다른 나라에 비해 우리나라는 국가에서 제시하는 교육과정 자체가 무척 자세하고 견고하다고 할까요? 그런데 이렇게 자세하고 견고한 교육과정이 가진 장점과 단점이 있습니다. 일단, 장점은 전국의 어느 곳에서 학교를 다니더라도 양질의 교육을 받을 수 있다는 점이죠. 섬마을이나 오지마을에서 학교를 다녀도 배움의 질은 차이가 나지 않는다는 것이죠. 그러면 단점은 무엇이 있을까요? 저는 개인적으로 이렇게 배우는 학생이나 이렇게 가르치는 교사가 자신도 모르게 몸에 익히게 될 '수동적인 자세'가 아닐까 생각합니다. 국가에서 정해준 것만 잘 따라하면 되는 것이었으니까요. 그래서 많은 학교들에 이런 격언이 존재하더라고요.

'절대 먼저 하지 마라!'

이 말은 그동안 우리의 학교가, 우리의 교육이 얼마나 굳어있으며 자유롭지 못했는지 단적으로 보여주는 말이라 생각합니다. 누구든 먼저 시도하는 것이 손해가 되어버리는 곳. 학교만큼은 세상 어디보다도 더 창의적인 공간이 되어야 함에도 불구하고 이런 격언이 대부분의 교사들에게 공감을 얻고 있는 현실이 안타깝습니다. 이러한 현실에 변화를 주는 것이 2009년 개정교육과정이라 생각합니다.

교과와 창의적 체험활동의 내용 배열은 반드시 학습의 순서를 의미하는 것이 아닌 예시적인 성격을 지니고 있으므로, 필요한 경우에 지역의 특수성, 계절 및 학교의 실정과 학생의 요구, 교사의 필요에 따라 각 교과목의 학년별 목표에 대한 지도 내용의 순서와 비중, 방법 등을 조정하여 운영할 수 있다.

_2009년 개정 초중등학교 교육과정 총론 중 학교급별 공통사항 18번째 항목

2009년 개정 초중등학교 교육과정 총론에는 위와 같은 문장이 들어 있습니다. 무엇이 느껴지나요? 국가에서 제시하는 국가수준교육과정이 있지만, 그 교육과정의 운영에서는 얼마든지 자유로울 수 있다는 내용을 담고 있습니다. 창의성의 중요한 속성 중 하나가 이런 자유로움이 아닐까요? 2009년 개정교육과정은 이러한 자유로움을 각 학교와 교사들에게 쥐어준 교육과정이라 생각합니다. 그리고 이렇게 학교와 교사들이 자유롭게 운영하는 것을 '교육과정 재구성'이라 부르지요.

교육과정 톡! Talk? **교육과정 재구성의 모습**

기존의 정해진 순서와 방법이 아닌 학교와 교사의 자유로움을 바탕으로 재구성된 교육과정의 모습은 다음 그림과 같다고 생각합니다. 어찌 보면 체계적이지 않은 듯한 모습에 불안감을 느낄 수도 있지요. 하지만 우리네 인생이 정해진 길을 그대로 따라가는 인생이 아니듯이, 우리의 배움도 마찬가지며 그 속에서 나름의 체계성을 가진다 생각하고 있습니다. 그리고 이렇게 새롭게 구성된 교육과정은 앞에서 제시했던 국가수준교육과정이 보여주기 힘들었던, 의미 있는 잠재적 교육을 이끌어낸다고 생각했습니다. 교육과정 속에 교사의 마음이 들어가 있기 때문에 그렇지 않을까요? 바로 교사가 교육과정이니까요.

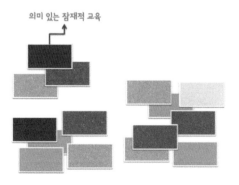

의미 있는 잠재적 교육

02
학교교육과정은
학교문화 속에서 피어난다!

2009년 개정교육과정에서 교육과정 운영상의 자유로움을 주었다 했지요? 그렇다면 그 운영의 자유로움은 어떻게 해야 만들어갈 수 있는 것일까요? 어쩌면 이런 자유가 오히려 우리 교사들을 더 힘들게 하는 것은 아닐지 살짝 걱정도 됩니다. 왜냐하면 자유로움에는 책임이 따르는 법이니까요. 아무튼 국가에서도 어느 정도 자유롭게 교육과정을 운영해 보라 하는데, 그것의 시작이 무엇이면 좋을지 고민하다 만나게 되는 것이 바로 '학교교육과정'이라 생각합니다.

학교교육과정? 혹시 학교교육과정이 무엇인지 알고 계신가요? 그냥 저냥 들어는 보았지만 사실 어떤 것인지 잘 모르는 경우가 많은 것 같습니다. 교사들조차 학교교육과정이라는 것에 대해 크게 생각하지 않는 경우가 많으니까요. 좀 심하게 말하면 학교교육과정은 그 학교에서 교육과정 운영을 총괄하는 선생님인 연구부장님만 알고 계신 경우가 많죠.

왜 이런 현상이 벌어지는 것일까요? 저는 그 이유를 그동안의 학교교육과정이 보여준 형식주의에서 찾아보았습니다. 그저 일정한 형식에 맞추어 그 학교에 맞다고 생각되는 것들을 모아놓은 것. 그러다보니 좋은 말들과 좋은 목차를 구하고 편집하는 일이 학교교육과정을 만들어 가는 중요한 일이 되어버리기 일쑤였죠. 이렇게 만들어진 학교교육과정은 그저 형식적인 문서로 남아 있는 경우가 많았다 생각합니다. 그 결과 누구도 학교교육과정에 관심을 가지지 않게 되는 것이죠.

그런데 이렇게 찬밥 신세로 전락한 학교교육과정을 정말 소중히 생각하고 그 속에 철학을 담아내려 노력한 학교들이 생겨나기 시작합니다. 그 대표적인 학교가 남한산초등학교라 생각합니다. 벌써 10년이 넘도록 남한산초등학교에서는 새로운 학교문화를 만들기 위해 노력해 온 것으로 알고 있습니다. 어쩌면 경기도에서 벌어지고 있는 혁신학교의 모태가 된 학교가 아닐까 생각합니다. 그런 남한산초등학교의 학교교육과정은 저에게 굉장히 큰 놀라움을 주었습니다. 왜냐하면 그동안 학교교육과정이 보여주던 형식적 모습이 아닌 남한산초등학교만의 문화와 철학이 들어있었기 때문입니다.

학교교육과정은 교사, 학부모, 학생이 공감하도록 '묻다', '짜다', '보태다', '되돌아보다'의 축으로 구성하였으며, '짜다'에서는 늘 하는 상시활동, 달마다 점검이 가능한 월별활동, 주지교과와 예술교과의 균형미를 갖추려는 교과활동, 국어, 수학을 기초로 하여 다른 교과와 다양한 통합활동(담임형, 순환형, 전체형)과 창의적 체험활동(계절학교, 숲속학교, 다모임)을 배치하였습니다.

[2013 남한산초등학교 학교교육과정 중]

이러한 남한산초등학교의 학교교육과정을 저는 다음과 같이 이야기하고 싶습니다.

'문화와 철학을 담은 학교교육과정'

남한산초등학교의 학교교육과정은 그동안의 학교교육과정들이 보여주던 형식이나 양식이 아닌 서술 형태의 모습이었으며, 그 속에 담겨 있는 남한산초등학교만의 철학이 녹아있습니다. 위에서 제시된 '묻다, 짜다, 보태다, 되돌아보다'와 같은 형태는 어떠한 교육이론에서도 제시되지 않은 남한산초등학교만의 것이라는 것이죠.

저는 학교교육과정이 진정한 의미로 모든 사람들에게 다가서기 위해서는 그 속에 그 학교만의 문화와 철학이 담겨있어야 한다 생각합니다. 그 문화와 철학은 단순히 학교의 몇 몇 구성원들이 뚝딱 만들어내는 것이 아닌 모든 구성원, 즉 학부모와 학생의 의견과 상태까지 포함한 것을 말하며, 결국 그러한 문화와 철학이 담겨 있는 학교교육과정이라야 그 학교만의 자유로운 교육과정을 만드는 근간이 되는 것이라 생각한답니다. 그냥 우리 학교에서 추구하는 인간상이 어쩌고, 우리 학교의 특색 사업이 어쩌고 하는 것이 아닌 구성원 모두가 추구하는 인간상과 학교의 중점사항이 녹아들어 있고, 그것에 대해 공감대가 형성될 수 있는 교육과정이 진정한 학교교육과정일 것입니다. 그리고 그것은 그 학교만이 가진 역사와 문화의 시작점이 될 것입니다. 그래서 공립학교니까 전국의 모든 학교가 똑같은 것이 아니라, 그 지역과 어울리는 그 학교만의 역사를 가지기를 바라는 것은 너무 큰 욕심은 아니겠지요?

서정초 학교교육과정 이야기

서정초의 학교교육과정이 만들어질 때 함께 했던 사람으로서 이 또한 기존의 형식주의에서 벗어나려 노력했던 학교교육과정이었음을 이야기하고 싶습니다. 학교교육과정을 만들어내기 위해 전체 교사들이 모여 협의를 진행했고, 그 협의 내용 또한 기존의 형식을 채우기 위한 것이 아닌 우리만의 학교 철학과 문화를 담으려 노력했습니다. 남한산초등학교처럼 완전히 새로운 형태의 구성을 보여주고 있지는 않지만, 학교교육과정이 가져야 할 교육과정의 체계적 제시에 있어서는 좋은 모습을 보여준다고 생각합니다. 그리고 더 의미 있는 것은 이러한 학교교육과정을 계획하고 수정할 때마다 학부모님들이 참여한 공청회를 가졌다는 것입니다. 누구 한 사람의 것이 아닌, 몇 분들의 노력으로 만들어진 것이 아닌. 우리 모두의 생각과 노력이 함께 들어간 학교교육과정이라 그 의미가 더 큰 것입니다. 남한산초등학교가 보여주는 학교교육과정과 서정초등학교가 보여주는 학교교육과정은 약간은 다르게 보일지 모르지만, 결국은 모두의 마음과 바람을 하나로 모은 교육과정이라는 측면에서는 같다고 생각합니다. 단지 다른 이유는, 6~10학급 정도의 소규모 학교인 남한산초와 같은 작은 학교와 20~26학급 정도의 서정초 같은 중급 규모의 학교가 보여주는 차이라 생각한답니다.

학년교육과정, 우리 학년 문화의 실천장

　　교사생활 10년 만에 처음 맡게 된 학년부장이라는 자리는 저에게 '학년교육과정'이라는 것을 만들어내야 한다는 부담감과 책임감을 동시에 주었습니다. 학교의 문화를 바꾸고 아이들이 배움에 다가서기 위한 혁신적인 학년교육과정을 만들어내야 한다 생각하니, 어찌해야 할지 정말 눈앞이 깜깜했었죠. 더군다나 부모님들은 당장 내년에는 중학생이 되는데 지금 아이들이 배우는 방법이 도움이 되느냐는 질문을 하던 때였으니, 제 마음은 시커멓게 타 들어가고 있었답니다. 그 때 저에게 한 줄기 섬광같이 던져진 말이 앞에서 이야기 했던 '교과서를 버리세요!' 라는 말이었죠. 그래서 생각했습니다.

　　'학교교육과정이 결국 우리 학교만의 문화를 만들어 내는 것이라면 학년교육과정도 결국은 마찬가지 아닐까? 일단, 내가 무엇을 왜 원하는지 생각해 보고 구성해봐야겠다. 교과서 진도는 일단 접어두고.'

　　앞서 학교교육과정이 그 학교만의 문화와 철학을 반영한 것이라 말했던 것처럼, 학년교육과정도 그 학년을 운영하는 선생님들의 철학과 문화가 반영되어야 한다 생각했습니다. 하지만 학교교육과정과는 조금 다르게 접근해야 하는 부분이 있을 것이라 생각했습니다. 바로 아이들, 즉 6학년 아이들의 상태도 함께 고려해야 하는 것이었죠. 학교교육과정이 전체를 보고 꼭 필요한 것들만 나열한 것이라면, 학년교육과정은 그보다는 조금 더 세밀하게 구성해야 한다고 생각했습니다. 그래서 크게 2가지를 중점에 두게 되었습니다.

6학년의 철학 ⇨ 6학년 선생님이 누가 되느냐에 따라 달라질 수 있는 부분

6학년의 문화 ⇨ 현재 학교의 주변 환경. 6학년이 되는 아이들의 그동안의 모습

결국 학년교육과정을 구성한다는 이야기 속에는 그 학년의 문화를 어떻게 만들어 갈 것인지, 어떤 철학을 가지고 아이들과 만날 것인지를 결정하는 것이 들어있다 생각했습니다. 그래서 6학년 교육과정의 시작을 서술 형태로 시작해 보았습니다.

배움이란 무엇인지 그리고 그러한 배움을 어떤 방식으로 실천해 나갈 것인지를 먼저 제시하며 시작한 6학년 교육과정은, 그 속에 우리만의 철학과 6학년만의 문화가 들어가 있답니다. 그동안의 학년교육과정이 보여주던 형식주의에서 탈피해 보고자 하는 노력의 일환이라 보면 될 것 같습니다. 이렇게 시작된 6학년 교육과정은 '주제중심교육과정'이라는 교육과정 재구성과의 만남을 통해 꽃을 피우게 되었습니다. 그렇다면 주제중심교육과정이란 무엇일까요?

2장

수업을 빛나게 하는
주제중심교육과정

01
'왜'를 생각하는 주제중심교육과정

"애들아~ 이 부분에 대해 자신의 생각을 누가 이야기 해 보겠니?"
"……"

'음. 올해 우리 반 친구들은 내성적인 아이들이 많구나.'

쉬는 시간이 되었습니다. 아이들은 복도나 운동장으로 뛰어 나갔고, 순식간에 기괴한 소리들로 가득합니다. 엄청나게 큰 소리도 무척 많이 들려옵니다. 복도를 질주하는 아이들, 운동장에서 뛰고 구르는 아이들…….
다시 수업 시간을 알리는 종이 울리고…….

"자. 애들아~ 이것은 왜 이런 것일까? 누가 한번 말해 볼래요?"
"……"

위 상황은 예전에 제가 겪고 있던 아이들과의 수업 시간을 표현한 내용입니다. 왜 아이들은 내성적인 모습으로 수업 시간에 앉아 있는 것일까요? 정말로 내성적인 아이들이라서 그랬을까요? 절대로 내성적인 아이들이 아니라 생각했습니다. 그렇다면 왜 이런지 알아야 했지요.

'왜?'

배움의 공동체와 관련한 권위자인 사토 마나부 교수님이 쓰신 『수업이 바뀌면 학교가 바뀐다』라는 책을 읽어보면, 아이들이 이지매나 학교폭력을 행사하는 이유가 아이들이 느끼는 허무함과 무력감을 메우기 위해서라고 하더군요. 결국 학교에서 아이들은 학년이 올라갈수록 무기력해지

고, 그런 경험들이 쌓여 최근의 문제가 되고 있는 학교폭력으로 이어지는 것은 아닌지 생각하게 되었습니다. 그렇다면 아이들의 지독한 허무함과 무기력함을 어떻게 해결해 줄 수 있을까요? 혹시 아이들에게 우리가 가르치고 나눠야 할 것은 이런 것은 아닐까요?

"왜 학교에 나오는지?"
"왜 공부는 해야 하는지?"
"왜 친구들과 좋은 관계를 가져야 하는지?"
"왜 어른들은 아이들에게 공부하라고만 하는지?"

결국 '왜'라는 물음부터 찾아 들어가지 않고선 아이들의 무기력함을 해결해 줄 수 없다는 결론을 내렸습니다. 그리고 이 물음에 대한 답을 찾아가기 위해서는 교사 스스로 '왜'라는 질문을 제대로 바라볼 수 있어야 했고, 그것이 바로 배움을 바라보는 눈을 키우는 것이었습니다. 즉 교사 스스로 자신을 성찰하지 않고서는 이 물음들에 대한 답을 찾을 수 없다

고 생각했습니다. 이런 성찰을 제대로 실현해 내기 위해 선택한 것이 교육
과정 재구성이었으며, 이렇게 시작한 것이 바로 '주제중심교육과정'이었
던 것이죠.

02
주제중심교육과정과의 첫 만남

2010년 여름방학은 유난히 무덥고 힘든 해였습니다. 아마 저에게 주어진 커다란 문제를 해결하지 못해서였던 것 같습니다. 그 문제는 바로 6학년 교육과정을 짜는 일이었죠. 물론 교장선생님의 '교과서를 버리세요!'를 생각하며 이미 내가 하고 싶은 교육활동을 생각하고 있었습니다만, 선뜻 일을 진행하기가 어려웠습니다. 하지만 반드시 해야 한다는 생각은 가지고 있었기에 고민에 고민을 더하고만 있었습니다. 그러다 문득 생각했습니다.

'잠깐만. 내가 아이들과 교육활동을 할 때 가장 중심에 두는 것이 무엇이었더라? 아이들의 마음을 움직이는 것이 아니었나? 맞아. 아이들이 바르게 살아가길 바라고 인간답게 살아가길 바라며 이것저것 했었지. 결국 아이들의 마음을 교육하는 것. 이것이 내가 그동안 하고 싶었던 교육이었어. 그렇다면 무엇을 기준으로 삼아야 할까? 마음?'

이런 생각 끝에 처음 나온 주제가 '나라사랑'이라는 주제였습니다. 나라사랑이라는 주제는 아이들에게 우리나라에 대한 마음, 즉 나라를 사랑하는 마음을 나누고 싶어서 정했던 주제였습니다. 그렇다면 나라를 사랑하는 마음을 어떻게 하면 서로 나눌 수 있을까요?

사회과목의 정치단원을 배울 때도 나라사랑이라는 마음을 배우기 위

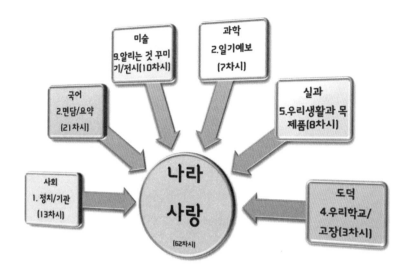

한 것이었고, 국어과목의 면담과 요약하기도 나라사랑하는 마음을 알기 위해서 배우는 것이었습니다. 미술, 과학, 실과, 도덕 등 서로 다른 과목과 단원들을 공부할 때도 항상 나라 사랑하는 마음을 위해 공부하는 것이라는 의미입니다. 즉 아이들에게 나라사랑하는 마음이 중요한 목적이며 왜 이 단원들을 공부해야 하는지에 대한 대답이었습니다. 주제를 중심으로 각 교과 단원들을 연결하여 공부하는 것만으로도 교사나 아이들에게 우리가 지금 이 공부를 왜 하는지에 대한 답이 되었고, 그렇게 시작한 주제중심교육과정은 생각지도 못한 놀라운 결과들을 보여주었습니다. 단지 왜를 생각하며 구성한 교육과정의 힘은 대단했습니다.

"이렇게 해서 이번 나라사랑이라는 주제가 모두 끝났네요. 여러분 모두 최선을 다해 주어서 선생님이 너무 고마웠답니다."

"와 선생님. 우리가 이것을 다 했네요?"

"완전 뿌듯해요. 처음에 계획을 세울 땐 못할 줄 알았는데……."

"예전에는 학교에서 무엇인가 무척 많이 배운 것 같았어요. 그런데 지나고 나면 하나도 기억나지 않더라고요. 그런데 이렇게 공부하니까 왠지 학교에서는 신 나게 무엇인가 하고 놀았던 것 같은데 배운 내용이 그냥 기억이 나요. 정말 신기해요."

그런데 아마 이상하게 보이는 부분이 있으실 것입니다. 예를 들어 이런 것이죠.

'음. 나라사랑하는 마음과 사회시간에 배우는 정치단원은 무엇인가 연관성이 높다고 생각되지만 도대체 실과시간의 목공은 나라사랑과 어떤 관련이 있는 것일까? 과학시간의 날씨단원도?'

혹시 제가 교육과정 재구성을 잘못 계획한 것일까요? 이 재구성은 틀린 것일까요? 아닙니다. 제가 생각하는 교육과정 재구성의 진짜 모습은 바로 이런 것입니다. 무슨 말이냐고요? 나라사랑하는 마음을 주고자 재구성한 사람은 누구죠? 네 바로 접니다. 제가 생각하는 나라사랑과 관련

"앞"이 아닌
"뒤"

꾸밈없는 "나"를 생각하며...

된 단원들일 뿐입니다. 이 글을 읽는 누구라도 나라사랑하는 마음은 가지고 계실 것입니다. 하지만 그것을 각 교과의 다양한 단원들과 연결할 때는 저와는 다른 결과와 이유를 보이실 것이라 생각합니다. 왜냐하면 당연히 저와 여러분은 다른 사람이니까요.

앞에서 1인 주인공 시대가 끝났다고 말씀드린 것과 같은 이야기입니다. 누구나 다 자신만의 이야기를 가지고 있고 그러한 이야기가 바탕이 된 교육과정 재구성. 이것이야말로 진정 우리가 원하는 아이들의 마음을 움직일 수 있는 교육과정이라 생각하니까요. 결국 교사의 생각과 철학을 아이들이 배우게 되는 것입니다. 그래서 교사의 뒷모습이 더욱더 중요하고요.

교육과정 톡! Talk? **학부모에게 드리는 주제중심교육과정 이야기**

2학기에는 좀 더 활동적이면서도 의미 있는 수업을 생각하며 주제중심수업을 하고 있습니다. 1학기 때도 정말 열심히 활동하고 생활했지만 무엇인가 부족한 부분이 있었는데, 그것이 바로 좀 더 의미 있는 교육과정 운영이 아니었을까 생각했습니다. 그럼 어떤 것이 의미 있는 교육과정일까요? 그 해답을 저는 주제중심교육과정이라 생각하였습니다. 그래서 여름방학 기간 동안 고민하고 협의한 결과가 현재 수업에 적용되고 있는 주제중심교육과정입니다. 그럼 주제중심교육과정이란 무엇일까요?

초등학교 교과과정을 들여다보면 사실 너무 과목이 세분화 되어 있는 것이 아닌가 하는 생각이 들기도 합니다. 사실 아이들에게 너무 많은 과목의 나열은 자칫 혼란을 줄 수도 있고, 아이들의 특성상 통합된 내용의 학습이 필요하기도 하지요. 그래서 꼭 필요한 가치들을 생각하고 그 가치에 연결되는 과목들의 내용을 모아 수업하는 것이 주제중심교육과정이라 생각하면 될 것 같습니다. 2학기 주제중심 수업에서는 5가지의 주제를 정하였습니다. 이미 수업이 끝난 '생명과 생태', '나라사랑'이 있었고, 지금 시작된 '지구촌' 그리고 앞으로 할 '자랑스런 우리 문화', '미래의

희망'. 이렇게 5가지 주제로 과목들을 묶고 엮어서 수업을 하니 수업이 더욱더 의미 있어지고, 아이들도 통합된 활동들을 통해 더 많이 배울 수 있는 것 같습니다.

여기서 혹시 오해할 수 있는데 여러 가지 활동들을 많이 해서 수업이 제대로 되지 않을까 걱정한다면, 절대 그렇지 않다고 말씀드리고 싶습니다. 주제를 중심으로 관계를 맺어서 통합하여 공부한다는 것이 그것들을 하지 않는다는 의미가 절대 아니기 때문이지요. 꼭 필요한 내용들은 반드시 배우게 되어 있으며 오히려 더욱더 깊이 있는 내용까지 배울 수 있는 기회가 생겼다 생각하면 좋겠습니다.

'미래의 사회는 누구나 아는 지식을 단순 암기해서는 경쟁력을 가질 수 없다'고 미래학자들은 말합니다. 그럼 어떤 것이 진정한 지식일까요? 바로 그것은 똑같은 지식을 배우더라도, 자신만의 경험과 생각이 녹아 있는 자신만의 지식을 쌓아가는 것이라 생각하고 말하고 있습니다. 그런 의미에서 주제중심교육과정은 분명히 좋은 시도가 되리라 생각하며 부모님들의 많은 관심 부탁드리겠습니다.

특히, 이번 지구촌 주제에서는 다른 여러 나라를 조사하고 그 조사를 바탕으로 여러 가지 활동들을 많이 해야 해서 부모님들의 관심이 더욱더 필요할 것입니다. 우리 아이들을 위한 올바른 배움이라는 생각이 드신다면 적극적인 참여 부탁드리겠습니다. 감사합니다.

_2010년 17호 꾸러기문집 담임 이경원 올림

교과서가 아닌 교육과정이 중심이다!

그런데 여기서 한 가지 구별해야 할 부분이 있습니다. 교과서와 교육과정은 무엇이 다를까요? 그동안 학교에서 배워온 것은 무엇이었을까요? 우리 부모님들은 무엇을 보고 공부를 했다고 판단할까요?

제가 어렸을 때 저희 부모님께서는 제가 공부는 하지 않고 친구들과 놀러만 다닌다 생각하고 속상해 하신 적이 있었습니다. 어느 날 저를 혼내려고 불러 앉히셨죠. 그리고는 제가 공부하던 책, 즉 교과서를 가져오더니 교과서 속의 문제를 저에게 질문하셨습니다. 다행히도 제가 그 답을 제대로 말해서 더 이상 혼내진 않으셨는데 왜 교과서를 가지고 와서 질문하셨을까요? 그렇다면 지금의 부모님들은 어떠신지요? 전국의 선생님들을 만나며 교육과정 연수를 진행하다 보면 항상 듣게 되는 말이 있습니다. 바로 다음과 같은 질문이었습니다.

'선생님, 혹시 부모님들께서 교과서를 다 공부하지 않았다고 불안해하진 않던가요?'

자~ 그럼 다시 질문해 보겠습니다. 아이들이 학교에서 배우는 것은 무엇일까요? 교과서? 교육과정? 네. '정답'은 바로 교육과정입니다. 여기선 정답이라 해야 할 것 같습니다. 그렇다면 교과서는 무엇인가요? 교과서를 배운다는 것은 어떤 의미가 있을까요? 사실 부끄러운 이야기지만 교사인 저 조차도 그것을 구분해서 보지 못했었습니다. 물론 지금은 그렇지 않지만요. 교과서가 어떤 의미가 있는지 성찰할 수 있는 계기가 된 것이 바로 '교과서를 버리세요!'라는 말이었습니다.

'교과서는 교육과정을 가르치기 쉽게 단계를 나누고 설명해 놓은 자료에 불과하다!'

결론부터 말씀드리면 교과서는 우리가 가르쳐야 할 교육의 목표가 아닙니다. 앞에서 우리나라의 교육과정이 굉장히 세세하고 견고하다 했었죠. 결국 우리가 학교에서 배워야 할 부분은 우리나라의 교육과정, 다른 말로 '국가수준교육과정'입니다. 그리고 그러한 교육과정을 초·중·등학교별로, 교과별로 구분해 놓고 그것을 다시 학년으로 세분화 한 다음, 그 세분화 된 국가수준교육과정을 최종적으로 어떻게 가르치면 좋겠다 설명해 놓은 자료가 바로 '교과서'라는 것이죠. 너무 설명이 복잡한가요?

즉 교과서는 교육과정을 가르치기 쉽게 설명해 놓은 자료라는 점이죠. 그런데 문제는 우리가 쉽게 접할 수 있는 부분은 바로 이 교과서라는 점입니다. 교과서만 접해오던 우리에게 사실 교육과정이라는 말은 오히려 낯설다고 할까요? 오히려 커리큘럼이라는 말은 더 잘 이해하는 것 같습니다. 아무튼 문제는 학교현장에서 교사들이 가르쳐야 하는 것은 교과서가 아니라 교육과정이라는 것에 있습니다. 왜 이것이 문제일까요? 그것은 교과서에 있는 것을 하지 않았다고 해서 가르치지 않은 것이 아니기 때문입니다. 그런데도 불구하고 교과서에 빈칸이 있으면 배우지 않았다고 오해 받기 쉬운 것이 지금의 현실입니다. 그동안 많은 교사들이 교육과정 재구성을 힘겨워한 이유가 바로 이 문제가 해결되지 않아서라고 생각합니다.

"어떤 학부모가 아이랑 교과서를 펼쳐놓고 교과서에 기록되어 있지 않은 빈 칸들을 보며, 도대체 학교에서 무슨 공부를 했냐고 하며 아이와 말다툼을 하다 다른 학교로 전학 갔다고 하더라고요."

예전에 어떤 학부모님께서 전해준 말씀이었습니다. 안타까운 마음이 들었지만 충분히 있을 수 있는 일이라 생각했습니다. 우리가 그동안 알고 있던 학교교육은 교과서를 잘 배웠냐와 다르지 않았으니까요. 하지만 이제부터라도 이 글을 읽는 분들은 그런 생각에서 벗어나시기 바랍니다. 그리고 이제부턴 교육과정을 얼마나 잘 가르치는지 보는 학부모, 교육과정을 잘 가르치고 배우도록 해야 한다 이야기할 수 있는 교사가 되면 어떨까요?

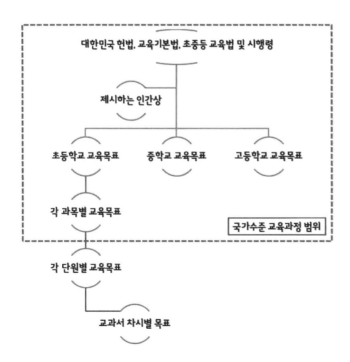

교과서 활용법

　교과서가 교육과정을 풀어서 설명해 놓은 자료라면, 교과서를 전혀 사용하지 않고 교육과정만을 가르쳐도 상관없다는 말입니다. 그렇다면 교과서는 필요 없는 것일까요? 먼저 교과서가 없으면 어떤 문제가 발생할까 생각해 보았습니다. 교과서를 대신할 교재나 자료를 만들어야 할 것입니다. 그런데 그런 자료를 만드는 일은 쉬운 일이 아닙니다. 그리고 또 다른 문제는 설령 자료를 제작했다 하더라도 국가에서 전문가들을 모아서 만든 교과서나 검정을 통과한 교과서의 질보다 높은 것인지에 대한 논란도 있을 수 있을 것입니다. 그러면 그냥 교과서를 가르치는 것이 좋은 것일까요? 그래서 이 부분에 대해 나름대로의 해결책으로 생각한 것이 교과서를 자료처럼 이용하는 것이었습니다. 즉 필요한 부분만 교과서로 수업을 하는 것입니다. 6학년 국어를 예로 들어보겠습니다.

> :: 6학년 2학기 국어 듣말쓰 6단원 – 생각과 논리
>
> 단원에 제시된 성취기준(단원의 교육목표) : 선거유세를 듣고 주장하는 말의 적절성을 판단한다.
>
> **교과서에 제시된 차시별 학습목표**
> ⇨ 1차시 : 선거유세가 필요한 경우를 알아봅시다.
> ⇨ 2차시 : 선거유세의 특징을 알아봅시다.
> ⇨ 3차시 : 선거유세에서 주장과 근거의 적절성을 판단하는 방법을 알아봅시다.
> ⇨ 4차시 : 선거유세를 듣고 주장과 근거의 적절성을 판단하여 봅시다.
> ⇨ 5~6차시 : 주장과 근거의 적절성을 생각하며 선거유세에 사용할 글을 써 봅시다.

　일반적으로 국어의 경우 위의 예시와 같이 한 단원 당 배정된 시간은 6시간입니다. 이것을 6차시가 배정되었다고 합니다. 지금까진 이렇게 이미 배정된 시간마다 주어져 있는 교과서 속의 학습목표를 가르치는 것이 중요한 학교교육의 방법이었다 생각합니다. 저 또한 마찬가지였지요. 하지만 이렇게 6차시로 나누어진 목표들은 사실은 '선거유세를 듣고 주장하는 말의 적절성을 판단한다.' 라는

한 문장으로 기술된 교육과정 성취기준(단원의 **교육목표**)을 달성하기 위한 작은 하위 목표들일 뿐입니다. 즉 아이들이 배워야 할 것은 선거유세를 듣고 주장하는 말의 적절성을 판단하는 능력을 키우면 되는 것이지요.

그렇다면 교과서는 어떻게 사용하면 좋을까요? 제 경험으로는 총 6차시 중 1차시에서 3차시까지는 교과서의 내용을 따라서 배우는 것이 좋다고 생각하고 진행했습니다. 왜냐하면 선거유세에 대한 기본적인 개념에 대한 설명은 교과서만한 것이 없다 생각했으니까요. 그렇게 한 다음 나머지 차시에는 교과서를 사용하지 않고 우리가 하고자 했던 주제관련 활동들을 진행하는 것이죠. 이때의 주제가 '나라사랑'이었고 독도관련 주제였기에, 실제 독도명예주민대표로 활동할 어린이를 뽑는 선거를 치렀답니다. 당연히 후보들은 선거유세를 했으며 다른 아이들은 그 유세의 적절성을 판단해보는 자리였죠. 교과서를 통해 개념화 한 것을 실제 활동으로 이어지도록 하는 것. 우리의 교과서 활용법입니다.

교과서가 아닌 교육과정을 가르치는 곳이 학교라고 했습니다. 그렇다면 평가의 가장 기본이 되는 것은 무엇일까요? 교과서일까요? 아니면 교육과정일까요? 결국 평가를 담당하는 사람 입장에서는 교과서를 참고할 순 있지만, 교육과정에서 도달하고자 한 것을 평가해야 하기에 교육과정을 기준에 두고 평가문항을 만들 수밖에는 없습니다. 그리고 그렇게 만들어진 평가문항이 좋은 평가문항이 되는 것이겠죠.

왜 갑자기 '평가' 이야기를 하냐고요? 바로 학력과 평가가 밀접한 관련이 있기 때문입니다. 일반적으로 학력이 높다고 말하는 경우의 판단 기준은 어떤 시험을 통과했는지가 되는 것이 현실이니까요. 그런데 정말 학력은 성적이 높으면, 시험을 잘 치루면 학력도 높은 것일까요?

얼마 전에 떠들썩하게 발표된 PISA 평가결과를 인포그래픽 형태로 표현해 보았습니다. 다른 여러 과목의 결과도 나왔지만 대부분 비슷한 결과들이기에 수학과목을 예로 들어 설명해 보겠습니다. 인포그래픽을 보면 알겠지만 우리나라 아이들은 수학과목에서 OECD라 불리는 내부분의 선진국들을 제치고 높은 성적을 유지하고 있는 것을 알 수 있습니다. 좀 더 자세한 결과를 살펴보면 최상위권 학생들의 비율도 전 세계 최고수준으로 나온답니다. 그런데 문제는 성적은 세계 최상위권이지만 수학에 대한 흥미도는 최하위에 가깝다는 것입니다. 이것은 무엇을 의미하고 있을까요? 어디선 가 본 기억이 있습니다.

'수학이 국력이다!'

개인적으로 아주 정확한 표현이라 생각 합니다. 수학이라는 과목이 가진 합리적이 고 논리적인 속성은 모든 과목을 배우고 익 히는데, 반드시 필요한 부분이기 때문입니다. 주제중심교육과정에서도 수 학이라는 과목이 가진 논리성이 많이 필요한 것이 사실이고요. 이러한 논 리적이고 합리적인 생각들이, 그 나라를 바른 방향으로 이끈다 생각하기 에 수학이 국력이라는 말이 의미하는 바에 동의하는 것입니다. 그런데 이 렇게 중요한 수학과목에서 성적은 높은데 흥미도는 낮다? 이 말은 무엇일 까요?

'시험을 위한 수학은 있어도, 수학의 진짜 속성에 대해서는 무관심하 다! 즉 시험을 위한 학력은 있어도 진짜 삶을 위한 학력은 없다?'

수학 성적 및 다른 과목의 성적이 이와 같이 높으니 우리나라 학생들 은 학력이 높은 것일까요? 저는 그렇지 않다고 생각합니다. 왜냐하면 이 렇게 배우고 익힌 수학은 다른 암기과목과 다르지 않다 생각하기 때문이 죠. 즉 수학에서 진정 배워야 할 수학의 속성은 배우지 못할 수도 있다는 것이죠. 진짜를 배우지 않고 시험을 위한 껍데기만 배운다면 포장만 그럴 듯한 것과 무엇이 다를까요? 이런 상태가 계속된다면 어느 순간 성적도 최하위로 떨어질 수 있다는 생각이 들었습니다.

제가 개인적으로 알고 있는 중등 수학선생님들의 이야기를 참고하여 간단한 그래프를 그려보았습니다. 예전의 학생들은 정상분포곡선을 그리 며 수학성적이 고르게 분포되어 있었다면 , 최근의 학생들은 수학성적이

양쪽으로 치우친 형태를 보여준다 하더군요. 이러한 현상이 수학뿐일까요? 결국 아이들의 정서적 영역을 고려하지 않는, 아이들의 마음을 고려하지 않는 학력이란 이런 형태의 기형적인 모습을 보여준다 생각합니다. 그래서 일까요? 많은 사람들이 학력에 대해 새롭게 이야기 하고 있습니다.

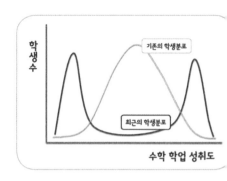

'학력은 인지적 영역과 정서적 영역이 함께 포함된 것이다.'

'학력이 바로 창의성이다.'

'학력은 역량과 다르지 않다.'

등과 같은 이야기들 말이죠.

이제는 '학력≠시험성적'인 세상이 되었습니다. 무엇인가를 단순히 얼마나 잘 외우고 있는지 테스트 하는 것은 지금의 시대에, 아니 앞으로의 시대에도 맞지 않는 방향이 아닐까요? 그런 의미에서 배움을 중심에 두고 생각해 보자는 화두를 꺼내들고 노력하는 경기도교육청의 '배움중심수업'에 대한 논의는 바람직하고 좋은 방향이라 생각합니다. 그리고 배움중심수업의 핵심이 '자기생각쓰기'인 것 또한 바른 방향이라 생각한답니다. 자기생각쓰기가 중요해지는 만큼 객관식 오지선다형 평가의 형식보다는 서술형, 논술형의 평가형식이 늘어나는 것은 어쩌면 당연한 결과가 아닐까요? 기존의 지식을 활용하여 나만의 의미 있는 지식을 새롭게 창출해 내는 것. 이런 생각들이 미래의 학력에 대해 이야기하고 있는 것은 아닌지 생각해 봅니다.

창의성이란 무엇일까요? 그리고 창의성이 과연 진정한 학력일까요? 저는 이 물음에 대한 답을 다음 그림과 함께 생각해 보았습니다.

주제중심교육과정을 운영하며 생각하게 된 것으로 그동안은 무엇인가 문제가 생기면 그 문제를 해결하기 위해 주변의 비슷한 유형의 것들을 활용하여 왔습니다. 하지만 주제중심교육과정을 운영하면서 부터는 전혀 관계없어 보이는 것들을 연결하고 그것들이 다시 주변의 비슷한 유형들과 융합하는 과정을 겪고 있다는 것이었죠.

이렇게 하다 보니 어느새 이 세상 모든 것이 연결되지 않은 것이 없다는 생각이 들기 시작했다고 할까요? 기존의 것들도 새롭고 낯설게 보는 일이 바로 주제중심교육과정을 운영하며 겪게 되는 가장 의미 있는 일 중의 하나였습니다.

'창의성은 가까이 있고 익숙한 뇌세포가 아닌 저 멀리 떨어져 관련 없이 보이는 세포와 연결되는 과정에서 나온다.'

위와 같은 정리는 창의성에 대한 저만의 짧은 생각이랍니다.

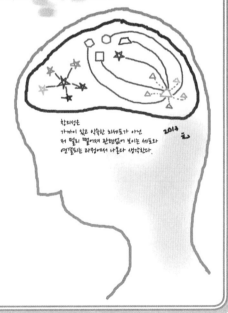

05
좋아하는 교육을 넘어 좋은 교육으로 튜닝하라!

제가 차에서 주로 듣는 라디오 채널은 국악방송입니다. 자연스럽게 우리의 전통음악을 접할 수 있어서 개인적으로 좋아하는 채널이지요. 그런데 어느 날 젊은 국악그룹의 인터뷰가 흘러나오고 있었습니다.

"음악을 직접 작곡하는 것으로 알고 있습니다. 그런데 음악을 정할 때 모든 멤버가 좋아하는 음악으로 정하는 건가요?"
"네. 우리 모두가 좋아하는 음악으로 정하고 있습니다."

어찌 보면 너무나도 당연한 이야기인데 왠지 제가 하고 있는 교육과 다르지 않다는 생각이 들었습니다.

'혹시 내가 하고 있는 여러 가지 교육활동들은 그저 내가 좋아해서 하는 것일까? 아니 좀 더 심하게 말해서 나만 좋아해서 하는 교육활동은 아니었을까?'

순간적으로 이런 생각들이 떠오르니 제가 추구해야 할 교육이 무엇인지 생각하게 되었습니다.

'누구나 첫 시작은 자신이 좋아하는 것으로 시작하지만 결국에는 모두가 좋아하는 것으로 나아가야 하는 것이 아닐까? 내가 하고 있는 교육, 내가 하고 싶은 교육도 이것과 마찬가지 아닐까? 첫 시작은 내가 좋아서 하는 교육이지만 그것으로 머물러 있는 것이 아닌 모두가 좋아하는 교육으로 나아가야 할 것 같다.'

나만 좋아하는 교육이 아닌 우리 모두가 좋아하는 교육으로 나아가는 길. 저는 이 길이 교사가 걸어야 할 길이라 생각했습니다. 그렇다면 나만이 아닌 우리 모두가 좋아하는 교육은 어떻게 하면 알 수 있고, 만들어 갈 수 있을까요? 혹시 그것의 핵심이 바로 '소통'은 아닐까요?

주제중심교육과정을 처음 시작하던 2010년의 여름. 그땐 저 혼자 교육과정을 재구성하고 있었죠. 그 순간 저는 너무도 행복해 했던 것 같습니다. 왜냐하면 제가 좋아하는 교육을 교육과정에 모두 반영할 수 있었기 때문이죠. 하지만 2011년도부터는 달라지기 시작했습니다. 동학년 선

생님들과 2월부터 함께하며 교육과정을 재구성하기 시작했죠. 동학년 선생님들과 함께 구성하는 교육과정은 혼자서 구성할 때와는 달랐습니다. 일단 너무 '힘들었습니다!'

혼자서 주제중심교육과정으로 교육과정을 재구성 할 때는 제가 좋아하는 것으로 가득 채우기만 하면 되었었는데, 동학년 선생님들과 함께 교육과정을 재구성하려니 서로의 생각의 차이가 있어 쉽지 않았죠. 그래서 때로는 제가 좋아하는 것을 줄이고 다른 선생님이 좋아하는 것을 받아들여야 하기도 했습니다. 그런데 막상 이렇게 교육과정을 재구성하고 나니 혼자서 할 때와는 사뭇 달랐습니다.

'혼자서 내가 좋아하는 것을 위주로 재구성 했을 때보다 함께 고민하여 모두가 함께 좋아하는 것으로 재구성 했을 때 그 내용이 훨씬 풍부해지는구나.'

나 혼자서만 좋아하는 교육이 '좋아하는 교육'이라면 나 혼자만이 아닌 우리가 같이 좋아할 수 있는 교육은 '좋은 교육' 같았습니다. 그러면 왜 이것이 혼자 했을 때보다 더 좋은 교육이 되는 것일까요?

앞에서 바닷물이 짠 이유가 단 5%의 염분 때문이라는 글을 읽으셨죠? 주제중심교육과정도 그동안의 교육이 틀리거나 잘못되어서 하는 것이 아닌, 조금의 다름을 준 교육과정이라고도 했고요. 이 말 속에는 그동안 우리 교사들이 해 왔던 많은 활동들이 소중하다는 의미도 담겨 있다 생각합니다. 우리가 모두 좋아하는 교육, 즉 좋은 교육이 되려면 선배 선생님들의 지금까지의 활동에 대한 보석 같은 경험들이 필요했으며, 후배 선생님들의 참신하고 최신의 경험들이 필요했다는 이야기입니다. 그리고 중견교사인 저 같은 교사는 선배 선생님들과 후배 선생님들의 만남에서 중간 고리 역할을 하고 함께 실천할 수 있는 실무를 담당하는 역할을 했습니다. 선배 교사와 후배 교사와의 이러한 만남은 그동안의 교직 문화에서 쉽게 볼 수 없었던 교육과정을 중심에 두고 만나게 되는 중요한 사례가 되었습니다. 그리고 이런 경험으로 모두가 소중한 존재가 되어 가는 것이었죠.

이렇게 모두가 함께 고민하는 교육과정에서는 동료 교사뿐만 아니라 학부모님들도 한 부분을 차지해야 한다 생각합니다. 비록 처음 계획을 짤 때부터 함께 할 수는 없겠지만 학부모님들과의 꾸준한 만남, 교육과정을 중심에 둔 만남은 교사인 제가 추구해야하는 좋은 교육의 모습을 계속해서 확인할 수 있는 기회가 된다 생각합니다. 그리고 반드시 확인해야 할 아이들이 보이는 반응들. 그리고 아이들의 반응을 세심하게 관찰하고 반영한 교육. 이 모든 것이 함께 어우러졌을 때 교사와 학부모, 학생이 모두 좋아하는 교육, 우리가 원하는 진정 좋은 교육의 모습일 것입니다. 그리고 이렇게 되기 위해서는 우리 모두 함께 교육과정을 중심에 두고서 생각과 지혜를 모아가야 할 것입니다. 좋은 교육의 실천은 교육과정을 제대로 운영했을 때 가능하기 때문입니다.

교육과정 톡! Talk? 교육의 3주체

우리는 흔히 교육의 3주체로 학생, 학부모, 교사라고 이야기 하고 있습니다. 그런데 정작 우리가 사용하는 말이나 보여지는 모습을 보면 학생을 가운데 두고서 생각하는 경우가 많은 것 같습니다. '학생을 중심에 두고 생각해 보지요.'와 같은 말들처럼 말이죠.

그런데 저는 개인적으로 이 말이 오해의 소지가 있다고 생각했습니다. 자칫 잘못 이해하게 되면 학생은 교사와 학부모로부터 일방적으로 보호받아야 하는 대상처럼 느껴지지 않을까 하는 오해를 말이죠. 물론 학생은 교사와 학부모로부터의 보호가 필요하지요. 하지만 보호만 필요한 것이 아니라 학생들의 주체적인 삶도 인정받아야 하지 않을까요? 그러려면 단순히 학생을 가운데 둔 것처럼 이야기하는 '학생을 중심에…….'라는 말 보다는 좋은 교육이나 교육과정을 중심에 두고서 함께 고민하는 것은 어떨까요? 그래서 교육의 3주체가 마음을 열고 귀를 기울여 좋은 교육이 무엇인지 좋은 교육으로 나아가고 있는지 관심을 가져야, 우리의 교육이 제대로 된 배움으로 나아갈 수 있을 것입니다. 그리고 좋은 교육을 찾아가기 위해 먼저 시작해야 하는 사람이 바로 교사여야 한다 생각합니다. 아무래도 교육의 3주체 중 가장 핵심은 교사가 아닐까요? 왜냐하면 우리는 교육전문가이지 않습니까? 2012년부터 시작된 '꾸러기맘' 모임은 이런 생각들을 구체화한 활동 중 하나입니다.

'좋은 교육에 대해 서로 나누고 소통해야 하는데 부모님들과 조금 더 깊은 이야기를 하고 싶어. 어떤 방법이 좋을까? 혹시 책을 중심에 두고 이야기를 나누면 좋은 교육에 대한 깊이 있는 이야기를 할 수 있지 않을까?'

이 생각을 붙잡고 시작한 모임이 꾸러기맘 모임입니다. 시간은 부모님들께서 가족들에게 저녁식사를 준비해 주고 올 수 있도록 저녁 7시 30분으로 했고요. 물론 이 시간도 부모님들의 의견을 받아서 정했답니다. 그렇게 시작된 꾸러기맘 모임은 부모님과 함께 의미 있는 교육, 좋은 교육을 찾아가는 좋은 계기가 되었습니다. 어떤 날은 부모님을 따라온 우리 반 아이가 함께 하기도 했고요. 책 읽는 부모님과 선생님을 보며 아이들은 무엇을 생각했을까요?

2012년 6월 8일 「불평 없이 살아보기」

이번 꾸러기 맘에서 읽고 이야기하기로 한 책
이다. 올해 처음 시도하는 '성장팔찌'를 생각하
게 된 계기가 된 책. 이 책을 읽으며 평소에 알
지 못하던 나의 모습을 돌아볼 수 있었기에 우
리 아이들에게도 그 경험을 하게 해 주고 싶었
다. 하지만 아이들과 선생님만으로는 부족하다
생각하고 있었는데, 마침 부모님들께서 이 책
을 함께 읽어보자 해서 얼마나 기뻤는지 모른
다. 부모님들과 함께 '불평 없이 살아보기'에
대해 이야기한 시간. 책 이야기를 매개로 자신
의 이야기, 자녀의 이야기까지……. 모두 정말 솔
직하게 이야기한 시간이 아니었나 싶다.

"내가 이렇게 불평을 많이 하고 있었는지 몰랐어요. 저는 불평하지 않고 감사한 삶
을 살고 있다 생각했었는데……."
"지금 현재 내가 가지고 있는 것들을 너무 당연하게 생각하기에 그 이상을 바라는
마음에서 불평하는 것 같았어요. 지금의 것들이 얼마나 소중한 것인지 다시 깨닫
는 시간이 되었어요."
"저는 21일을 버틸 자신이 없어요. 너무 불평을 많이 하더라고요. 하지만 책에 보
면 저글링을 하며 계속 떨어지는 봉을 주워서 하다보면 언젠간 할 수 있다는 말에
용기를 얻고 열심히 해 보려고 합니다."
"아는 만큼 보인다고 하죠. 다른 사람의 단점을 보고 지적하고 불평한다는 것은,
바로 내 안에 그와 똑같은 단점이 있다는 우주의 이야기라는 부분이 참 많은 생각
을 하게 했습니다."

이런 이야기를 나눌 수 있다는 지금이 너무 행복하다. 다음 이야기를 이어나갈 책
은 『감정코칭』으로 정했다. 감정코칭을 읽고 자녀와 학생들을 제대로 대해줄 수
있는 기회가 되기를 희망한다.

나만의 세트메뉴 - 아침나들이, 아침햇살, 저녁노을 이야기

2006년부터 매일 하고 있는 '아침나들이'

2007년부터 시작한 '아침햇살' - 한 달에 한 번 정도

2010년부터 시작한 '저녁노을' - 주제별로 한 번 정도

아침나들이와 아침햇살은 생태를 공부하기 시작하면서 아이들과 시작한 활동입니다. 아이들의 삶 속에 녹아들어갈 생태활동이라 할까요? 우리 주변의 아무리 작은 공원이나 산이라도 심지어 학교의 척박한 화단이라 하더라도 그 속에 생태계와 생명의 숨결이 있다는 것을 나누고 싶어 시작한 활동들이죠.

매일매일 자라는 찔레꽃 순의 상큼함과 화단 구석구석에서 자라나는 흰색의 냉이와 노란색의 꽃다지. 작고 앙증맞은 꽃마리는 또 얼마나 예쁜지요! 그리고 제가 농담으로 식물이름을 이야기 하는 영자친구, 명자나무, 조금 있으면 꼭 산딸기 같은 열매가 맺힐 산딸나무와도 인사하고, 버드나무의 꽃 같지 않은 꽃과도 인사하는 아침화단이랍니다(2008년도 제 7호 꾸러기 문집 중 아침나들이 소개 글).

녹색지옥

오늘은 아침 일찍
아침햇살을 하기 위해
봉태산에 갔다.
물이 우두두 쏟아지는 나무도 보고

미끌미끌 질퍽질퍽 산 뻘도 봤다.
날 쏘아 죽일 것 같은 벌레,
게다가 모기가 4번이나 물었다.

너무 힘들었지만
정상에 도착해서 아침을 먹을 때는
제란 맛이었다.

다음엔 애프킬라를 들고 가야겠다.
모기들아 조심해라!

_2010년도 제 17호 꾸러기 문집 아침햇살 감상쓰기 중

매일 하던 아침나들이와 한 달에 한 번 정도 하던 아침햇살은 저에게나 아이들에게나 풍부한 감성과 생태적인 삶에 대해 생각해 볼 수 있는 소중한 시간들이었습니다. 그런데 왠지 허전한 감이 들기도 했었죠. 왜냐하면 두 가지 활동 모두 아침에 하는 활동이어서 그랬던 것 같습니다. 가끔 마을 저편으로 넘어가는 붉은 저녁노을을 보며 '이 저녁노을의 아름다움을 아이들과 함께 느끼면 좋겠다.'라고 생각했던 것은 저녁노을이 멋지게 내려앉던 어느 날 이었습니다. 그러던 중 지금의 서정초로 오게 되었고 이곳에서 교사생활 중 처음으로 실내 체육관이 있는 학교에서 근무하게 되었죠. 그 순간 햄버거 가게의 세트메뉴처럼 아침나들이, 아침햇살, 저녁노을 이렇게 해야 되겠다는 생각을 했었답니다. 그래서 고민했습니다. 어떤 식으로 저녁노을을 운영할지.

고민 끝에 찾은 저녁노을의 성격은 '부모님들과의 자연스러운 만남'이었습니다. 자연스러운 만남을 위해 함께 운동하는 것이었지요. 교사, 학생, 학부모가 함께 운동하는 것을 통해 추구한 것은 결국 아이들의 교육과 관련된 것이었죠. 여기서 중요하게 생각한 것은 '자연스러운 만남'이었습니다. 그동안 학교로 찾아오는 부모님들의 모습에서 왠지 모를 어색함과 딱딱함을 느꼈었기에 편안하게 만나고 싶었습니다. 그래야 진정한 소통을 할 수 있다 믿었으니까요. 그리고 그 소통의 중심에는 좋은 교육에 대한 이야기가 있었습니다. 즉 교육과정 이야기가 있었죠. 아이들이 변하는 것은 교사와 아이들만의 몫이 아니라 학부모님들과 함께 했을 때만이 가능하다 믿습니다. 그런 의미에서 저녁노을은 학부모와 교사 그리고 학생이 함께 마음을 열고 편안하게 만나고 자연스럽게 교육에 대해 나눌 수 있는 소중한 활동이라 생각합니다. 그동안 저만 좋아하던 교육에서 모두가 좋아하는 교육, 즉 좋은 교육으로 나아가는 작은 시작이 된 활동이라 생각합니다.

3장

주제중심교육과정의
5가지 진실 혹은 거짓

01
하나,
주제중심교육과정은 체계적이지 않다?

'이론은 최대한 심플하게, 실천은 최대한 복잡하게.'

제가 생각하는 이론과 실천의 관계입니다. 지금까지 계속해서 이야기 해온 '마음의 힘'에 대한 이야기들은 어떤 이론으로 설명할 수 있을까요? 배움을 바라보는 눈에 어떤 이론이 필요할까요? 물론 그동안 인류가 쌓아온 이론이나 사상들이 필요 없다는 말이 아닙니다. 저 또한 이론들을 붙잡고 저의 고민들과 마음을 다져왔으니까요.

'들어주고, 들어주고, 들어주자.'에는 이오덕 선생님의 교육사상에서, '꿈꾸는 아이들'은 최신의 뇌 과학과 발도르프 사상에서, '재미있는 수업?'은 배움의 공동체에서 시작했으니까요. 하지만 저의 한계로 인해 깊이 있는 연구는 하지 못했던 것 같습니다. 그래도 저는 부끄럽지 않았고 알지도 못하면서 이런 사상들을 많이 연구했다고 이야기 하지도 않았습니다. 그런데 놀랍게도 이런 저를 보는 많은 분들이 저에게 이런 이야기를 해 주더군요.

"선생님, 정말 책도 많이 읽고 공부도 많이 한 것 같아요. 대학원에서 공부 중이신가요?"

왜 이렇게 느끼는 것일까요? 정말 제가 공부를 많이 했다면 '지금의 제가 있을까?' 하는 생각을 이 때 했답니다. 무슨 말이냐고요? 제가 이론 이나 사상을 공부하는데 힘을 쏟았다면 지금의 저는 없었을 것 같아서요. 왜냐하면 인간이 가진 에너지는 그 한계가 분명히 있고 그 에너지를 어떻게 사용하느냐는 순전히 본인의 선택이라 생각하기 때문이죠.

'난 현장교사고 내 옆에는 항상 아이들이 함께 하니까, 난 아이들과 생활하는 데 집중해야 할 것 같아.'

이런 생각을 하고 있어서였을까요? 어느 날 책을 읽다가 책을 던져버린 적이 있답니다. 갑자기 무서운 생각이 들었거든요. 책에 빠져있던 어느 순간 아이들이 제 마음속에 있는 것이 아닌 책의 내용과 이론들이 제 마음 속을 채우고 있다는 생각으로 말이죠.

지금부터 이야기하게 될 서정초 6학년 교육과정은 어떤 특정한 이론을 깊게 연구하거나 적용한 것이 아닙니다. 그렇다고 이론이나 교육사상이 없는 것은 아닙니다. 하지만 그것을 깊이 있게 연구하는 것은 제가 할 일이 아니라 생각했고 그저 우리가 교육과정을 운영하다가, 너무도 다양하고 복잡한 실천 중에 길을 잃지 않을 정도의 나침반으로만 사용한다 말씀드리고 싶습니다. 왜냐하면 우리는 '현장교사'니까요. 그런데 더 놀라운 것은 이렇게 실천을 해 오다 이론을 뒤늦게 만났을 때 그 이론이 쉽게 다가왔답니다. 결국 이론이 실천 속에서 태어났음을 느꼈다고 해야 할까요?

우리나라 초등학교에서 가장 선호하지 않는 학년은 아마 대부분의 학교에서 6학년일 것입니다. 왜 6학년이 어려운 학년일까요? 다들 아시다시

피 대한민국의 학생들은 힘든 생활을 하고 있습니다. 앞의 PISA의 결과에 대한 이야기에서처럼 아이들은 학습에 엄청난 부담감을 느끼고 있으며, 초등학교에서는 6학년이 대표적인 학년이 되는 것이죠. 이런 아이들에게 초등학교 생활의 마지막을 행복한 기억으로 꽉꽉 채워주고 싶었습니다. 그래서 혹시 앞으로 만나게 될 삶 속의 어려움을 극복할 때 작은 힘이 될 수 있기를 바라면서 말이죠. 『아이는 기다려주지 않는다』라는 책 속에 이런 구절이 있답니다.

'어린 시절부터 간직한 아름답고 신성한 추억만한 교육은 없을 것 … (중략)… 추억들을 많이 가지고 인생을 살아간다면 그 사람은 삶이 끝나는 날까지 안전할 것이다.'

'삶이 끝날 때까지 안전하다.'는 말이 제 마음을 울린 것은 어쩌면 너무도 당연한 것이었죠. 그 마음을 담아 구성한 것이 서정초 6학년의 교육과정 모습입니다.

'나 너 그리고 우리'라는 주제가 중심에 위치하며, 그 속에 담긴 '공동체'의 마음으로 부터 시작된 교육과정은 우리 주변의 고마움을 알아보는 '소중한 분들'과 우리가 추구해야 할 조화로운 삶이란 무엇인지 생각하는 '자연은 주인 사람은 손님', 그리고 마지막으로 중학교에 진학하는 아이들 마음속에 희망을 가득 채워주길 원했던 '축제'까지 이어지게 됩니다. 그리고 이 모든 교육과정을 함께 한 아이들이 행복하기를 바라는 우리 교사들의 마음까지.

조금 더 자세히 살펴보겠습니다. 다음 장의 그림 가운데 '나 너 그리고 우리'가 6학년 교육과정의 중심이라면 왼쪽과 오른쪽으로 나눠진 주제들이 보일 것입니다. 왼쪽의 주제들은 6학년 아이들과 나누고 싶은 마

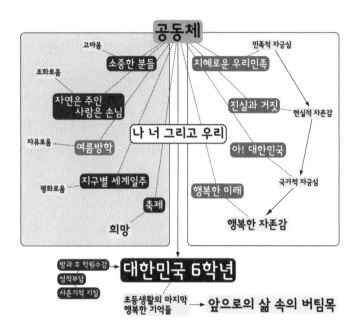

음들이 배열되어 있다면, 오른쪽의 주제들은 그 마음들 중에서도 자존감을 강조하고자 한 주제들입니다. 그래서 오른쪽 주제들의 마음은 화살표로 표시되어 있으며, 그 나름의 확장성과 계열성을 가지고 있답니다. 복잡해 보이나요? 하지만 이것은 시작에 불과하죠. 실천은 더 복잡하니까요!

사실 이렇게 정리된 것도 실제 현장에서 벌어진 다양한 활동들에 비하면 간단한 것이죠. 다음 그림을 보면 알겠지만 다양한 활동들과 실천들이 펼쳐졌지만 나름 연결되어 있는 것이 보일 것입니다. '나 너 그리고 우리'에서 '공동체활동1'이 진행되었고 '아 대한민국'에서 '공동체활동2'가 진행된 것처럼 말이죠. 앞에서도 마음 중 자존감이 연속성과 계열성을 가지고 있었듯이 말이죠. 앞으로 소개될 각 주제들은 이것들에 대한 우리만의 이야기가 하나하나 펼쳐지게 될 것입니다.

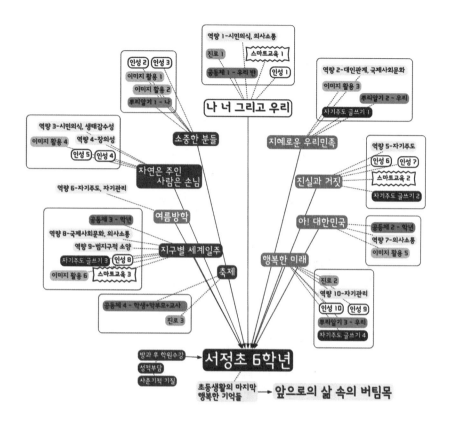

여기서 한 가지 고백하자면 처음부터 이렇게 계열성과 관련성이 높았던 것은 아니랍니다. 이렇게 교육과정을 재구성한지 4년이 되었기에 지금과 같은 체계성과 구성을 가지게 되었다는 것이죠.

'첫 술에 배부를 수 없다.'는 속담과 같지요. 무엇이든지 꾸준히 해 보는 것. 누구라도 꾸준함을 보여 준다면 가능할 것입니다. 그리고 그 꾸준함이 결국 위대함을 만나게 될 것이고요. 꾸준함의 다른 이름은 위대함이라 생각하니까요.

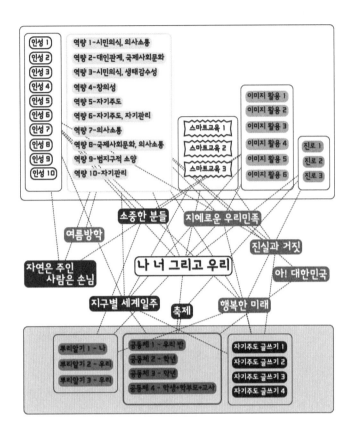

앞에서 '열매의 다른 이름은 씨앗'이라는 성찰 부분에서 '진짜 자기주도학습은 아이들 마음 속 하나하나에 씨앗을 뿌리는 일이다.'라고 했습니다. 그렇다면 그런 마음만 가지고 있으면 되는 것일까요?

그래서 자기주도학습을 실천할 수 있도록 구성한 부분이 '자기주도 글쓰기' 같은 부분입니다. 제가 속해 있는 경기도교육청에서는 최근 '창의지성교육'을 중요목표로 삼아 그 실천방안으로 배움중심수업을 이야기 하고 있습니다. 그 배움중심수업의 핵심 내용 중 '자기생각쓰기'가 있는데, 이것이 자기주도학습을 위한 중요한 부분이라 생각하고 있습니다. 자기의 생각을 글로 쓴다는 것은 단순히 자신의 생각이나 쓰는 것을 넘어 자기주도적인 사고의 결과로 나오는 글쓰기를 뜻하기 때문입니다.

자신의 마음속을 들여다보고 자신만의 글쓰기를 하는 것도 중요하지만, 여기선 다양한 정보들을 취합 선택하고 연결하는 과정을 거쳐 그것을 다시 자신만의 관점이나 이유를 들어 글을 쓰는 것. 이것이 또 우리가 배워야 할 진정한 자기생각쓰기라 생각했고, 초등학교 6학년 국어교육과정 속에 관점이라는 중요한 내용이 핵심 교과내용으로 반영되어 있어서 적용하기에도 무리가 없었습니다. 그리고 처음부터 완성된 형태의 글쓰기를 요구하는 것이 아닌 차근차근 단계를 밟아 나가며 익히기를 원했습니다.

아래 그림에서 제시된 것처럼 첫 단계에서는 정보를 어떻게 활용할 수 있는지 알아보는 글쓰기로 시작해서 그 정보를 비판적으로 바라보도록 하는 단계, 앞 선 두 가지를 합한 단계 그리고 마지막으로 그것을 활용하여 새로운 표현방법으로 적용하는 단계까지 나아가는 것이죠. 이렇게 진행하며 느꼈던 점은 아이들의 글쓰기가 분명히 달라진다는 것이었습니다. 그리고 그 달라짐은 아이들이 생각의 깊이도 다르게 하고 있다는 것을 반증하는 것이고요. 교육과정을 재구성하였기에 교사인 제가 여유를 가지고 이것들을 바라볼 수 있었던 것 같습니다. 그리고 그 여유가 아이들의 마음에도 전달되어 글쓰기를 좀 더 편하게 해 준 것은 아닐까 생각합니다.

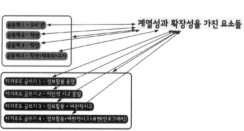

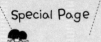

역량중심교육과정

'아이들은 실전을 좋아한다.'에서 언급한 것처럼 실제 아이들에게 무엇인가를 해 볼 수 있는 기회를 준다는 취지와 잘 맞아 들어간 것이 역량을 중심으로 하는 교육과정이라 생각했습니다. 그래서 다양한 역량들이 다양한 주제에서 나타날 수 있도록 고려하였고 그것이 아이들의 배움에 새로움으로 작용한다는 확신을 가질 수 있었죠.

"선생님, 서정초 졸업생들은 중학교 수업 때 다른 점이 있어요."
"뭐가 다른데?"
"중학교 선생님께서 무엇인가를 설명하면 서정초 친구들은 '에! 거기 가 봤는데?', '어 그거 해 본적 있는데?'라며 바로 반응을 보이고요. 다른 초등학교 출신 아이들은 그것들을 주로 책에서 보았거나 들어보았다고 이야기하더라고요."

물론 모든 경우에 그렇지는 않겠지만 분명한 것은 서정초 친구들이 실전을 더 많이 경험한 것은 사실일 것입니다.

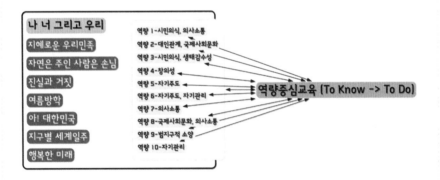

:: 2013학년도 서정초 6학년이 교육과정에서 실천한 활동내용

학교교육 목표	핵심역량	6학년 구현 활동내용
협력과 나눔으로 배움을 즐기는 어린이	창의력	• 졸업축제 준비, 다양한 생태놀이 만들기
	문제해결능력	• 각 대륙별 발표준비, 생태문제 관련 토론수업, 친척지도 제작
	의사소통능력	• 독도 명예주민 대표 선발, 각 대륙별 발표, 건강한6학년 토의, 학교캠프 활동 준비
	정보처리능력	• 구글어스 활용수업, 분류하여 글쓰기 활동수업, 스마트 교육, 증강현실 활동, 우리의 전통과 미래 발표회 준비
	자기주도학습력	• 독도 뉴스 만들기, 칭찬일기 쓰기, 진실과 거짓 신문제작, 기행문 제작
존중과 배려로 더불어 살아가는 어린이	자기관리능력	• 독도 탐사활동, 자신을 돌아보는 활동, 학년 초 공동체 공연준비, 성장팔찌 활동, 세상에서 가장 소중한 보물
	시민의식	• 독도 캠페인 준비 및 실천, 직업에 대한 성찰활동(초), 성사천 지킴이 캠페인, 학교급식 캠페인
	범지구적 소양	• 대륙별 상황인식 및 대륙별 음식만들기 활동, 세이브더칠드런 활동참여
	진로의식	• 행미시 활동, 직업체험관 탐방(키자니아 등)
문화예술과 생태감수성이 풍부한 어린이	문화예술 감수성	• 졸업축제 준비, 세계의 명화를 통한 세계평화 돌아보기(게르니카 협동화), 명예의 전당 만들기, 일월오덕도 협동화, 나의문화유산 답사기와 연계한 경복궁 탐사, 창릉천 생태지도 제작
	생태 감수성	• 동물과의 교감활동, 성사천 생태그림, 세코 동아리활동, 화전놀이, 텃밭 가꾸기

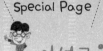
인성교육과 교육과정

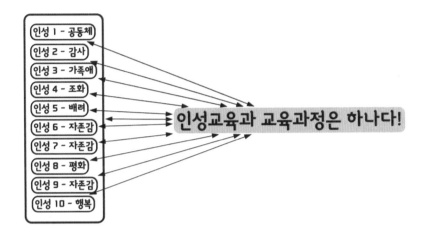

　'교육과정 + 학급운영 + 생활지도 = 배움'에서 이야기 했었습니다. 따로가 아닌 모두가 하나가 되었을 때 진정 우리가 말하는 배움이 일어나는 것 같다고 말이죠. 하지만 현실에서는 이렇게 하면 고생스럽습니다. 왜 그러냐고요? 학교는 공문에 의해 모든 행정을 처리하는 하나의 공적인 기관이기도 합니다. 즉 학교는 아이들을 교육하는 기관이면서 동시에 공적인 행정을 처리하는 기관이기도 한 것이지요. 그래서 많은 교사들의 공통된 바람 중 하나가 학교에서 행정적인 업무를 사라지도록 하는 것이기도 하답니다. 하지만 쉽게 사라지지 못하는 이유는 학교도 엄연히 공적인 행정기관 중의 하나이기 때문이죠. 그런데 이것이 문제가 된다는 것입니다. 즉 교육과정과 학급운영 그리고 생활지도를 융합해서 한 번에 하면 엄청 문제가 된다는 것이죠. 한 가지 예를 들어보겠습니다. 학교로 공문이 내려옵니다.

　'각 학년 별로 인성 교육을 몇 월, 며칠, 몇 시간, 무슨 과목에 진행했는지 보고하시오.'라고 말이죠. 이런 보고가 일정한 형식, 즉 표와 함께 내려옵니다. 그러면 제가 전에 있던 학교에서는 이미 창체나 특정 교과 시간에 인성교육, 예를 들어서 평화교육은 몇 월, 며칠, 도덕 1시간 이렇게 이미 계획을 세워놓고 진행하기에 그냥 그 계획서에 기록되어 있는 내용을 보내면 되는 것이었죠. 오히려 이런 공문이 크게 곤란하지 않다는 것입니다. 사실 부끄러운 이야기지만 그렇게 형식적으로 계획되어 있지만 실제 운영이 그렇게 되는 것은 또 아닙니다. 그런데 문제는 모든 것을 융합해서 가르치는 곳이죠. 왜냐하면 평화라는 마음을 나누기 위해 특정한 시간을 정해놓고 수업을 하지 않으니까요. 교육과정 전체 흐름 속에 평화라는 마음이 들어가 있고 아이들과 어떤 수업을 하건 평화를 중심에 두고 이야기 나누고 생각하고 활동하고 있는데 그것을 어떻게 시간별로 날짜별로 계산해서 보고를 해야 할까요?

"애들아. 평화교육을 무슨 시간에 몇 시간 했는지 알려달라는데, 우리가 언제 평화교육을 했지?"
"그런 게 어딨어요? 우리는 매 시간마다 평화 관련 이야기와 활동들을 하고 있잖아요. 매일 매일이요. 이번 주제는 마음의 평화잖아요?"

저는 이러한 부분이 지금까지 학교의 한계였다고 생각합니다. 주어진 틀에만 맞추어 만들어지는 교육과정. 형식이 중요한 교육과정. 이러한 교육과정을 벗어나고자 시도하는 교육과정이 주제중심 교육과정이라 생각합니다. 인성교육과 교육과정은 따로가 아닌 하나니까요.

앞에서 국가수준교육과정과 학교교육과정, 그리고 학년교육과정에 대해 알아보았습니다. 그리고 주제중심교육과정이란 무엇인지도 이야기 했네요. 그렇다면 많은 교사들이 궁금해 하는 주제중심교육과정을 실제로 설계하는 방법에 대해 이야기 해보려 합니다. 다음 그림을 보며 주제를 중심으로 하는 교육과정의 재구성에 대해 이야기해 보겠습니다.

주제정하기

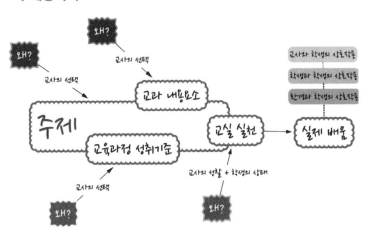

제가 생각하는 주제중심교육과정의 구성도입니다. 이 그림을 보면 알겠지만 제일 중요한 것은 역시 '왜'입니다. 제일 먼저 주제를 정하기 전에 해야 할 작업은 국가수준의 교육과정을 분석하는 일입니다. 교육과정을 분석한다는 것은 국가에서 요구하는 성취기준을 파악해야 한다는 말이기도 하지요. 성취기준은 어디에 나와 있을까요? 일반적으로 교사들이 가장 쉽게 국가수준교육과정 성취기준을 파악하기 위해서는 교사용지도서를 보면 됩니다. 각 과목별로 만들어진 교사용지도서 속에는 국가에서 요구하는 과목별, 학년별, 단원별 성취기준이 자세히 설명되어 있습니다. 부끄러운 이야기지만 예전의 저는 교사용지도서를 거의 보지 않았습니다. 왜냐하면 교육과정에는 관심이 없었거든요. 교과서 속의 단편적인 지식들과 정보들을 어떻게 잘 전달하면 좋을지만 고민했지, 왜 그래야 하는지 고민하지 않아서였답니다.

이렇게 교과서를 세밀하게 살피던 것이 불과 얼마 전까지 저의 모습이기도 하답니다. 그런데 이렇게 하면서 저는 어떤 것을 놓쳤을까요? 제가 놓친 것이 많겠지만 가장 중요한 '왜'를 놓쳤던 것 같습니다. 제가 가르치

면서도 큰 그림은 보지 못하고 무조건 가르쳤기 때문에 온 당연한 결과였는지 모릅니다.

결국 '왜'를 생각하기 위해서는 큰 그림을 보아야 하고 그러기 위해서는 결국은 교육과정을 중심에 두어야 한다는 결론이 나왔습니다. 그래서 교육과정을 찾기 위해 교사용지도서를 보는데, 교사용지도서가 두꺼워서 이것을 언제 다 보냐고 할 수도 있습니다. 그런 걱정은 하지 않으셔도 된답니다. 교사용지도서는 전체를 다 읽어야 하는 것이 아니라 교사용지도서에 나와 있는 각 단원별 단원의 개관 부분만 읽어도 충분하니까요.

모든 교사용지도서에는 각 단원별로 그 단원을 소개하는 단원의 개관이 있답니다. 그 개관을 읽어보면 이번 단원에서 아이들과 무엇을 배워야 할지 나오게 되는데, 그것이 국가에서 요구하는 국가수준교육과정 성취기준이랍니다.

'교과서가 아닌 교육과정이 중심이다.'에서 언급했던 것처럼 우리가 배우고 익혀야 할 것은 교과서가 아니라 교육과정입니다. 교과서는 단원별로 제시된 국가수준 성취기준을 달성하기 쉽도록 하기 위해 만들어진 자료일 뿐이니까요. 그렇다면 교육과정을 재구성 할 때 교과서를 보지 않고 각 지도서 단원의 성취기준을 본다는 것은 어떤 장점이 있는 것일까요? 교과서 하나하나를 세밀하게 보다가 놓칠 수 있었던 전체의 모습, 전체적인 맥락을 교사가 이해할 수 있었습니다. 우리 학교의 동료 선생님께서는 이것을 다음과 같이 표현했습니다.

'우주에서 내가 무엇을 가르쳐야 하는지 내려다보는 기분이 들었어요.'

이렇게 큰 그림을 조망할 수 있을 때 그것을 바탕으로 세부적인 그림들을 그릴 수 있다 생각합니다. 교육과정을 재구성 한다는 것은 이와 같이 교사에게도 전체적인 맥락을 이해할 수 있는 눈을 가질 수 있도록 하는 것이었습니다. 이렇게 각 과목별 세세한 내용을 생각하기 이전에 전체적인 성취기준을 분석할 수 있다면 비슷해 보이는 성취기준끼리 연결해 낼 수 있을 것입니다. 이 때 그 중심에 들어가야 하는 것이 바로 '우리 아이들에게 어떤 마음을 주어야 할까?'였으며 그 마음을 주제로 표현해 냈습니다. 주제를 정하는 세 가지 방법을 정리해 보자면

첫째, 아이들과 어떤 마음을 나누고 싶은지 생각한다.
둘째, 교육과정 성취기준을 전체적으로 분석하고 확인한다.
셋째, 학교의 행사나 계절적 요인들을 반영한다.

마인드맵 그리기(주제망 그리기)

이렇게 주제를 정하게 되면 주제를 정하며 생각한 각 단원들을 연결하는 마인드맵을 그려보는 것입니다. '좋은 교육으로 튜닝하라!'에서 이

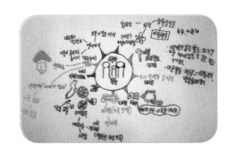

야기 했던 것처럼 혼자 하는 것보단 함께 했을 때 좋은 교육을 만나기가 쉬웠답니다. 동학년이 협력하는 관계를 만드는 첫 시작이 교육과정 재구성 협의회가 되는 것이죠. 그리고 이렇게 동학년이 만나서 지낼 때만이 진정 우리가 말하는 협력적 동학년 관계가 되지 않을까요?

처음에는 마인드맵의 자유로움을 마음껏 누렸습니다. 그래서 하고 싶은 것, 가고 싶은 곳, 보고 싶은 것 들을 자유롭게 마구마구 적어나갔죠. 그런데 이렇게 1년을 운영해 보고나니 왠지 너무 어수선하고 정리되지 않은 듯한 느낌이 들었습니다. 더 큰 문제는 고학년이기에, 특히 6학년이기에 학부모님들께서 학력 즉 교과서 속의 지식에 대해서도 관심이 많은데 그 부분에 대해서는 선명하게 보여드리지 못하는 것 같이 보였습니다. 실제로는 그 부분을 모두 다 하고 있었지만 한 눈에 파악이 되지 않는다고나 할까요? 그리고 아이들과 주제를 시작하기 전에 주제 마인드맵을 같이 그려가며, 전체적인 생각들을 나눌 때에도 한 눈에 파악이 되지 않아 아쉬운 느낌이 들었답니다. 그러던 어느 날······.

'마인드맵을 할 때 영역을 나눠보면 어떨까? 고학년이니 지식이 한 영역이면 좋겠고, 아! 마음이 가장 핵심이니 마음영역과 현장학습 가야하는 경우가 많으니 경험영역, 미술시간과 실과시간에 만들고 그리고 하는 것이 많으니 예술영역, 체육시간이 있으니 신체영역이러면 어떨까?'

이런 생각들을 가지고 동학년 교사들과 이야기 나누었고 흔쾌히 동의를 구할 수 있었습니다. 그래서 그 뒤로는 마인드맵을 그릴 때에는 항상 영역을 나누

고 그 영역별로 정리하고 있답니다. 이렇게 구분해 놓으니 재구성을 하는 우리들도 좋고 이것을 같이 하는 아이들에게도 좋았으며 학부모님들께 설명드릴 때도 좋았습니다. 이렇게 그려진 마인드맵은 앞에서 몰입이라는 부분에서 말씀드린 것처럼, 아이들이 흥미와 이유를 가지고 교육활동에 참여할 수 있도록 만드는 중요한 역할을 하게 되었답니다.

이러한 마인드맵이 그려졌다면 주제를 중심으로 교육과정을 재구성하는 활동은 거의 끝났다고 보면 좋을 것 같습니다. 이제부터 해야 할 작업은 이러한 우리의 마음이 담긴, 우리의 이야기가 담긴 교육과정에 형식을 입혀주는 과정이니까요.

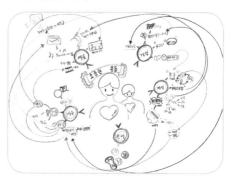

주제중심교육과정 표 만들기

주제중심교육과정을 만들 형식은 앞 그림에서 보면 왼쪽의 '주제관련 단원'들을 배치한 부분과 오른쪽의 '주제관련 재구성'으로 이루어져 있습니다. 마인드맵에서 생각한 활동들은 당연히 오른쪽 주제관련 재구성 쪽으로 들어가면 되겠죠?

여기서 주의해서 보셔야 할 부분은 주제관련 재구성 부분에서 표시한 '연설하라! 실천하라!'와 같은 새로운 과목의 탄생입니다. 이제까지는 교과서를 중심으로 교육이 펼쳐지다 보니 교과서의 각 특성이나 단원의 순서 등이 중요시 되었다면, 여기서는 각 교과서의 특성보다는 여러 교과서가 모여서 만들어낸 활동이나 마음을 전달하는 것이 중요합니다. 이런 이유로 교과별 특성들의 중요도는 훨씬 미약하다 생각하면 될 것 같습니다. 즉 '연설하라! 실천하라!'에서는 국어, 도덕, 창체가 함께 포함되어 있는데, 각 교과의 특성이 무엇이건 간에 중요한 것은 '연설하라! 실천하라!'의 활동에서 보았을 때는 국어나 도덕이나 창체 모두 같은 과목이라는 이야기입니다.

좀 더 풀어서 말하자면 국어시간, 도덕시간, 창체시간이라는 것이 사라지고 '연설하라! 실천하라!'라는 새로운 과목이 생겼다고 할까요? 갑자기 하늘에서 뚝 떨어진 과목이 아닌 기존에 우리가 달성해야 할 교육과정 성취기준을 중심으로 하는 새로운 과목이 만들어진 것입니다. 그렇게 자신만의 과목이 만들어졌기에 왜 그 과목이 필요한지에 대해 세상에서 가장 잘 알고 있는 사람이 바로 자신이 되는 것이지요. 결국 '연설하라! 실천하라!'라는 새로운 과목을 '왜' 만들었는지가 중요하게 되었겠죠? 제 개인적으로는 교사에게 이보다 더 흥미로운 일이 또 있을까 싶습니다.

주간학습안내

마인드맵과 주제중심재구성표를 완성했으니 이제 주제를 중심으로 하는 교육과정재구성은 완성되었다 할 수 있겠습니다. 그런데 여기서 한 번 더 해 주어야 할 일이 있답니다. 바로 시수와 진도표를 맞춰주어야 하는 것이죠. 그동안의 교육과정이 이 시수와 진도표 맞추기가 대부분이었다면, 지금 여기서 설명하는 교육과정 재구성에서는 지금까지의 교육과정 설계에서 가장 중요시 되던 부분이 제일 마지막에 형식을 맞춰주기 위해 필요한 것이 되었다는 것입니다. 저는 이것을 '거꾸로 교육과정'이라 이름 붙였습니다. 기존의 방식과 다르게 거꾸로 계획하는 것 때문이죠. 그러면 왜 시수와 진도표를 맞춰야 하는 것일까요?

시수가 필요한 부분은 일단 나이스(NEIS)에 각 과목별 총 시수와 학년 전체 시수를 올려야 하는 의무가 있기 때문입니다. 여기서 중요한 것은 세부적인 시수가 아니라 총 시수를 말하고 있다는 것이죠. 이 부분의 근거는 2009년 개정교육과정에서 언급했던 것처럼 학교에서 나름의 자율성을 가지고 접근할 수 있도록 만든 것이라 생각합니다. 그래서 총 시수가 얼마인지 교사는 미리 파악하고 있어야 하겠지요. 그리고 이렇게 시수를 맞춰주면 좀 더 계획적으로 일들을 추진할 수 있지 않겠습니까?

그렇다면 진도표는 왜 맞춰줘야 할까요? 진도표가 있어야 아이들에게 나눠줄 주간학습안내를 만들 수 있기 때문입니다. 예전의 저는 주간학습안내가 필요 없는 교사였습니다. 이미 교실에는 고정된 시간표가 있었기에 주간학습안내가 큰 의미가 없었죠. 월요일은 어떤 과목을 수업하는지 뻔히 나와 있으니 말이죠. 하지만 교육과정을 재구성하며 주제를 중심으로 이리 저리 시간표가 옮겨진 현 상태에서는, 고정된 시간표 자체가 필요하지 않았습니다. 당연히 주간학습안내가 시간표가 되었고 매주 다른 시간표가 되는 것이지요. 결국 진도표는 이러한 목적을 가지고 만들어야 하는 것이었습니다.

물론 시수를 맞추고 진도표를 맞추는 작업은 귀찮은 작업일 수 있습니다. 하지만 '좋은 교육으로 튜닝하라!'에서 이야기한 것처럼 교사인 나만을 위한 교육이 아니라 배우는 아이들과, 협력하는 학부모와 함께 하기 위해서는 이러한 형식이 있는 문서도 필요하다 생각합니다. 이렇게 해서 주간학습안내까지 만들어져 아이들에게 배부되고 나면 교육과정 재구성이 완성됩니다. 그리고 그 주간학습안내를 계속 상황에 맞게 수정해가며 모아가는 일이 우리가 말하는 '만들어가는 교육과정'의 진짜 모습이 아닐까 생각했습니다.

교육과정 톡! Talk? 주간학습안내는 언제 만들면 좋을까요?

주간학습안내를 만들어 아이들에게 배부한다는 것은 처음 계획했던 교육과정이 실천되는 최종 약속이랍니다. 주간학습안내에 실제 활동의 내용과 방향들이 구체적으로 들어가게 되는 것이죠. 그렇다면 이렇게 중요한 주간학습안내는 언제 만들어야 하는 걸까요? 또 어떻게 만들면 좋을까요?

『스토리가 스펙을 이긴다』라는 책을 보면 계획을 세우는 단계에서 힘을 쓰지 말고 실천 단계에서 힘을 써야 혁신적인 결과를 낼 수 있다는 내용이 있답니다.

주간학습안내도 마찬가지라 생각합니다. 어떤 학교 혹은 어떤 선생님들께서는 어찌 보면 가장 자세한 실천사항이 기록된 주간학습안내와 같은 계획서를 학년 초에 완성하고자 하는 분들이 계십니다. 2월에 앞으로 펼쳐질 1년의 모든 계획을 자세히 세우는 것이죠. 그런데 저는 이것이 과연 가능할까라는 생각을 많이 한답니다. 당장 내일 무슨 일이 생길지 모르는 상황에서 이렇게 자세한 계획이 가능한 것일까를 생각합니다. 만약 주간학습안내를 학년 초에 모두 몰아서 만들게 된다면 지키지도 못할 약속을 만들고 있는 것은 아닐지요?

그래서 앞서 제시한 주제에 대한 마음과 그 마음을 담은 주제 정하기, 그리고 주제망을 그리고 주제중심교육과정 문서를 만드는 것 까지만 학년 초에 진행합니다.

그런 다음에 세세한 실천이 들어간 주간학습안내와 같은 계획은 분산해서 하는 것이 우리의 방법이었습니다. 즉 새로운 주제가 시작되기 일주일 전에 동학년이 함께 모여서 논의하며 만들어 나가는 것이죠. 이미 학년 초에 큰 계획을 세워놓았기에 그것을 바탕으로 지금의 상황에 맞추어 다시 튜닝 한다고 할까요?

주간학습안내를 이렇게 만들어갈 때 좋았던 것은 주제와 관련된 전체 주간학습안내를 한 번에 만드는 것이었죠. 5주간 펼쳐질 주제라면 5주간의 주간학습안내를 한 번에 만들면 되는 것이죠. 이렇게 만들어진 주간학습안내와 제 수업의 일치도는 95%가 넘었으며, 특별한 일이 없는 상황에서는 주간학습에 안내된 것처럼 수업이 운영되었답니다. 예전에는 학기말이 되면 그동안 밀려있던 교과 진도 때문에 허둥대던 교사 이경원이 사라지는 순간이랄까요? 아이들이나 부모님들께서도 주간학습안내와 실제 수업이 일치하기에 무엇을 하고 있는지 알 수 있었으며, 그 결과 학교를 더욱더 믿을 수 있었답니다. 즉, 주제중심교육과정은 교사가 하고 싶은 것을 맘대로 운영하는 교육과정이 아니랍니다.

월 (5일)	재량 재량	주제중심 교육과정 협의 주제중심 교육과정 협의	주제중심 교육과정을 협의할 수 있다. (나 너 그리고 우리)	주제공책 스케치북 수학공책 색연필 개인칫솔 개인휴지 색볼펜(3색 이상)
	영어	1. Where Are You From?	Look and Listen, Listen and Repeat, Let's Practice 1	
	미술	7. 시간 문화 환경과 우리	■ 주변환경의 미술이야기, 학급이야기, 캐리커쳐 소개	
	수학 수학	1. 분수의 나눗셈 1. 분수의 나눗셈	✚ (자연수)÷(단위분수)의 계산 ✚ 분모가 같은 진분수끼리의 나눗셈	

월 (12일)	수학 수학	2. 소수의 나눗셈 2. 소수의 나눗셈	✚ 자릿수가 다른 두 소수의 나눗셈 ✚ (자연수)÷(소수)	
	영어	1. Where Are You From?	Let's Write, Read and Write, Listen and Write, Let's Practice 4	
	재량 재량 체육	기본생활습관형성 기본생활습관형성 4. 표현활동	✚ 기본적인 건강한 생활을 익히고 표현할 수 있다. ✚ 공동체를 표현할 수 있는 동작들을 연결하여 공동체관련 공연을 준비한다.	

재량시간, 체육시간으로 구별되는 시간이 아니라 공동체를 표현하는 공연준비의 시간

03
셋,
주제중심교육과정의 평가만족도는 높다!

혹자는 이렇게 운영되는 서정초의 이야기들 듣고 평가가 없다고 착각하는 분들도 있더군요. 하지만 절대 그렇지 않습니다. 오히려 아이들이 치러야 하는 평가의 횟수가 더 많다고 봐야 할 것 같습니다.

그렇다면 주제중심교육과정에서는 어떤 평가를 하게 될까요? 평가를 생각하는 것은 사실 교육과정 재구성의 핵심내용입니다. 평가를 어떻게 하느냐가 교육과정을 운영하는 데 큰 방향키 역할을 하게 되기 때문이죠. 모든 것을 융합적으로 가르치는 현재의 교육과정 운영 방식과 가장 잘 어울리는 것은 '서술형·논술형 평가'였습니다. 그래서 주제가 끝날 때마다 서술형·논술형 형태의 주제평가를 치렀습니다. 혼합된 형태로 배우다 보니 평가문항도 과목들의 구분이 애매한 형태의 문항들이 출제되는 것은 어쩌면 당연한 결과일 것입니다.

'다음의 날짜별 일기도를 참고하여 우리가 다녀온 울릉도 독도 기행문을 여정 견문 감상이 드러나도록 작성해 보시오.'와 같이 과학과 국어가 혼합된 형태의 문제들이 출제되는 것이죠. 그래서 평가를 생각할 때 첫 번째로 고려한 사항이 융합된 문제 형태였습니다. 그리고 두 번째로 고려한 사항이 있었는데 그것은 바로 자기생각쓰기였답니다. 지금까지는 평가형태가 어떠한 사실들 혹은 단편적인 지식들에 대해 알고 있는지 물어

보는 형태였다면, 자기생각쓰기에서는 이미 배운 사실들과 단편적인 지식들은 평가문항에서 제시해 주고 그것들을 이용해 자신만의 글쓰기로 설명하기를 하는 것이었죠. 여기서 평가를 바라보는 저만의 생각이 포함되어 있는데, 퀴즈 형태의 평가가 아닌 여러 가지 정보나 사실들을 연결 지어 생각할 수 있는 힘. 그것을 키워 나가는 것이 평가의 모습이 아닐까 하는 것이랍니다. 주제가 끝날 때마다 치뤄진 주제평가는 어떻게 통지가 되었을까요? 그리고 그 형태는 어떠했을까요?

학교생활이야기

2010년 서정초가 개교하면서 논의되었던 평가결과의 통보 방법은 '달적이'라는 이름의 평가 통보 방법이었습니다. 달적이라는 이름에서도 알겠지만 '매달 가정으로 그 아이의 학습 상황이나 생활태도에 대해 알려주자!'라는 커다란 목표를 가지고서 논의되었었죠. 하지만 매달 보낸다는 것이 불가능하다는 것을 금방 알게 되었고, 그렇기에 한 학기에 몇 번 정도 보내면 좋을지 논의하기 시작했습니다. 아무튼 중요한 것은 평가결과가 단순히 체크리스트나 점수로 나가는 것이 아닌 서술형태의 결과였다

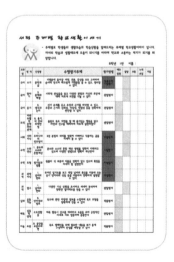

는 것입니다. 지금도 달적이의 정신을 이어받아 '학교생활이야기'라는 명칭으로 주제가 끝나면 치르게 되는 지필평가 결과와 평소 아이들의 생활태도 결과를 함께 묶어 가정으로 보내고 있답니다. 평가가 서술형이기에 결과도 서술형일까요? 물론 서술형으로 가정에 보내는 것은 힘든 일임에는 틀림없습니다. 더군다나 한 학기에 세 번 정도 배부되기 위해서는 교사들이 많은 시간을 들여야 하지요. 그래도 이러한 서술 형태의 결과 통지가 있기에 현재 진행되는 주제중심교육과정에 대해 조금이나마 덜 불안해하는 것 같았습니다. 아이의 상황에 대해 지적 영역과 정의적인 영역 모두를 알 수 있어서가 아닐까 생각합니다.

학교생활이야기가 배부될 때 함께 배부되는 것이 있습니다. 바로 아이들이 스스로 작성한 자기평가랍니다. 주제의 모든 활동과 지필평가가 끝나고 나면, 마지막으로 주제를 다시 돌아보며 스스로를 평가하는 자기평가를 하고 있답니다. 스스로가 무엇을 배웠는지 다시 생각해 보고, 어떤 점이 발전하고 성장했는지 알아보는 소중한 시간이랍니다. 이렇게 작성된 자기평가지가 학교생활이야기와 함께 배부되는 것이죠. 그리고 그 뒷면에 쓰여서 돌아오는 부모님들의 피드백은 평가에 대한 교사와 학부모의 적극적인 소통이 이루어지는 소중한 활동이라 생각합니다.

이래서일까요? 서정초의 학부모님들께서 생각하는 서정초의 평가 만족도는 꽤 높답니다.

학교생활이야기에 대한 답장을 정성스럽게 보내주는 부모님들이 많습니다. 이렇게 보내준 내용이 그 아이를 더 깊이 이해하는데 도움이 되는 것은 당연한 것이겠지요?

학교에서의 아이들의 모습과 가정에서의 아이의 모습은 다를 수 있답니다. 왜냐하면 아이들의 모습은 대부분 관계 속에서 만들어지는 경우가 많기 때문이죠.

교사와 학부모가 함께 좋은 교육을 하고자 한다면, 교사가 서술형 평가결과를 보내는 것처럼 부모님들께서도 솔직한 아이의 모습을 보여주는 것이 꼭 필요하다 생각했답니다.

지필평가 보기전날 주제공책을 보며 요점 정리를 노트 2/page에 분량을 해 놓고 중요하다고 생각되는 부분은 또 노트까지 해서 저한테 보여 주는데 시키지 않아도 스스로 하는 모습이 기특했습니다. (칭찬 많이 해 주세요!)

그런데 여전히 수학공부는 어려워 하네요.

특히 요즘 배운 4단원 원기둥의 겉넓이와 부피는요 어떻게 해결해 나가야 할지 여러가지 생각을 하게 됩니다.

6학년들어 많이 활발해진 승현이 모습 친구들과 하교후 떡볶이도 사먹고 다혜 손이 너무 건조하다며 핸드크림 사러 가자고 보채고 사준 핸드크림을 다혜가 바르는 모습을 볼때마다 너무 행복하다는 승현이.

TV 뉴스를 보다가 "사람은 봉사하기 위해 태어난거 잖아" 하며 이야기를 이어 가는데 정말 기특한 생각이 들어 "누가 그래" 하고 물어 보니 "선생님께서요" 라고 대답하더라구요.

야단치실땐 정말 엄하시지만 아이들의 장난과 투정을 다 받아주시고 아이들 마음을 알아주시기에 아이들이 선생님을 그리도 좋아하나 봅니다.

언젠가 선생님께서 말씀하신 "아이들은 교사에게 수업을 받는것이 아니라 교사를 있는 그대로 받아들인다"라는 글귀가 떠오르네요.

수업시간에 생활지도 까지 어우러진 우리반 수업은 행복한 수업 입니다.

감사합니다.

04
넷, 아이들의 삶도 교육과정이다!

아이들은 학교에서 언제 배우는 것일까요? 저는 아이들에게 항상 이야기합니다.

"애들아! 학교에서는 너희들이 숨 쉬는 것까지 다 배움이란다."

교육과정을 운영하면서 제일 중요한 것 중의 하나는 아이들과의 호흡이라 생각합니다. 아무리 좋은 교육과정을 준비한다 해도 아이들과 한 호흡으로 하지 못한다면, 그 성과는 미미할 수밖에 없으니까요. 그리고 이렇게 중요한 아이들과의 호흡을 만들어가는 가장 좋은 방법은 아이들과 함께 있는 시간을 절대적으로 확보하는 것이라 생각하였고요. 그런 의미에서 학교에 있는 동안, 특히 아이들이 학교에서 남아 있는 시간 동안은 철저하게 아이들과 함께 있자는 생각을 하게 되었고 그 실천의 일부로 방과

후에 진행하는 프로그램인 '방과 후 꿈나무 교실'을 시작하게 되었습니다.

6학년 아이라면 누구나 자유롭게 참여가 가능합니다. 기존의 학교에서 진행하는 방과 후 특기적성 프로그램과 다른 점이 있다면 '누구나 자유롭게' 참여할 수

184
교육과정 콘서트

있고, 참가비가 없다는 것입니다. 아이들이 지속적으로 참여하지는 않지만 학교가 끝난 후 학원시간이 어중간한 친구나, 학원에 다니지 않아 시간이 많은 친구들에게는 좋은 기회가 되고 있습니다. 그리고 이런 기회를 통해 평소 배우고 싶었던 기능들을 익히기도 하지요.

저도 개인적으로 기타 연주를 배우고 싶었는데 방과 후 꿈나무 교실에서 아이들과 함께 배운답니다. 그렇다면 이렇게 운영되는 방과 후 꿈나무 교실은 누가 지도할까요? 대부분은 선생님들이 운영합니다. 하지만 어떤 특정 기능 부분은 아이들 중 재능이 있는 친구가 직접 운영하기도 한답니다. 그럴 땐 교사인 저도 아이들 틈에 함께 섞여서 배울 수 있는 것이지요. 기타 연주 같은 것은 제가 학생이었고 우리 반 아이가 교사였습니다.

강제성이 없고 자유롭게 하기에 어떤 활동들은 끝까지 가지 못하고 중간에 끝나는 경우도 많이 있습니다. 하지만 아이들이 정말 좋아하는 프로그램은 끝까지 유지되었고 그 중심에는 아이들이 있었습니다. 즉 교사가 억지로 만든 프로그램이나 의도를 가진 프로그램은 결국 얼마 가지 못한 반면 아이들이 스스로 원하고 좋

아하는 프로그램은 끝까지 갔다는 말씀입니다. 농구교실이나 기타교실같이 아이들이 관심을 가진 프로그램들은 계속해서 운영되어졌죠.

매일 하는 방과 후 꿈나무 교실 말고, 교육과정 속에는 포함되어 있지 않지만 아이들과 하는 중요한 활동에는 토요 생태프로그램인 '세코포토그래퍼' 활동도 있고, 방학 중 진행하는 '수학캠프', 그리고 '방학틈새학

교' 등이 있습니다. 이 모든 활동들의 공통점은 바로 '자유롭다!'입니다. 참여하지 않았다고 다그칠 필요도 없고 누가 참가했는지 보고할 필요도 없습니다. 단지 아이들과 마음을 나누고 함께하기 위해 할 뿐이지요.

'인간은 프로그램으로 변화하지 않는다.'는 이 이야기는 서정초 교장선생님인 이우영 교장선생님께서 한 말씀입니다. 저는 이 말씀에 크게 공감하고 있습니다. 우리가 시도하고 있는 방과 후 꿈나무 교실 및 토요프로그램 등도 결국은 프로그램을 돌리기 위한 것이 아닙니다. 무엇인가 했다는 실적을 쌓기 위한 것은 더더욱 아니지요. 방과 후 꿈나무 교실의 운영은 이러한 프로그램을 이유삼아 아이들과의 소통의 시간을 늘려보자는 취지가 전부입니다.

'무엇을 하건 참 잘하는 친구인데 자신감이 좀 부족해 보여. 그런데 이 친구가 기타를 배워왔다고 하니 기타교실을 맡겨보면 어떨까?'

'아이들이 뛰고 싶어 하는 것은 알겠는데 체육시간만으론 부족해. 그렇다고 방과 후에 매일 축구만 하는 것도 그렇고. 중학생이 되면 농구를 많이 하는 추세니까 농구를 좀 가르쳐주면서 몸을 움직이도록 하면 좋지 않을까?'

어떤 프로그램을 정형화해서 '우리학교에서는 이런 저런 프로그램을 운영합니다.'가 아닌 매년, 다른 아이들을 고려하고 그 아이들에게 맞는 프로그램을 운영하는 것. 그리고 그 속에서 아이들과 마음을 나누는 시간을 가지는 것. 그것이 보이지 않는 교육과정, 즉 정규 교육과정이 아닌 교육과정의 핵심은 아닐까 생각해 보았습니다.

05
다섯, 교사와 학생이 함께 만들어 가는 주제중심교육과정

어떤 분들은 이런 주제중심교육과정이 첫 계획부터 아이들과 함께 해야 진정으로 의미 있는 교육과정이지 않을까 이야기 하는 분들이 있기도 합니다. 그 분들의 말씀은 아이들이 스스로 구성하지 않은 교육과정 재구성이라면, 교사 위주의 기존의 수업과 다를 바가 없지 않냐는 걱정인 것 같았습니다. 하지만 제 생각은 이렇습니다.

'크게 걱정하지 않으셔도 됩니다!'

왜냐하면 일단 '전체적인 계획은 교사가 계획하는 것이 맞다.'고 생각합니다. 주제를 정하고 활동을 정하는 활동들을 하기 위해서는 앞에서 설명 드린 것처럼 교육과정을 분석하는 작업부터 시작해야 합니다. 전체적인 교육과정의 흐름과 학년별 연계, 아이들의 발달 상황 등도 모두 고려가 되어야겠지요. 주변 환경 및 학교의 교육철학도 당연히 들어가야 하고요. 그런데 그러한 작업들은 단순히 무엇을 하고 싶다로 해결되는 것이 아니라는 것이죠.

"애들아. 우리 이번에 어떤 주제로 공부해 보면 좋을 것 같아? 지금 계절이나 상황을 고려해서 말이지……."

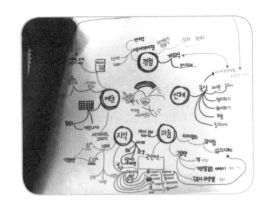

물론 이렇게 아이들과 이야기를 시작해서 교육과정을 재구성할 수도 있습니다. 하지만 개인적인 경험으로는 이렇게 구성하는 교육과정 재구성은 에너지 손실이 너무 큽니다. 일단 아이들이 원하는 것을 무조건 들어줄 수도 없고, 교육과정과 연계하려면 교사가 의도적으로 연결해 주어야 하는 부분도 있으니까요. 아이들과 협의한다 하더라도 결국은 아이들 몇 명의 의지와 생각이 반영되고 말더라는 것이죠. 그러면 결국 '아이들과 이 교육과정에 대해서 같이 이야기를 나눠보았다.'는 정도의 의미 이상은 없었습니다.

만약 우리에게 주어진 국가수준교육과정이 지금보다 훨씬 더 간단하고 큰 목표들만 제시되어 있다면 가능할 수도 있다 생각합니다. 그런데 그럴 때에도 문제가 될 수 있는 것은 학년별 위계가 생길 수 있고 그것을 해결하기 위해서는 결국 모두가 함께, 전체 교사가 모두 함께, 머리를 맞대고 만들어가야 하는데 그것은 현재의 현실에서는 거의 힘든 일이라 생각하기 때문입니다. 분명히 이상을 추구해야 하는 것이 사실이지만 현실을 버리고 이상으로 나아갈 수 없듯이 말이죠. 그래서 현실적으로 가능한 부분들을 연결하고 재구성하는 것은 교사가 해야 할 일이라 생각합니다. 그러면 정말 교사 위주의 교육과정일까요?

결론부터 말씀드리자면 절대 아닙니다. 계획은 교사가 중심이 되어 구성하지만 실천은 아이들이 중심이기 때문입니다. 교사의 역할이 이 때 중요하게 되는데, 교사는 아이들에게 전체적인 틀과 기준을 보여주고 어느 수준 이상의 활동이 이루어 질 수 있도록 도와주는 역할을 하는 것이죠.

저 같은 경우에는 6학년 수준에 어울리는 활동이 될 수 있도록 도와주는 역할을 하는 것이랍니다.

즉 활동을 할 때 가장 중심이 되는 것은 아이들이고, 아이들이 스스로 그 활동들을 채워가는 것이죠. 그리고 저는 옆에서 그 활동들을 채워갈 때 필요한 것을 제공하고, 다 채우지 못할 것 같거나 다른 것을 채울 것 같으면 그것을 안내해 주는 역할을 맡고 있습니다. 그러면 아이들은 스스로 했다고 생각하고 그 결과로 뿌듯함을 느낄 것입니다. 제가 주제중심교육과정을 운영하며 가장 듣기 좋은 소리가 바로 아이들 입에서 나오는 '뿌듯하다.'라는 말이었으니까요.

왜 이런 생각을 했냐하면 배움이라는 것이 일방적으로 학생만의 문제만도 아니고 또한 교사만의 문제도 아니라 생각해서였습니다. 결국 배움은 가르치는 자가 보여주는 가르침의 다양한 모습과 배우는 자의 배움을 받아들이는 다양한 모습이 서로 계속해서 만나면서 이루어지며, 그것이 일정한 조화를 이루면서 배움이 일어난다고 생각하기 때문입니다.

배움의 그릇이 각기 다른 아이들을 대상으로 하나의 방식으로 갈 수 없듯이 교사도 가르침의 모습이 한 가지가 아니라는 것이죠. 그럴 때 교사는 큰 틀을 전체적으로 제시해 주고 아이들이 스스로 해 나가도록 그리고 그 속에서 발견되는 아이들 개개인의 배움의 그릇 모양을 살피는 것. 그리고 그 다양한 배움의 그릇 모양에 맞는 가르침의 모습을 만들어 나가는 것. 이것이 배움을 일으키는 중요한 모습이 아닐까 생각합니다.

이제까지의 모든 이야기들이 실제 현장에서 어떤 식으로 펼쳐졌을까요? 지금부턴 그 이야기를 해 보도록 하겠습니다. 세상에 하나밖에 없는 우리만의 교육과정 케이스 스토리를 공개합니다.

교육과정
콘서트

세상에 하나뿐인
교육과정
케이스 스토리

4부

"자! 이번 시간에는 서로의 이름 알아보기 놀이를 진행해 보겠어요. 지금부터 두 편으로 나눠서……."

"이번에 새로운 6학년이 되었는데 우리는 무엇을 지키며 지내야 할까요?"

"나는 어떤 사람인지? 나의 일 년 뒤의 모습은 어떠한지 나눠준 학습지에 써 봅시다."

교사가 된지 10년이 넘도록 매년 빠지지 않고 하던 활동들이었습니다. 아이들과 '마음'으로 만나는 것이 중요하다 생각했기에 이러한 만남과 활동들이 당연하다 생각했습니다. 물론 지금도 이 생각에는 변함이 없습니다. 그런데 그 때와 현재가 다른 것은 그 당시에는 이런 활동들이 교육과정과 연계해서 운영되기보다는 저의 개인적인 판단에 의해 진행되었다는 점이었죠. 그러다보니 학년 말이 되면 그동안 이런 식으로 진행했던 순간들을 메워야 하고 가르치지 못한 부분을 가르쳐야 하는 순간들이 찾아왔습니다. 하지만 교육과정을 재구성한 이후로는 이렇게 당연히 생각하던 활동들 하나하나가 교육과정 속으로 들어오게 되었습니다. 앞서 이야기 한 '교육과정+학급운영+생활지도'의 순간이 찾아오게 된 것이죠.

"선생님, 많은 교사들이 학급운영과 교육과정운영의 갈림길에 서는 날이 온다고 생각해요. 그럴 때 지금 선생님처럼 두 가지를 합쳐서 나아가는 분이 있는가 하면, 따로 떼어놓고 나아가는 분도 있는 것 같아요. 제 생각에는 선생님처럼 같이 합쳐서 나아가는 것이 더 좋다는 생각이 들었어요."

교육과정 연수 때 만났던 어떤 선생님의 이야기입니다. 교육과정과 학급운영, 그리고 생활지도가 하나로 통합될 수 있다는 생각으로 진행한 세상에서 하나뿐인 우리만의 주제중심교육과정의 주제이야기를 시작해 보겠습니다. 이야기 속에 숨어 있는 우리의 마음을 읽어준다면 더욱더 고마운 일이 될 것 같습니다. 고맙습니다. 선생님!

1장

나 너 그리고 우리
: 공동체! 그 시작을 위하여

1. 현재 그리고 미래 우리의 경제
2. 미래 필요한 역량은?
3. 구글과 애플(Web2.0)
4. 익스플러어와 크롬
5. **SNS?** (트위터, 페이스북)
6. 구글문서
7. 구글리더
8. 클라우드?(에버노트)
9. 프레지

Follow me!

아무도 가지 않았던 새로운 길을 향해 나아가야 할 친구들을 위한 칠판그림

미래사회를 위한 스마트교육

사회 2. 우리경제의 성장과 발전
실과 4. 생활 속의 전기, 전자

캐리커처 그리기

미술 7. 시각문화 환경과 우리

Web 2.0

공동체의 마음

'나 너 그리고 우리'

새출발 새마음!

건강한 6학년 토의

국어 3. 다양한 주장

차이와 차별

건강한 6학년은?

공동체의 적 차별

과학 2. 산과 염기

건강한 6학년!

국어 3. 다양한 주장
6. 타당한 근거
도덕 3. 우리함께 지켜요

연설하라! 실천하라!

우리 모두의 무대

공동체 공연

체육 4. 표현활동

창의적체험활동 - 주제안내 및 활동

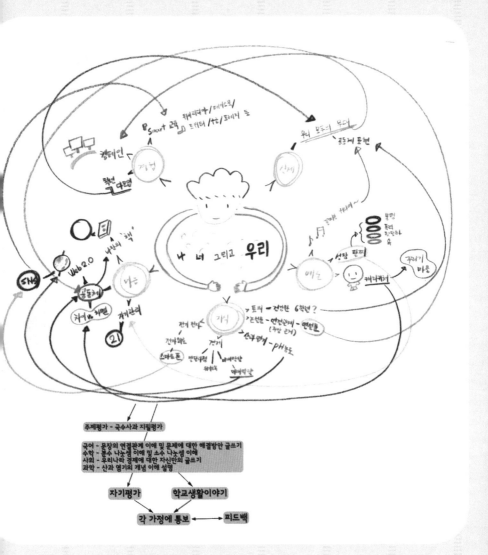

1. 새출발 새마음

첫 만남의 설렘과 두려움, 그리고 낯설음을 해결해 보고자 자기 소개하기를 캐리커처 그리기로 시작했습니다. 캐리커처는 다들 알겠지만 얼굴의 특징을 살려 크게 그리고 몸은 작게 그리는 그림입니다. 그렇다면 얼굴에는 자신의 얼굴을 그리도록 하고 몸에다가는 무엇을 그리게 했을까요?

"애들아. 얼굴은 자신의 얼굴을 그리고 몸에는 자신의 미래 꿈같은 것을 그려봐. 직업도 좋고."

예전의 저는 아이들에게 미래의 꿈을 그려보라고 했었죠. 특히 5~6학년 선생님들은 학년말이 되면 생활기록부에 진로지도 사항을 기재해야 하기에 캐리커처를 그리면서, 자연스럽게 미래 진로에 대해 알아보는 것도 괜찮다 생각했습니다. 그런데 교육과정을 재구성하며 저를 돌아보고, 아이들에 대해 더 깊이 생각하고 나서는 이렇게 말하고 있습니다.

"애들아. 얼굴에는 자신의 얼굴을 그리고, 몸에는 지금 현재 내가 하고 싶은 일을 그려 보렴. 아마 각자가 지금 하고 싶은 일이 있을 거야. 그것을 한번 생각해 보고 그려보면 좋겠다."

혹시 무엇이 다른지 알겠나요? 네. 바로 '미래의 꿈'이 아닌 '지금 하고 싶은 일'을 그려보라고 한 것이 다르답니다. 지금의 아이들에게 필요한 것은 바로 지금이지 앞으로의 미래가 아니라는 생각을 표현한 것입니다. 미래가 중요하지 않다는 것이 아니라 지금 현재의 삶을 소중히 하는 가운데 미래를 만들어가자는 이야기인 것이죠.

'지금 최선을 다하자!'라는 메시지와 함께하는 캐리커처 그리기를 위해 매년 읽어주는 그림책이 있습니다. 바로 『심술쟁이 보시베어』라는 그림책이죠. 우연히 대형마트에서 발견한 보물 같은 책이랍니다. 주인공 보시베어의 모습은 얼굴은 크고, 몸은 작아서 꼭 캐리커처를 보는 느낌이었죠. 화려한 색과 단순한 이야기 구조지만 그 속에 담긴 현재의 중요성을 아이들에게 읽어 주면 바로 이해가 되는 책이었습니다. 이 책에 이런 중요한 대사가 나옵니다.

'맞아. 넌 심술쟁이야. 하지만 이제부터 그러지 않으면 되잖아?!'

보시베어의 친구인 거북이가 해 준 이 말 한마디에 보시베어는 친구들과 소통할 수 있는 기회를 얻게 되고 새로운 삶을 살아가게 됩니다.

'이제부터……'

어쩌면 우리 아이들에게 필요한 것은 지나온 일에 대한 질책과 반성, 그리고 앞으로의 일에 대한 다짐이기보다는 지금 현재 나에게 무엇이 소중한지, 그리고 지금 내가 어떻게 지내야 하는지를 알도록 해 주는 일이 더욱더 중요한 일이 아닐까 생각한답니다.

이야기가 옆길로 살짝 나갔네요. 다시 캐리커처 그리기로 돌아가면 아이들은 열심히 자신의 얼굴과 자신이 지금 하고 싶은 일들을 그린 다음 그리고는 그것을 가지고 한 명씩 나와 발표합니다.

"난 정욱인데 지금 축구를 하고 싶고……."

'들어주고, 들어주고, 들어주자'가 가장 중요하다는 것을 잠시 이야기하며 실천하는 기회로 삼는 첫 번째 시간이 되는 것이죠. 아이들은 온몸으로 친구의 이야기를 들어주었습니다. 모두의 이야기를 들은 후에는 다시 모둠을 지어서 뭉쳐집니다. 이때의 모둠은 지금 하고 싶어 하는 일이 비슷한 친구들끼리 모여서 만든 모둠이랍니다.

예를 들어서 한 친구가 지금 축구를 하고 싶다고 했는데, 또 다른 친구도 축구를 하고 싶다면 이 두 친구가 뭉쳐서 협의하는 것이죠. 자신들의 공통된 마음, 축구를 하고 싶어하는 마음을 표현할 상징물로 무엇을 그릴지를 말이죠.

축구를 좋아하는 공통점

이렇게 그려진 아이들의 개인별 캐리커처와 비슷한 일을 하고 싶은 아이들이 공통으로 그려낸 상징물을 함께 교실 앞에 전시하면 그 자체로 하나의 새로운 마을, 우리만의 마을이 구성되게 된답니다. 여행을 하고 싶은 아이들은 공항을 그렸고, 무엇인가가 먹고 싶었던 아이들은 멋진 레스토랑을, 그리고 평소 자신이 좋아하는 운동을 하고 싶었던 아이들은 그 운동에 맞는 체육관 등을 그린 것이죠.

그리고 이 마을을 함께 감상하며 생각하게 되는 것이죠.

"와! 선생님, 우리가 한 마을 사람이 된 것 같아요."

제가 듣고 싶었던 가장 중요한 말을 아이들이 해 주었답니다. 이 아이들은 물론 지금도 한 마을의 아이들인 것은 맞습니다. 그런데 그것보다 더 친밀한 우리만의 마을사람이 되는 것이죠.

"처음 캐리커처를 그릴 땐 몰랐는데 이렇게 꾸러기 마을(우리 반의 별칭이 '꾸러기'랍니다.)까지 의미 있게 꾸며서 뿌듯했고 축구장을 잘 그리고 꾸며서 이번에 협동심을 기른 것 같고 참 재미있었다."
"처음에 자신이 하고 싶은 것들을 그리고 비슷한 사람들끼리 모여서 장소를 그렸다. 그런데 다 붙이고 나니까 스토리가 완성되어서 신기했고 한 가득 채워지니까 보람도 있었다."
"모든 아이들이 고생한 것 같고 만약 내가 저렇게 작아진다면 꾸러기 마을에서 애들하고 지내고 싶다. 그리고 꾸러기 마을은 어느 마을보다도 멋진 것 같다."

'꾸러기 마을은 어느 마을보다도 멋진 것 같다.'는 이 한마디로 우리 모두가 하나라는 생각을 하게 된 것 같아 첫 공동체 활동은 성공했다고 생각합니다. 그리고 지금 자신이 하고 싶은 일을 생각하고 알아보는 활동이 진로교육의 첫 시작이지 아니었을까 확신합니다.

"선생님, 오늘 우리 체육시간에 뭐해요?"

"왜?"

"아니 그냥요. 우리 축구하면 안 되나요? 헤헤"

시간표상에 체육이 들어 있는 날이면 항상 듣던 말입니다. 저 또한 이런 것에 익숙해져 그냥 무심코 '그러자!'라며 체육시간에 열심히 아이들과 뛰어다녔죠. 그때의 저에게는 체육교과에 제시되어 있는 다양한 단원들의 의미는 크게 상관이 없었습니다. 그러다보니 표현활동과 같은 단원들은 거의 외면하고 지나갔죠. 그런데 마음 한 구석에는 아이들에게 표현활동이라는 단원이 얼마나 중요한지는 알고 있었던 것 같습니다. 매년 공연을 준비해서 발표하는 시간을 가져왔으니까요. 하지만 체육시간에 준비한다 생각하지 않았고, 방과 후나 아침 시간 등 교육과정과 크게 연계 없는 시간에 주로 준비했었죠. 그러면 지금은 어떻게 되었을까요?

"이번 주제가 무엇이죠?"

"나 너 그리고 우리요"

"이번 주제에서 가장 중요한 마음은 무엇일까요?"

"협동심과 같은 다른 사람과 함께 하는 마음 아닌가요?"

"네 맞습니다. 그래서 이번 주제의 신체활동은 표현활동이라는 단원을 중심으로 해요. 즉 여러분이 표현활동에 나오는 다양한 동작들을 참고해서 우리 모두가 하나가 되는 공동체 공연을 짜는 거죠. 그리고 그것을 6학년 전체가 모이는 학년 다모임에서 발표하는 것이랍니다."

"아! 휴……."

아이들의 미묘한 생각들이 느껴지는 순간이라고 할까요? 기대감? 아쉬움? 불안함? 중요한 것은 이미 그렇게 계획되어 있기에 아이들은 체육시간이 되면 함께 공동체 공연을 준비하느라 바쁘답니다. 이제 막 6학년이 되었고 새로운 반이 되어 낯선 친구도 있고 남녀의 차이로 인해 서먹한 감정들도 있지만, 수업시간에 해야 하는 공부라 생각해서인지 아이들도 진지하게 준비하는 모습을 보입니다. 이럴 때 저는 아이들을 도와주는 멘토의 역할만을 맡게 되는 것이죠. 아이들이 힘들어하는 부분이 있을 때 그것에 대한 힌트를 주는 사람으로 말이죠.

"선생님이 들어보니, 회의 내용은 별주부전을 이야기의 중심으로 정해놓고 동작을 짜는 것 같구나. 선생님이 알고 있는 노래가 있는데, 이 노래 한번 들어볼래?"

아이들의 회의 속에서 자연스럽게 나온 이야기와 어울리는 노래를 소개해 주며 아이들에게 어떻게 할지를 결정하게 했습니다. 아이들은 들어보더니 좋은 것 같다면서 이것을 선택할지 스스로들 다시 토의하였고요. 동작을 무엇으로 해야 할지 막막하거나 아니면 동작이 너무 단조롭다 생각되어지면 제가 슬쩍 새로운 동작을 보여준답니다.

"애들아~ 이런 동작도 있는데, 한번 해 볼래?"

아이들은 자신들이 답답해하던 것을 선생님이 이야기해 주고 보여주니 금방 따라합니다. 그러면서 자신들만의 스타일로 다시 만들어 내는 모습을 보여주죠. 하지만 이렇게 긍정적인 모습만을 보이는 것은 아니랍니다.

"네가 이렇게 하지 말자며?"
"내가 언제 그랬냐?"

가끔은 이렇게 분위기가 험악해지기도 합니다. 이제 막 올라온 새로운 학년에, 새로운 반에 적응할 시간이 필요하니 당연한 것입니다. 사실 이런 상황을 예상하며 준비한 활동이기도 하고요. 이렇게 문제가 발생했을 때 이 문제를 어떻게 풀어 가는지 자세히 살펴보면 아이들의 기본적인 성향이나 성격들을 알 수 있답니다. 아이들 스스로 이런 부분들을 해결해 나가며 하나가 되어간다고 해야 할까요?

이런 과정들을 거친 다음 무대에 오른 친구들의 공동체 공연. 6학년 전체가 모여서 진행하는 학년 다모임 행사로 아이들은 최선을 다해 공연을 펼칩니다. 모두 하나가 되어서 말이죠. 그것을 보는 내내 제 마음은 뭉클하기만 하답니다. 대견하고 고맙고……

"처음에는 너무 떨리고 내가 '무대 공포증인가?'라고 생각까지 했다. 그런데 하다 보니 왠지 모르지만 웃음이 자꾸 나왔고 공연시간이 너무 짧다고 생각했다. 공연이 끝나고 울컥했다. 우리 반 공연이 제일 멋있었다!"

이 순간 우리 반은 하나가 되었다 생각합니다. 그리고 이 공연에서의 느낌은 6학년을 마무리하는 '마지막 저녁노을' 활동에서 한 번 더 확장되어 6학년 전체가 하나가 되는 공연으로 이어진답니다.

3. 꼴찌를 위하여, 모두를 위하여
[과학시간, 인성교육을 말하다!]

지금도 달리고 있지~

하지만 꼴찌인 것을~

그래도 내가 가는 이 길은 가야되겠지~

······(중략)······

어설픈 일등보다도 자랑스런 꼴찌가 좋다~

가는 길 포기하지 않는다면 꼴찌도 괜찮을 거야~

『꼴찌를 위하여』라는 주제 노래의 한 부분입니다. 주제가 시작되면 주제와 관련된 노래를 함께 배우고 틈틈이 같이 불러본답니다. 일등을 바라는 마음, 최고가 되고 싶은 마음은 누구나 가질 수 있는 마음이라 생각합니다. 그렇지만 일등은 극소수의 사람만 가능하다는 것이 현실이죠. 'BEST라 쓰고, 최고가 아닌 최선이라 읽는다.'에서 이야기 했던 것처럼 이제는 1등만 중요한 시대가 아니지요. 하지만 아이들은 그리고 우리의 부모님들도 일등을 바라는 마음을 숨기기 어려운 것이 사실입니다. 그런데 이런 마음이 각자의 마음속에 자리하고 있을 때 공동체를 추구하는 것이 가능할까요? 아무리 경쟁이 심한 사회 속에서 살고 있다 하더라도 최소한 학생 때만큼은, 학교에서 만큼은 서로 협력하며 지내면 안 되는 것일까요? 아이들과 이 노래를 신나게 부르며 공동체란 무엇인지 그리고 공동체에서 우리가 추구해야 할 가치는 무엇인지 생각한답니다. 그러면서 공동체를 유지하기 위해 각자가 노력할 일에 대해 고민하는 것이죠. 다음에 나오는 성장팔찌를 차고서 말이죠.

성장팔찌 이야기 – 21일의 기적

『불평 없이 살아보기』라는 책을 지인의 소개로 알게 되었습니다. 미국의 한 교회 목사님께서 사람들이 불평을 습관처럼 하는 것을 걱정하여 변화를 주기 위해 시작된 전 세계적인 활동이더군요. 방법은 간단했습니다. 보라색 팔찌(불평팔찌)를 차고 불평을 할 때마다 그 팔찌를 반대편 손목으로 옮겨가면 되는 것이었습니다. 이것이 무슨 효과가 있을까 싶어 제가 먼저 해 보았죠. 그런데 이 팔찌를 차고 지내는 하루 동안 제가 하는 불평이 꽤 많다는 것을 알게 되었습니다. 그동안 별로 불평하지 않고 감사하는 생활을 하고 있었다 생각했었는데…….

책에서는 이렇게 설명하고 있습니다. '많은 사람들이 불평하는 자신을 알지 못한다.'고 말이죠. 대부분 자신은 불평하고 있지 않다고 생각하고 있답니다. 그런데 이 팔찌를 손에 착용하고 지내는 동안 사람들은 자신이 얼마나 많은 불평을 평소에 하는지 알게 됩니다. 그리고 그로 인해 자신을 돌아볼 수 있게 되며, 스스로 불평하지 않으려고 하는 노력이 21일을 넘기게 되면 불평하는 자신에서 불평하지 않는 자신으로 변할 수 있다는 내용입니다. 왜 21일인지 보았더니 병아리가 알에서 부화하는 시간이 21일이 걸린다고 하더군요. 그런데 최근 뇌 과학에서 밝혀진 사실에 따르면 우리가 어떤 행동을 21일간 계속 하게 되면 우리 두뇌에 그것에 대한 새로운 회로가 생긴다고 합니다. 좋은 습관을 21일 지속하면 그 습관과 관련된 새로운 회로가 내 머릿속에 생기는 것이죠. 저는 이것이 우리 아이들에게 반드시 필요하다 생각했습니다. 그래서 동학년 선생님들과 이 이야기를 나누었고 같이 해 보자 제안했죠. 그 결과 나온 것이 바로 '성장팔찌'였습니다.

이름이 불평팔찌에서 성장팔찌로 변경된 것은 아이들에게 '불평'이라는 것으로만 접근하기 보다는 다양한 것으로 접근하게 하고 싶어서였습니다. 그래서 아이들이 가장 흔하게 저지르는 나쁜 습관들 네 가지를 정해놓고 팔찌를 각자가 선택하게 하는 것이었죠. 그래서 선정된 네 가지는 불평팔찌, 욕팔찌, 뒷담화팔찌, 폭력팔찌였습니다. 아이들과 왜 이런 활동이 필요한지, 그리고 21일을 하루도 빠지지 않고 버티면 우리의 뇌에 긍정적인 새로운 회로가 생기게 된다는 것을 설명하고 스스로 선택하게 하였습니다.

아이들은 대체적으로 욕팔찌를 많이 선택하더군요. 아무래도 아이들 사이에 가장 쉽게 퍼져 있는 나쁜 습관이 '욕'이라서 그런 것 같습니다. 여학생들 중에는 뒷담화도 많이 선택하는 편이었죠. 아무튼 아이들과의 성장팔찌 활동은 첫 주제인 '나 너 그리고 우리'에서 공동체를 위한 자신의 변화와 관련된 활동이지만, 6학년이 끝나는 날까지 그리고 앞으로의 삶 속에서 실천할 수 있기를 바라며 한 활동입니다. 얼마 전 중학교에 진학한 후 일 년이 지나 중학교 2학년으로 올라가는 친구들이 찾아왔습니다. 그런데 그 친구들 손목에 성장팔찌가 지금도 있더군요.

"와! 지금도 이거 차고 다니는 거야? 불편하지 않아?"
"그럼요! 나름 쓸모가 있어요. 저를 돌아볼 수 있잖아요."

우리가 아이들을 매일 매순간 따라다니며 지도한다는 것은 불가능합니다. 하지만 자신이 차고 있는 팔찌를 보며 스스로를 돌아보는 것. 친구들과 함께하며 서로가 팔찌의 무게에 대해 생각해 보는 것. 이것이 이 활동이 가진 장점이라고 생각합니다. 그래서일까요? 서정초 6학년 학생들의 언어 속에서는 욕이 많이 등장하지 않습니다. 그래서 아이들은 서로를 편안하게 대하는 것 같습니다.

차이와 차별

pH농도에 따라 반응하는 지시약의 색이 달라진다는 것을 과학시간에 모두 배우셨을 것입니다. 6학년 과학에도 '산과 염기'라는 단원이 나오고 아이들과는 실험 등을 통해 배우게 되지요. 그러한 과학시간에도 공동체의 마음을 전달할 수 있다 생각합니다. 과학수업의 마지막 시간에 아이들과 함께 산도에 따른 색을 칠하고 pH농도에 대한 이야기를 나누는 시간을 가집니다. 그러다 질문을 던집니다.

"애들아~ 다 그렸지? 그럼 지금부터 선생님이 말하는 것에 손가락을 짚어봐. 지금 여러분이 색을 칠한 pH농도 그림에서 가장 중요한 색을 손가락으로 짚어보렴."

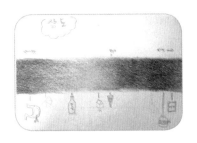

잠시 저를 쳐다보며 어리둥절하던 아이들이 한 명 한 명씩 손가락을 그림으로 가져갑니다. 어떤 친구는 작은 소리로 구시렁거리기도 하지요. 대부분의 아이들이 노란색 부분, 즉 중성 부분을 손가락으로 짚었습니다. 산성도 염기성도 모두 중요하다 생각해서 아마도 가운데를 선택한 것처럼 보였습니다. 그래도 여기까지는 선택할 수 있다고 생각하는 것 같았습니다. 하지만 그 다음으로 던지는 제 질문에는 아주 격한 반응을 보인답니다.

"그래? 대부분 중성 부분인 노란색을 가리켰네. 좋아요. 그러면 이번에는 가장 중요하지 않은 색을 골라볼래?"
이 말이 떨어지기 무섭게 아이들이 항의를 쏟아내기 시작합니다.
"선생님, 우리가 실험하면서 배웠잖아요. pH농도에 따라 다른 색으로 반응하게 된다고요. 그렇다면 여기 있는 모든 색이 다 중요한 것인데, 왜 중요한 색과 중요하지 않은 색으로 말하면서 고르라고 하는 건가요?"

아이들의 이 말을 흥겹게 들으며 저는 칠판으로 몸을 돌려 칠판에 커다란 글씨를 쓰기 시작합니다. '차이와 차별' 이라고 말이죠.

"방금 여러분이 말한 '모든 색이 중요한데 어떻게 고르느냐?'는 칠판에 적혀 있는 '차이'와 '차별' 중 어떤 것을 말하는 것이죠?"

아이들은 차이가 무엇인지 정확하게 알고 있었습니다. 혹 몰랐던 친구들도 다른 친구들의 이야기를 들으며 차이가 무엇인지 알게 되었죠. 그런 다음 차별이란 무엇을 말하는지도 서로 이야기를 나눠가며 알아갑니다. 제가 차이와 차별에 대해 설명하는 것 보다 훨씬 더 좋은 배움의 모습이 아닐까요? 그런 다음 슬쩍 아이들의 지금의 삶 속 이야기를 끌어들입니다.

"그렇다면 너희들은 친구들과의 소통에서 차이를 인정하고 살고 있니? 아니면 혹시 친구를 차별하고 있는 건 아닌가?"

"선생님! 우리는 친구의 차이를 인정하며 잘 지내고 있습니다. 당연히요."

아이들은 무엇인가 자신들이 배운 것을 자신들이 실천하고 있다고 믿고 싶어하는 것 같았습니다. 아주 자신 있게 자신들은 실천하고 있다고 이야기 했으니까요. 하지만 제가 보기에는 그렇지 않았죠. 왜냐하면 고학년 아이들은 대체로 새로운 학년이 되면 그 전 학년의 같은 반 친구들과 끼리끼리 모여 다니는 모습을 자주 볼 수 있었거든요. 저는 그 부분을 슬쩍 찔러줍니다.

"그래? 그런데 선생님이 보기에 너는 같은 모둠의 경아와는 무척 친하게 지내지만 저쪽 모둠에 있는 효정이와는 하루 종일 한 마디도 하지 않던데? 혹시 저 친구를 차별하고 있는 것은 아닐까? 너도 그러잖아? 너도 그렇고?"

아이들은 실제로 자신들의 5학년 때 반 친구들과만 적극적으로 소통하고 지내고 있었기에 저의 말이 틀렸다고 생각하지 않습니다. 그래서일까요? 제가 그런 아이들의 모습을 이야기하는 동안 그 말을 듣고 있는 아이들은 귀까지 붉게 변하며 진지한 표정을 보여준답니다.

"자! 지금부터 모두 눈을 감고 혹시 내가 친구를 차별하고 있었던 것은 아니었는지 한번 생각해 보자꾸나."

아이들의 분위기가 무거웠습니다. 그렇지만 진지했죠. 이미 아이들은 스스로를 돌아보는 시간을 가졌고 그것을 나중에 글로 표현하는 시간을 가졌답니다.

"나는 이때까지 친한 친구는 더 좋게 보고 싫어하는 친구는 안 좋게 보는 일을 나도 모르게 하고 있었다. 친하지 않다고, 그 친구가 나를 싫어하는 것 같다고, 혼자 정해버리고 마음속으로 욕을 하고 미워했다. 산성과 염기성의 pH농도가 다른 것처럼 그 친구와 나도 성격, 행동, 생각 등이 다른데……. 친구들을 있는 그대로 보지 못한 게 후회스럽다. 항상 차이를 인정했다고 생각했는데 지금 보니 차이를 알고만 있고 인정한 것이 아니었나 보다. 지금부터라도 편견 없이, 차이를 인정하며 있는 그대로의 모습을 봐야겠다. 꼭 친구뿐만이 아니라도 말이다."

과학이라는 차가운 성격의 과목에 따뜻한 인간의 느낌을 주는 것. 저는 이런 교육이 좋습니다.

4. 스마트 교육

요즘 아이들이 예전의 아이들과 가장 크게 다른 점은 스마트 기기를 다양하게 사용한다는 것이라고 생각합니다. 너무나 손쉽게 모든 정보를 접할 수 있고 쉽게 게임에 빠질 수도 있지요. 그러다보니 스마트 교육이라는 이름하에 여러 가지 교육들이 펼쳐지는 것 같습니다. 국가에서도 전자교과서 계발에 한창인 것으로 알고 있고요. 하지만 '열매는 결과물만이 아니다.'에서 이야기 한 것처럼, 저는 개인적으로 이러한 현재의 모습에 큰 위험요소도 많다고 생각합니다. 아이들의 배움이 얕아지고 분절화 되기 쉬우니까요. 그렇다고 해서 현실적으로 존재하는 스마트 기기를 그냥 두고 볼 수만은 없겠지요. 그래서 나온 것이 '공동체를 생각하는 스마트 교육'이었습니다.

그래서 스마트 교육의 핵심을 Web2.0으로 정했답니다. Web2.0은 현재와 같은 인터넷 시대를 표현하는 말로 특수한 몇 몇이 모든 정보를 독점하던 시대가 아닌, 모두가 정보를 공유하고 함께 협력해 나간다는 의미를 가진 개념입니다. 대표적인 사례가 전 세계 가장 큰 백과사전인 '위키피디아'가 있습니다. 위키피디아가 전 세계 최고의 백과사전인 이유는 전 세계 누구라도 백과사전의 내용을 채울 수 있기 때문이죠. 집단지성의 대표적인 사례가 위키피디아인 것입니다. 그렇게 보면 Web2.0의 개념은 공동체와 깊은 연관이 있게 됩니다. 저는 스마트 교육의 핵심은 바로 이런 것이라 생각했습니다. 모두가 함께 만들어가는 인터넷 세상. 집단지성이 발휘되는 공간으로서의 미래사회.

1. 현재 그리고 미래 우리의 경제
2. 미래 필요한 역량은?
3. 구글과 애플(Web2.0)
4. 익스플러어와 크롬
5. SNS? (트위터, 페이스북)
6. 구글문서
7. 구글리더
8. 클라우드?(에버노트)
9. 프레지

실과시간에 나오는 전자회로는 이러한 정보화사회, 스마트사회를 이루는 과학기술의 기초적 기술입니다. 아이들과 전자회로를 배우며 그것이 지금 자신들이 들고 다니며 사용하는 스마트폰 속에 들어 있는 중요한 부품임을 알려주었습니다. 그리고 스마트폰의 역할이 단순히 게임을 위한 것뿐만이 아니라 다른 사람들과의 소통의 도구, 즉 SNS(Social Network Service)의 중요한 도구라는 사실도 함께 알려주는 수업을 진행합니다. 이렇게 배우면서 우리의 스마트 기기를 어떻게 사용하면 좋을지 생각하는 시간을 가지는 것이죠. 그리고 이러한 생각들이 우리 사회가 앞으로 맞이

하게 될 경제상황과도 깊은 관련이 있음을 사회시간과 연계해서 이야기합니다. 비록 깊이 있는 연계는 아닐지 모르지만 작은 연계만으로도 아이들에게는 다르게 접근할 수 있었고 그로 인해 우리가 의도한 배움 이상을 볼 수 있다 생각했습니다. 단 5%의 염분으로 다른 물과는 다른 바닷물의 속성이 생긴 것처럼 말이죠.

"나는 인터넷에 별 생각 없이 사진 등을 올린 적이 많은데 그러지 말아야겠다. 나는 선생님 말을 듣고 스마트폰을 내 종처럼 부려야겠다."

스마트 교육은 우리 스스로 스마트 기기들의 주인 되게 하는 교육이며, 미래사회에서의 소통을 배우는 교육이라 생각합니다.

5. 연설하라! 실천하라!

'나 너 그리고 우리' 주제의 가장 하이라이트라고 할 수 있는 활동이라 할까요? 아이들의 눈빛이 달라짐을 쉽게 볼 수 있는 활동이었습니다. 저는 초등학교에서 1학년부터 6학년까지의 모든 학년을 경험해 보았습니다. 가장 예쁜 아이들을 만났던 것은 3학년과 4학년 아이들이었던 것 같았습니다. 왜냐하면 그 나이 때의 아이들이 보이는 반짝이는 눈망울 때문이었죠. 그런데 6학년 아이들에게서도 그런 반짝이는 눈망울을 볼 수 있었습니다. 바로 '연설하라! 실천하라!'를 통해서 말입니다.

6학년 국어에는 논설문과 연설문이 나옵니다. 둘 다 나의 주장을 설득력 있게 하는 것이죠. 비슷한 성격의 글이기에 함께 배웁니다. 배우는 목적은 연설하기로 정해놓고 말이죠. 논설문을 배우며 자신의 주장을 근거를 들어가며 글을 쓰는 법을 배웠고, 그 결과로 나온 글을 연설문으로 바꿨습니다. 그리고 실제 연설을 하는 것이죠. '실전을 좋아하는 아이들'에서 이야기했던 것처럼 실전연설을 해야 했죠. 그런데 어떤 연설이 실전연설이 되는 것일까요? 저는 생각했습니다.

'실전 같은 연설이 되려면 내가 잘 모르는 사람들 앞에서 연설해야 해!'

이 생각을 하게 되자 학교가 아닌 곳에서 연설해야겠다는 생각을 하게 되었습니다. 그래서 제일 처음 알아본 곳은 우리 학교 주변의 아파트 부녀회장님이었습니다.

"안녕하세요! 저는 6학년 1반 담임 이경원입니다."
"네 안녕하세요. 그런데 무슨 일인지요?"
"네. 궁금해서 그러는데 혹시 아파트 부녀회 모임이 언제 있나요?"
"저녁 7시 정도에 있어요."
"아! 그럼 혹시 그 때 몇 분 정도 모이나요? 혹시 알 수 있을까요?"
"음. 매번 다르지만 보통은 세 분 정도 모이셔서 회의해요."
"아! 알겠습니다. 고맙습니다."

저녁 7시라 하더라도 많은 분들이 모인다면 한번 가볼 생각이었죠. 하지만 세 분밖에 모이지 않는다면 ······.
그래서 일단 연습을 하기로 했습니다. 연습하기 가장 좋은 곳은 두말할 필요도 없이 학교였고요. 연습은 수업시간이 아

닌 쉬는 시간에 이루어졌습니다. 일단 들어줄 청중이 필요했으니까요. 쉬는 시간에 아이들은 함께 모여서 저학년 교실 앞 복도나 교실로 찾아갔습니다. 그리고 저학년 후배들을 불러 모았죠. 공동체를 강조하는 주제이기에 개인별로 다니지 않고 함께 다녔고, 최고 학년의 선배들이 불렀기에 후배들은 자연스럽게 모이게 되었답니다. 그리고는 시작되는 연설!

"제가 생각하는 건강한 6학년은 최선을 다하는 어린이라 생각합니다. 그래서 저는……."

아이들은 이미 자신들이 생각하는 건강한 6학년의 모습에 대해 토의를 했으며 그 결과를 연설문으로 만들어서 많은 사람들, 같은 학교 학생이지만 낯선 사람들 앞에서 연설을 하고 있었습니다. 그 연설문 속에는 자신들이 어떤 6학년으로 지내겠다는 다짐을 잔뜩 포함하고 있었지요. 저학년들은 6학년 선배들의 연설을 들으며 선배들이 어떤 마음으로 지낼지 알 수 있었고, 선배들의 진지한 자세를 보고 배우게 되었을 거라 생각합니다. 이런 방법으로 쉬는 시간이면 학교를 다니며 연설을 연습하였습니다. 연설이 가장 크게 호응을 받은 곳은 '교무실'이었습니다. 특히 교무실에 계신 교감선생님께서 무척 좋아하셨지요. 아이들은 이렇게 학교를 다니며 연습한 자신감을 바탕으로 실전연설을 하러 학교 밖으로 나갔습니다. 바로 자신들이 살고 있는 마을로 말이죠.

점심을 든든하게 먹고 난 후 아이들은 공동체를 표현하는 것답게 모두 하나가 되어 자신들이 살고 있는 마을로 나가서 연설을 하기 시작합니다. 그런데 큰 문제가 있었습니다. 바로…….

'3월 말이다 보니 다니는 분들이 적구나. 사람들을 찾는 것이 힘들어

서 어떡하지?'

네. 사람들이 많지 않습니다. 그래서 마을을 지나다니는 분들을 찾는 것이 가장 중요한 일이 되고 말았습니다. 그래도 모두가 최선을 다해 마을 분들을 찾아다니며 연설을 합니다. 운동하는 분들에게, 버스정류장에 버스를 기다리는 분들에게, 아이를 유모차에 태우고 지나가는 분에게, 운동으로 걷는 분들에게 양해를 구하고 잠시 연설을 듣게 합니다. 아이들이 한 명씩 돌아가며 연설하는 것은 그 자체로도 참 대단한 모습이라 생각합니다. 아이들의 자세가 아주 진지하기에 듣는 분들도 긴장하고 들어주고요. 연설이 끝나면 연설을 들으신 어르신들의 덕담이 쏟아진답니다. 아이들의 연설 태도와 내용에 찬사를 보내주는 어르신들의 모습은 다시 아이들에게 성장의 기쁨을 주는 것이겠죠. 이렇게 2시간이 넘는 시간 동안 진행된 연설이 끝나고 나면 이미 6교시가 훌쩍 끝나고 난 후입니다. 허리도 아프고 다리도 아프지만 누구하나 불평하지 않습니다. 그리고 이야기합니다.

"선생님, 처음에는 '이걸 어떻게 해?' 하고 부정적이었고 다리도 너무 떨려서 못할 것 같았어요. 그런데 하고 나니 너무 뿌듯하고 좋아요."

제가 본 6학년 아이들의 눈은 이때 가장 반짝거렸습니다. 다른 학교에서는 볼 수 없었던 아이들의 모습을 볼 수 있어서 교사로서도 행복했던 순간이었습니다.

연설을 실패한 친구를 위하여 - 감동나무 이야기

　'나 너 그리고 우리'라는 공동체가 주제이기에 한 명 도 빠짐없이 연설해야 한다는 규칙을 지키기 위해 모든 아이들이 노력했습니다. 허리도 아프고 다리도 아프고 싫증도 날만 했지만 아이들은 모두가 할 때까지 기다려 준다고 이야기합니다. 결국 마지막 상석이 차례. 마지막 이 되자 시간이 없어 학교로 돌아와 교장실에서 교장선생님께 연설하는 것으로 마무리하기로 하였 습니다. 또 상석이가 중간에 한 번 시도했었는데 멈춰버렸기에 한 번 더 기회를 주고자 하는 의도도 있었죠. 더군다나 학교 안이라면 부담감이 덜 할 것이라는 기대도 있었고요. 하지만 상석이는 교장 실에서도 연설을 하지 못했습니다. 망설이기만 하다 스스로에게 실망했는지 눈물을 보이고 말았지 요. 친구들의 따뜻한 위로와 교장선생님의 격려를 받으며 상석이는 다음날 다시 도전하기로 약속하 고 돌아갔습니다.

　다음 날!
　약속대로 상석이는 연설을 하기 위해 친구들과 함께 교장실로 갔습니다. 친구들이 모두 진지하게 응원하는 분위기 속에서 상석 이는 당당하게 연설에 도전했고 멋지게 성공했습니다. 상석이의 성공에 모두가 기뻐해 준 것은 두말할 필요도 없었지요. 그리고 그 기쁨은 우리 모두의 가슴에 감동으로 자리 잡았습니다. 그래 서 이날을 기억하기 위해 감동나무 에 이 일을 달아놓기로 했습니다.

　감동나무는 우리 반 교실 뒤편에 있는 나무장식으로 학급 내에서 친 구들과의 일 중 감동적인 일이라 생각하는 일을 제안하고, 그것에 동의 하는 친구들이 다수라면 감동나무에 그 사연을 달아주는 활동의 나무 입니다. 상식이의 실패담은 이렇게 다시 감동으로 승화되어 아이들 가 슴 한켠에 자리 잡았을 것이라 믿고 있습니다.

교육과정 톡! Talk? **중학교 선배의 고백**

"선생님, 지금 6학년도 연설하러 밖으로 나가요?"

"응. 당연하지. 너희 선배들도 나갔고, 너희들도 나갔잖아. 지금 이 친구들도 밖으로 나가서 연설할거야."

"헤헤~ 그런데 선생님, 제가 작년에 이 활동하고 나서 많이 변했던 것 같아요."

"너 그런 이야기 하지 않았잖아?"

"네. 작년에는 쑥스러워서 말씀 안 드렸어요."

6학년에 처음 올라왔을 때 만났던 이 친구는 첫 인상이 무척 강한 친구였습니다. 강한 인상만큼 까칠하기까지 해 친구들과의 관계에서 쉽게 화를 내는 모습을 보여주었었죠. 하지만 학년 초 금방 적응하며 친구들과 부드럽게 지냈고 중학생이 된 지금도 부드러운 모습으로 자신이 원하는 것을 해 나가고 있는 친구랍니다. 그 친구의 입에서 연설을 하며 자신이 달라진 것 같다는 이야기를 듣는 것은 교사이기에 얻을 수 있는 행복이 아닐까요? 예전에는 이러한 변화가 교육과정이라는 것을 통해 이루어지기 보다는 학급운영과 같은 개인적인 일들로 이루어진다 생각했었는데, 주제중심교육과정을 운영하면서 이러한 아이들의 변화가 가능하다는 사실이 저에게는 굉장한 놀라움이 되었습니다.

'열매는 결과물만이 아니다.'에서 이야기한 것처럼 아이들과 아날로그식으로 공부하고 있으며 그 결과가 나타날 수 있도록 하는 것이 바로 주제공책을 정리하는 것입니다. 주제공책은 말 그대로 주제가 시작되면 새로운 공책을 준비하고 사용하는 것으로 과목의 구분이 있지 않고 날짜별로 정리가 될 뿐입니다.

주제공책의 첫 장에는 '들어주고, 들어주고, 들어주자'라는 말과 함께 이번 주제에서의 다짐을 쓰도록 하고 다음 장부터 매일 날짜별로 공책을 채워나갔습니다. 그리고 그날의 수업이 끝나는 마지막 시간에는 잠시 5분에서 10분 정도 시간을 내어 오늘 배운 내용이 무엇이었는지 정리하는 시간을 가졌습니다. 이렇게 정리된 주제공책은 아이들 개개인의 배움에 대한 이야기가 되었으며 교과서가 다 채워지지 않더라도 공책으로 대신할 수 있기에, 부모님들의 불안감도 안정시킬 수 있는 중요한 것이 되었습니다. 주제공책 정리를 제대로 하기 위해서는 교사도 정리하며 쓰는 연습이 필요합니다. 그러한 과정이 주제를 배우며 흥미 위주로만 흐를 수 있는 현상을 보완해 줄 수 있기 때문입니다.

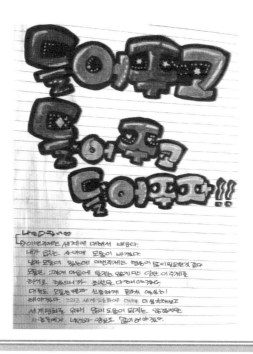

2장

소중한 분들
: 보이지 않지만 존재하는 것들

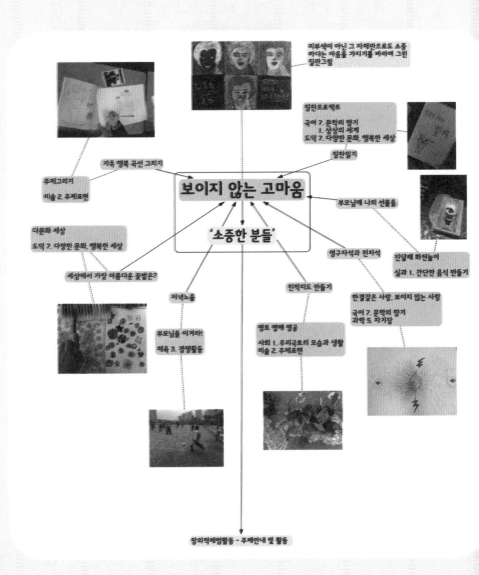

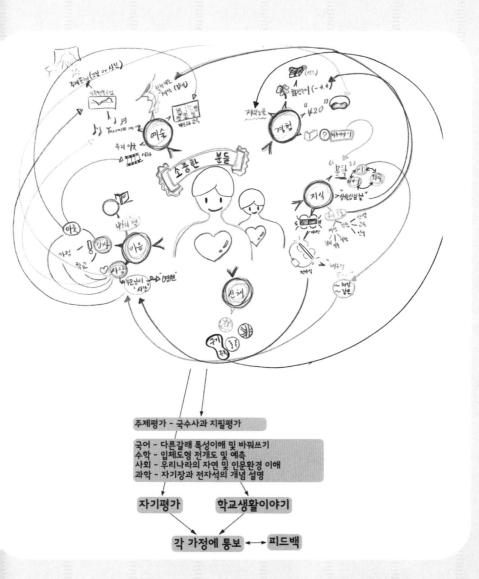

주제평가 - 국수사과 지필평가

국어 - 다른갈래 특성이해 및 바꿔쓰기
수학 - 입체도형 전개도 및 예측
사회 - 우리나라의 자연 및 인문환경 이해
과학 - 자기장과 전자석의 개념 설명

자기평가   학교생활이야기

각 가정에 통보 ◄► 피드백

매년 어버이날이 되면 아이들과 부모님께 드릴 상장을 준비하며 부모님의 은혜에 대해 다시 생각해 보는 시간을 가져왔습니다. 이 날도 여느 해와 마찬가지로 부모님께 드릴 상장을 정성스럽게 만들었죠. 상장의 이름은 각자가 정하는 것이죠. 성실상, 절약상, 공감상 등.

"애들아. 오늘 만든 상장은 부모님께 정성을 다해 드려야 해요!"

"네. 부모님이 무척 좋아할 것 같아요."

"그렇군요. 이렇게 어버이날이 되어 작은 정성이지만 이런 상장을 드릴 수 있어서 선생님도 좋답니다."

"그런데 선생님, 저는 약간 속상해요."

"왜?"

"저희 부모님은 상장을 드리면 잠시 보고 또다시 쓰레기통에 버리실 것 같아요. 예전에 어버이날이라고 편지를 써서 드리면 읽고 몰래 버리셨거든요."

"맞아! 우리 엄마도 그러셔!"

"우리 집도 그래"

아이들이 부모님께 드릴 수 있는 것이 무엇이 있을까요? 무엇인가 큰 것을 드리진 못하지만 아이들은 자신의 정성을 알아주기를 바라는 것이 겠죠. 하지만 현실은……. 이 세상의 모든 아이들은 부모님에게 멋있고 자랑스러운 아들과 딸이 되기를 원한답니다. 마찬가지로 이 세상 어떤 부모도 자식에게 나쁜 부모는 없다고 믿고 있답니다. 그 이야기를 시작합니다.

1. 칭찬일기

『엄마 힘들 땐 울어도 괜찮아』라는 책을 보고 무척 감동을 받았습니다. 서울의 한 중학교 선생님께서 수업으로 집에서 부모님을 칭찬해 보는 경험을 가져보는 것을 진행하셨습니다. 부모님을 칭찬하며 그때의 일을 부모님 몰래 글로 기록하게 하고, 나중에 부모님과 함께 그 글을 읽으며 서로의 마음을 알아가는 것이었죠. 저는 이것이 기존에 제가 하던 상장을 만들어 드리던 일과 비슷한 부분이 있다 느꼈던 것 같습니다. 상장이 보통 윗사람이 아랫사람에게 주는 것인 것처럼 칭찬도 보통은 윗사람이 아랫사람에게 하는 경우가 많잖아요. 그것을 뒤집는 활동이랄까요? 그래서 시작한 칭찬일기 프로젝트.

"지금부터 시작하는 프로젝트는 비밀프로젝트야. 비밀. 절대 들키면 안 되는."
"부모님이 아실까 겁나요."
"그러니까 비밀스럽게 해야지. 매일 자신의 가방에 넣고 다녀야 해. 혹시 부모님이 책상 서랍을 정리하다가 볼 수 있으니까. 알았지?"
"네!"

아이들의 눈이 반짝였습니다. 왠지 우리만의 비밀을 간직하고 있어서 그렇다고 생각했답니다. 아이들은 매일매일 부모님을 칭찬하고 그 내용을 적어서 학교로 가져옵니다. 그리고 아침마다 저와 이야기를 하게 되죠. 한 달여 동안 말이죠.

"선생님, 우리 엄마는요. 제가 칭찬했더니 절 이상하게 보셨어요."
"맞아요. 우리 아빠는 용돈 필요하냐고 오히려 묻고……."

아이들의 갑작스런 변화에 부모님들께서도 놀라긴 마찬가지였습니다. 이즈음에 학부모 상담 주간이 있었는데, 학부모님들이 이렇게 말씀하시더군요.

"우리애가 이상하다고 해야 할까요? 아니면 좀 철이 든 걸까요? 절 칭찬하더라고요."

우리만의 비밀프로젝트는 그렇게 한 달여가 넘도록 진행되었고, 드디어 5월 8일 어버이날!

일 년에 한두 번은 하게 되는 학부모 공개수업에 칭찬일기를 중심에 둔 수업을 하게 된답니다. 칭찬일기를 직접 드리는 것으로 말이죠. 물론 칭찬일기를 그냥 드리는 것이 아닌 국어시간에 배우고 있는 문학과 연계하여 말이죠.

인생역전

처음 비밀프로젝트 할 때 일부러
'사랑해요!' 말했다. 퇴짜 당했다.

한번 더 용기를 내 나중에 또 '사랑해요!'
말했다. '띠~' 욕을 먹고, 일본 놈이란 의혹도
갖게 된 것이다.

나는 올인을 해 한번 더 '사랑해요' 말했다.
자주 사랑한다 하니 엄마도 사랑한다 말하셨다.
인생역전!
이런 쾌감을 느낀게 처음이었다.

매일 쓰는 칭찬일기를 그림과 시로 표현한 모습입니다. 이때의 국어수
업이 문학을 배우는 수업이고 희곡, 이야기, 시에 대해 배운답니다. 그리
고 그 배운 것들을 바탕으로 서로 다른 갈래로 바꿔 쓰기까지 진행하지
요. 그런데 제가 생각한 가장 중요한 점은 문학이 가진 속성, 즉 '감동'이
었습니다. 글의 갈래별 특징을 아는 것도 중요하고 갈래를 바꿔서 써 보는
것도 중요하지요. 하지만 더 중요한 것은 그 문학을 통해 느끼게 될 우리
마음 속의 감동이 아닐까요?

아이들과 칭찬일기를 매일 쓰고 그것으로 국어시간에 문학수업의 재
료로 사용하는 일. 그리고 그렇게 해서 나온 글은 우리 아이들 모두에게
감동적인 글들로 다가왔습니다. 아이들은 실제 자신의 글을 친구들과 나
누며 깊은 공감의 모습을 보여주었으니까요. 이렇게 진행된 문학수업의

마지막이 학부모 공개수업인 것이죠. 부모님들은 그동안 아이들이 몰래 쓴 칭찬일기를 처음 접하고 놀라다가도, 어느새 수업시간에 벌어지는 갈래 바꾸기 수업의 진짜 주인공이 되죠. 그리고 마지막으로 칭찬일기 증정식과 함께 아이들이 단체로 부르는 'You raise me up'을 듣습니다. 아이들의 노랫소리와 손에 들려 있는 칭찬일기는 우리 아이들이 느꼈던 감동을 부모님에게 전이시키는 촉매제 역할을 하게 된답니다. 그때의 부모님과 아이들의 얼굴을 어찌 잊을 수 있을까요?

교육과정 톡! Talk? **칭찬일기를 읽으며**

우리아빠

아빠는 참 멋있어! 아빠는 훌륭해!
아빠는 좋은 아빠야!

칭찬을 해도 나에게 돌아오는 것은 정적
아빠? 아빠? 아빠! 아빠!!!
소리를 버럭 지르니 그제서야 듣는 척
귀가 안 좋으신가? 수줍으신가?
괜찮아. 괜찮아.

존재만으로도 멋진 우리 아빠니깐.

칭찬일기를 가지고 시를 쓴 아이들. 아이들의 시에 공통점이 보인다. 부모님을 칭찬하자 돌아오는 것은 거의 무관심 혹은 의심의 눈초리. 우리 아이들의 마음이 왜

메말라 있는지 살짝 엿볼 수 있는 부분이 아닐까? 그래도 우리 아이들은 부모님을 생각하고 그리워하는데. 칭찬 프로젝트가 끝난다 하더라도 앞으로는 더 많이 칭찬해 드려야겠다는 다짐들. 이 다짐들이 제대로 지켜지기 위해서 이제는 부모님들이 먼저 칭찬하는 모습을 보이셔야 하지 않을까?

서로가 서로를 얼마나 아끼고 사랑하는지 표현하지 못한다면 그 사랑을 알 수 없을 수도 있으니까…

'이 세상에 서툰 부모는 있어도 나쁜 부모는 없다.' (2013년 5월 8일 공개수업 후)

2. 영구자석과 전자석
[영구자석에서 부모님의 사랑을 느끼다]

자기장은 우리 눈에 보이진 않지만 분명히 존재하고 있지요. 부모님이 우리를 생각하는 마음도 이와 같지 않을까요?

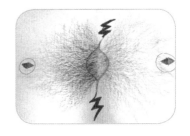

"여기 적혀 있는 것처럼 영구자석과 전자석은 이런 공통점도 있고 다른 점도 있어요."
"네."

아이들은 이미 영구자석을 3학년 때 배웠고 알고 있습니다. 우리가 일반적으로 알고 있는 자석이 영구자석인 것이죠. 극이 변화되지 않고 자석의 성질도 잃어버리지 않는다 해서 영구자석이라 부르는 것이죠. 그에 비해 전자석은 전기가 있어야만 자석이 되고 심지어 N극과 S극의 방향도 바꿀 수 있다는. 이렇게 정리된 영구자석과 전자석은 과학적 사실에 입각한 이야기입니다. 그것에다 5%의 다른 점을 연결해 주었답니다.

"애들아. 그런데 선생님이 궁금한 점이 있어. 일단, 지금 우리가 배우고 있는 주제가 무엇인지 알고 있지?"

"지금 우리가 하는 주제는 '소중한 분들'이잖아요."

"맞아요. 그러면 우리들에게 가장 소중한 분들은 누구일까?"

"저는 가족이 제일 소중해요. 그 중에서도 특히 부모님이요."

많은 아이들이 자신의 부모님과 가족이 소중하다 이야기합니다. 그 중에서도 특히 부모님과 아이들의 관계가 더욱더 중요하다 생각하고 있지요.

"그렇죠? 선생님도 부모님이 가장 소중합니다. 그러면 우리가 방금 배웠던 영구자석과 전자석이 있잖아요? 그 특징들을 배웠는데 혹시 우리 부모님은 어떤 자석 같은 존재라 생각해요?"

저의 뜬금없는 질문에 아이들은 순간 멍한 표정을 보입니다. 하지만 금방 다시 묻습니다.

"혹시~ 부모님은 영구자석 같은 존재가 아닐까요?"

"맞아. 부모님의 우리에 대한 사랑은 영원하니까!"

이렇게 연결되는 순간 모두가 영구자석의 속성에 대해 다시 생각해 보게 되었습니다. 그런데 여기서 끝내면 왠지 심심하다 할까요?

"오! 선생님도 그렇게 생각했는데. 좋아요. 그러면 정욱이와 우진이가 사귄다는 이야기를 들었는데 맞지? 그럼 정욱이와 우진이는 어떤 자석 같은 존재일까요?"

아이들의 시선이 정욱이와 우진이에게 모아지고 둘은 얼굴이 빨개집니다. 그리고 다 함께 소리치죠.

"전자석이요!"

다들 알겠죠? 영구자석의 영원한 성질과 전자석의 변화하는 성질이 부모님과 연인으로 구분되는 이유를요. 이렇게 접근했더니 아이들이 이렇게 글을 쓰더군요.

"선생님이 영구자석과 전자석을 구분해서 설명할 때는 무슨 말인지 잘 모르겠던 것이 부모님과 연인으로 구분해 주니 너무 선명하게 구분이 되어서 좋았다."

보이지는 않지만 분명히 존재하는 자기장처럼 부모님의 우리에 대한 사랑도 눈에 잘 보이지 않을 수 있지만 존재한다는 것을 확인하는 순간입니다. 영구자석과 같이 영원히 변치 않으면서 말이죠.

3. 저녁노을

'실전을 좋아하는 아이들'에서 아이들은 공을 가지고 움직이는 것을 좋아한다고 했었습니다. 그런데 체육교과서에서는 이 부분이 경쟁활동이라는 말로 나와 있더군요. '경쟁'이라는 단어가 들어간 순간, 아이들의 마음속에는 친구와 함께 하기보다는 그 친구를 이겨야 한다는 생각이 꿈틀댄다고 해야 할까요? 그래서 이 부분을 함께 할 때 정말 신경 써서 해야 했답니다.

"애들아. 우리는 잘하는 것이 목적이 아니라 최선을 다하는 것이 목적이야. 알지?"

'Best라 쓰고 최고가 아닌 최선이라 읽는다.'에서 이야기 했던 것처럼 최선을 다하는 것으로 만족하면 좋겠다고 먼저 이야기하고 시작하는 체육수업인 것이죠. 그러면서도 아이들에게 무엇인가 진지한 실전 활동이 필요하다고 생각해서 연결한 활동이 저녁노을이었습니다. 저녁노을은 앞에서 잠시 언급했던 것처럼 부모님과 함께 배움에 대해 논의하기 위해 진행하는 저녁 프로그램입니다. 함께 모여서 운동하고 그 기분으로 함께 솔직해지자는 프로그램인 것이죠.

그래서 학교에서 친구와 하는 체육시간의 구기종목 경기에서는 경쟁으로 인한 승패를 떠나 최선을 다해주길 원하고, 그 결과로 익힌 운동능력으로 저녁노을 시간에 오는 부모님들과는 경쟁을 통한 승패를 보자 이야기 했죠. 진짜 경쟁적인 게임은 부모님과 함께 하자는 말. 이상하죠? 하지만 이렇게 진행된 체육시간의 경쟁활동은 결국 아이들과 부모님이 한 마음으로 즐겁게 운동하는 시간을 만들어 준답니다. 아이들도 어느새 경쟁하기 보다는 협력하며 즐겁게 운동하고 게임하는 것이 좋다는 마음이 들게 되니까요.

저녁노을 시간. 이번에는 특별히 많은 부모님들께서 함께 해 주면 좋겠다 말씀드렸고 그렇게 오신 많은 분들과 함께 아이들과의 시합을 진행합니다. 처음에는 진짜 이길 것처럼 하다가도 금방 서로의 마음을 느낄 수 있죠. 이미 칭찬일기를 받은 부모님들이기에 아이들에 대한 마음도 더 애틋하고요.

경쟁이요? 필요합니다. 하지만 지금이 아닌 나중에 진짜 전문가가 되었을 때 말이죠.

4. 친척지도 만들기

6학년 사회과에서 아이들은 우리나라의 영토개념과 영해, 영공개념을 배운답니다. 여기서도 보이지 않는 부분, 우리 눈으로 보이진 않지만 분명히 존재하는 것들에 대해 배우게 되지요. '100번 듣기<1번 보기'에서 이야기 했던 것처럼 아이들은 이미지와 배움을 잘 연결한다는 생각을 바탕에 두고서 사회수업을 다르게 바라보기 시작했습니다.

그래서 아이들과의 사회 첫 시간은 사회책은 보지도 않고 바로 우리나라 모형 만들기를 시작했습니다. 두꺼운 판 위에 우리나라의 모습을 그리는 것부터 시작해서 그 위에 종이죽을 올려 입체적으로 만드는 우리국토모형. 그리고 이어서 5학년 때 배웠던 등고선의 개념을 활용하여 채색까지. 일단 다 만들어진 우리국토모형은 아이들에게 멋지게 만들었다는 기쁨을 주기에 충분했습니다. 물론 이렇게 아이들이 기쁨을 느끼게 하려면 교사인 제가 먼저 준비를 해야 했지요. 어떤 준비를 했냐고요? 먼저 만들어 보았답니다. 그러면서 생각했습니다.

'아! 이 부분을 그릴 때 이렇게 하면 좋겠네. 요기 요 부분은 이렇게 뭉쳐서 붙이면 쉽게 붙여지네.'

이런 생각을 했지요. 그리고 이렇게 생각한 것들은 아이들과의 활동

에서 소중한 경험으로 바뀌어 충분히 도움을 줄 수 있었습니다. 제가 무엇인가를 잘 만들던 사람이고 많이 만들어본 사람이 아니라 그저 아이들 수준에서 어느 정도 가능할지 알아보는 것. 저는 이것이 교재 연구라 생각했답니다.

"애들아! 우리가 직접 만든 모형을 보니 우리나라에 특징이 있지 않니?"

"네, 우리나라는 삼면이 바다에요."

"응 그래, 그것을 보고 '반도국가'라고 해."

"우리나라의 동쪽이 더 높아요."

"응. 그걸 '동고서저'라고 하지. 한번 잘 보고 만져보렴. 어때? 진짜 동쪽이 높지? 그러면 이렇게 되어있을 때 어느 쪽으로 물이 흘러갈까? 그리고 겨울에 북쪽에서 바람이 불어오는데 동쪽과 서쪽 중 어디가 더 추울까?"

사회책에서는 지금 제가 아이들과 대화했던 내용들이 글로 쓰여 있답니다. 사회책만을 사용하는 사회수업이 아닌, 실제 아이들이 제 손으로 만든 모형을 가지고 수업하기. 사회책에서 다뤄야 할 중요한 내용들은 교사인 제 머릿속에 정리되어 있는 체로 말이죠. 이렇게 실제 모형을 통한 수업이 끝나면 사회책을 펴서 한번 같이 읽어보며 정리하는 시간을 가집니다. 제가 설명하지 않고서 말이죠.

"와! 선생님, 사회책이 이해가 되요."

네. 맞습니다. 사회책은 외우는 과목이 아니라 이해하는 과목이었죠. 그동안 저는 사회책을 달달 외우는 교육을 했던 교사였던 것입니다. 이제는 그러지 않을 거고요!

우리나라의 영토와 영해, 영공의 개념을 어떤 주제와 연결하면 좋을지 고민하다 연결한 것이 '소중한 분들'이랍니다. 그러면 어떤 속성을 가지고서 연결한 것일까요? 우리국토모형을 만들었는데 왜 이름이 친척지도일까요?

사실 주제와 큰 관련이 없는 단원이나 내용은 주제와 상관없이 가르쳐도 상관없겠지요. 그런데 조금의 관련성이라도 찾아서 주제와 묶어주었을 때 아이들이 보이는 반응이 더 좋았다고 할까요? 그래서 우리국토모형을 만들어 수업하는 것에다 지금 자신의 친척들이 어디에 살고 있는지, 직접 알아보는 것까지 연결하게 되었답니다. 아이들은 집에서 부모님께 지금 친척들이 어디에 살고 있고 어떤 직업을 가지고 있는지 여쭤보는 것이죠. 그리고 국토모형을 가지고 하는 수업의 마지막에 자신들이 조사해온 친척들이 어디에 살고 어떤 직업을 가졌는지 표시해 본답니다.

"선생님, 우리 친척이 울산 쪽에 사는데 직업이 자동차 회사에 다니거든요. 이쪽 지역이 자동차 공업이 발전했다고 배웠는데 실제로 그렇네요!"
"우리 할아버지 댁이 제주도인데 제주도에서 감귤농사 지으신데요."
"방학 때 친척집에 가게 되면 사회시간에 배웠던 것이 생각날 것 같아요."

모둠별로 만든 친척지도 가득히 아이들의 친척들이 사는 곳이 표시되었답니다. 대부분의 친척들은 서울과 경기 지역에 살고 있지요. 자연스럽게 인구가 서울과 경기지역에 많다는 것도 눈으로 확인할 수 있답니다. 왜 친척지도인지 알겠나요?

'소중한 분들'에서 가장 소중한 분들은 사실 우리 가족이지요. 하지만 그에 못지않게 소중한 분들이 우리 주변에는 많이들 있죠. 특히 요즘은 다문화 된 사회가 되어가다 보니 다문화교육에 대한 이야기가 많은 것 또한 사실입니다. 다문화교육! 어찌해야 할까요?

도덕책에는 다문화교육에 관련된 좋은 글들이 많이 있습니다. 하지만 글로 되어있기에 짧은 시간 글을 읽기도 벅차다는 단점도 있었던 것 같습니다. 그래서 이미지를 생각해 보았고 그 결과 '세상에서 가장 아름다운 꽃밭은?'이라는 활동을 하게 되었죠.

"애들아. 스케치북을 일단 반으로 나눠보렴. 그리고 한 쪽 면에는 다양한 색의 꽃들이 있는 꽃밭을 그려보고, 다른 쪽 면에는 한 가지 색만 있는 꽃밭을 그려보렴. 색의 선택과 꽃의 모양은 자유란다."

아이들은 자유롭게 스케치북에 이름 모를 꽃 장식을 합니다. 그리고 완성!

"자! 다들 그렸죠? 그럼 그림을 보며 생각해볼까? 어떤 꽃밭이 더 예쁘니?"

네. 제 생각은 아이들에게 다양한 색이 섞여 있는 꽃밭이 더 예쁘다는 이야기가 나오길 바랐습니다. 그리고 그것이 다문화교육이라 생각했고요. 역시 아이들은 저를 실망시키지 않더군요.

"선생님, 그려놓고 보니까 다양한 색이 있는 꽃밭이 더 예뻐요."

하지만 2012년도 6학년 아이들과는 이 계획이 틀어져 버렸답니다. 앞의 상황과 똑같은 상황에서 마지막 질문을 했더니 우리 반에서 생각이 깊었던 친구가 이렇게 말하더군요.

"선생님, 제가 그림을 그려보니까 다양한 색이 있는 꽃밭이 예쁜데 마찬가지로 한 가지 색만 있는 꽃밭도 예쁜 것 같아요."

사실 이 말을 듣고 제 머리가 '멍' 했답니다. 다문화교육의 핵심은 그저 단순히 다양하게 모여 사이좋게 살자가 아니라, 어떻게 살아가건 서로 소통하자는 것이었는데 제가 잊고 있던 진리를 아이 입에서 들었으니까요. '아이들에게서 배운다.'는 이 말을 실감했던 순간이었습니다.

3장

지혜로운 우리민족
: 전통문화에서 미래를 만나다

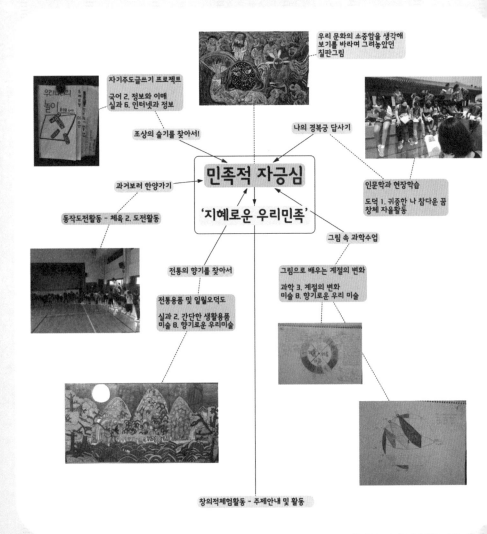

우리 문화의 소중함을 생각해 보기를 바라며 그려놓았던 칠판그림

자기주도글쓰기 프로젝트
국어 2. 정보와 이해
실과 5. 인터넷과 정보

조상의 슬기를 찾아서!

나의 경복궁 답사기

민족적 자긍심

'지혜로운 우리민족'

인문학과 현장학습

도덕 1. 귀중한 나 참다운 꿈
창체 자율활동

과거보러 한양가기

동작도전활동 - 체육 2. 도전활동

그림 속 과학수업

전통의 향기를 찾아서

그림으로 배우는 계절의 변화

과학 3. 계절의 변화
미술 8. 향기로운 우리 미술

전통용품 및 일일오덕도

실과 2. 간단한 생활용품
미술 8. 향기로운 우리미술

창의적체험활동 - 주제안내 및 활동

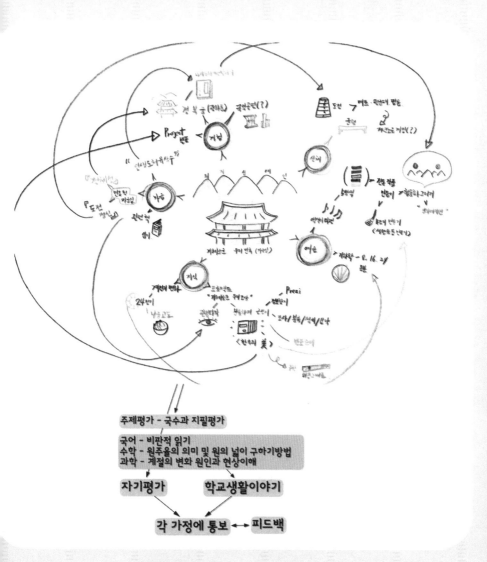

주제평가 – 국수과 지필평가

국어 – 비판적 읽기
수학 – 원주율의 의미 및 원의 넓이 구하기방법
과학 – 계절의 변화 원인과 현상이해

자기평가   학교생활이야기

각 가정에 통보 ← 피드백

'자존감'

요즘 우리나라 아이들에게 많이 부족한 것이 이 자존감이 아닐까 합니다. 여러 가지 이유가 있겠지만 제가 이렇게 생각하는 이유는 다른 사람과의 비교에서 비롯되는 것이 아닐까 생각하고 있고요.

"옆집의 누구네 아들은 어디를 들어갔다고 하던데……"
"옆집 누구는 이미 중학교 수학을 끝냈다고 하는데, 넌 뭐하고 있니?"

부모는 의도하지 않았지만 우리 아이들에게 이러한 분위기는 자신을 있는 그대로 보기 보다는 한참을 낮춰 보게 된다 생각합니다. 그러면 이 부분을 어떻게 해결해 주어야 할까요? 이미 '소중한 분들' 주제에서 부모님의 사랑을 다시 한 번 확인하며 자신이 얼마나 소중한 존재인지 역으로 알게 되었다면, 그것이 발전되어 이제는 우리 민족의 자긍심과 함께 스스로의 자존감을 키워가야 한다고 생각했습니다. 단순히 우리 민족은 위대한 민족이라는 말이 아닌 스스로 찾아가며 알아보는 민족적 자긍심. 민족적 자긍심이 결국은 개개인의 우리 아이들 마음속에 자존감을 형성하는 바탕이 되는 것. 이번 주제인 '지혜로운 우리민족'의 핵심적인 마음이랍니다.

1. 나의 경복궁 답사기

유홍준 교수의 『나의 문화유산 답사기』 시리즈는 이미 오래된 베스트셀러입니다. 그런데 참 부끄럽게도 저는 이렇게 유명한 책을 최근에서야 읽게 되었습니다. 그동안 책을 제대로 읽지 않고 지내온 저를 부끄러워하면서도 이렇게 재미있는 책을 늦게나마 알게 되어 기쁘기도 하였답니다. 2011년도에 새롭게 나온 『나의 문화유산 답사기』에는 경복궁 이야기가 나옵니다. 처음 이 책을 읽으며 유홍준 교수님을 동경하게 되었다 할까요? 아무튼 아이들과 이 좋은 글을 같이 읽고 싶다는 마음으로 아이들에게 제안했죠.

> "애들아. 선생님이 이 책을 읽어 보았더니 우리 주제랑 너무 잘 맞는 것 같더라. 혹시 너희들도 이런 책 한번 읽어볼래?"

기존에 아이들이 주로 보는 책과는 다르게 깨알 같은 글씨가 빽빽한 책. 하지만 아이들은 제가 책의 한 부분을 읽어주는 것을 듣고 나더니 흔쾌히 한번 읽어보자 하더군요. 그래서 시작된 제 나름의 '인문 고전읽기'가 진행되었습니다. 물론 2011년도에는 교육과정에 넣지 않고 그저 아침 시간에 같이 읽어나갔답니다. 비록 읽어가면서 의미파악이 쉽지 않은 문장과 단어들을 수없이 만났지만, 그것들의 의미에 대해 함께 고민하고 알아가는 과정에서 아이들은 책 속의 이야기에 빠져 들어갔었죠. 그렇게 시작된 인문 고전읽기는 2012년 교육과정에 반영되었답니다. 바로 '나의 경복궁 답사기'로 말이죠.

학년 초 부모님들과 교육과정에 대한 협의회를 할 때, 이 책을 함께 읽

을 예정인데 될 수 있으면 책을 구입하면 좋겠다 말씀드렸고, 그 때 동의한 부모님들이 많으셔서 모두가 『나의 문화유산 답사기』 책을 구입하고 읽기 시작했죠. 아침시간과 창의적체험활동(창체) 시간에 집중적으로 읽어가며 그동안 접하지 않았던 우리문화에 관련된 단어들과 새로운 형태로 된 문장들의 의미를 알아갔답니다. 일단 내용이 어려운 부분이 많아서 처음 몇 쪽을 읽어갈 때는 정말 오랜 시간이 걸리더군요. 하지만 친구들과 선생님이 함께 설명하는 것을 들으며 함께 보조를 맞추어 나갔답니다. 그렇게 100쪽이 넘는 분량의 경복궁 편을 읽은 다음에는 무엇을 했을까요?

'실전을 좋아하는 아이들' 이야기에서 언급했던 것처럼 아이들은 실제 경복궁으로 출발하고 싶어 합니다. 단, 그동안 우리가 읽어왔던 책의 내용 중 꼭 가보고 싶었던 부분을 찾아서 떠나는 현장학습인 것이죠. 예를 들어 경복궁 근정전 앞의 박석에 대한 부분이 책 속에 자세히 기술되어 있는데 그 부분을 읽어갈 때 모두가 이런 반응들을 보였답니다.

"와! 선생님, 여기 근정전 앞에 이런 이야기가 있을 줄 몰랐어요. 박석이라는 것을 그냥 무심코 보았는데."
"그렇지? 선생님도 처음에 읽고 많이 놀랐어. 우리 조상들이 참 대단하다고 할까?"
"네! 맞아요. 그런데 정말 그런지 보면 좋겠어요."

경복궁과 관련된 글을 읽어갈 때 아이들이 관심을 보이는 부분이 생기면 그곳을 접어놓고 표시한 다음, 실제 경복궁으로 가서 그 장소에 앉아 다시 한 번 그 부분을 낭독하는 것! 이것이 우리만의 현장학습 모습이고 실전의 모습이었습니다. 경복궁에 관광을 온 외국인, 그리고 수많은 내국인들 속에 아이들은 덤덤하게 자리를 잡고 앉아서 한 친구의 낭독을 함께하는 것이죠. 아이들은 무척 진지했으며 지나가는 사람들의 시선에도 흔들리지 않았죠.

"선생님, 그동안 그렇게 많이 경복궁을 와 보았지만 이렇게 경복궁이 다르게 보인적은 처음인 것 같아요."

지금도 경복궁 안에는 수많은 사람들이 관광을 하고 있으며 수많은 아이들이 현장학습을 하고 있겠지요. 학습지를 한 손에 들고 정신없이 뛰어다니며 '여기에 무엇이 있다.'라고 확인하는 것이 아닌, 무엇인가 깊이 있는 생각과 마주할 수 있는 현장학습이 필요하다 생각했고, 그렇게 했을 때만이 아이들에게 우리 민족의 자긍심을 심어줄 수 있다 생각했습니다. 그리고 이러한 민족적 자긍심이 결국 아이 하나하나에게 자존감의 바탕이 되지 않을까요? 경복궁과 나의문화유산답사기의 만남이 있은 후 우리반 아이가 이런 이야기를 하더군요.

"선생님, 부모님과 이번에 전남으로 여행을 다녀왔는데, 그 곳의 이야기가 우리 집에 있던 『나의 문화유산 답사기』 책에 나와 있어서 제가 그 곳에 도착하자마자 부모님께 그 부분을 읽어드렸어요. 부모님께서 무척 좋아하셨어요."

삶과 배움이 하나 된다는 것. 나의 배움이 다른 곳에 전이되는 것. 이런 배움이 좋습니다.

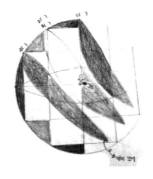

혹시 과학시간에 태양의 남중고도에 대해 배우는 수업에서 이러한 그림을 그려보셨나요? 사실 이 그림은 교과서에 제시되어 있는 그림을 다시 새롭게 그려본 것 일 뿐입니다. 하지만 이렇게 그려봄으로서 생기는 장점은 정말 대단했습니다. 막연하게 계절의 변화를 이야기 하던 것이 눈으로 볼 수 있고, 그것을 자신의 손으로 그려볼 수 있다는 것만으로도 말이죠.

현재 6학년 과학시간에 배우게 되는 계절의 변화 부분은 그 내용이 아이들에게 어려운 편입니다. 어려운 이유야 여러 가지가 있겠지만 눈으로 직접 볼 수 없는 것을 이야기해서가 아닐까 생각했습니다. 물론 태양은 매일 뜨고 지고, 계절은 매년 바뀌고는 있지만 그것을 전체적 시각으로 우주까지 넓혀서 보기는 힘들기 때문이죠. 과학책 또한 태양의 고도의 변화에 대해 매 시간 측정을 하고 그 데이터를 기록한 다음, 그것을 해석해서 알아가는 방법을 제시하고 있답니다. 그런데 문제는 이렇게 제시된 방법이 지극히 분석적인 방법이며 인간의 뇌(이성의 뇌)를 사용하는 방법이라는 생각이었죠. 아이들은 아직 아이일 뿐인데 말입니다.

'이렇게 실험 데이터만을 가지고서 아이들이 전체적인 태양의 운동과 계절의 변화를 이해할 수 있을까? 전체적인 이해가 먼저 되어야 할 텐데 그럴려면 그림으로 한번 표현해 보면 좋을 것 같은데…….'

제 머릿속에서 들려오는 소리를 따라 그림을 그려보았죠. 태양의 남중고도가 계절에 따라 위치가 바뀌는 것을 그림으로 그려보자, 제 머릿속이 먼저 정리되는 느낌이 들었습니다. 거기다 색을 넣어 보았죠.

'동지는 추우니까 파란색으로 표시하고, 하지는 더우니까 붉은 색으로 표시하면 좋겠네. 춘분과 추분은 노란색으로 하면 되지 않을까? 그리고 동지나 하지와 같은 절기를 생각하고 농사에 응용한 우리 선조들의 슬기로움에 대해서는 24절기표를 함께 그려보며 생각하면 좋을 것 같아.'

그림의 형태뿐만이 아니라 그림에 쓰이는 색도 함께 고민했고 이러한 고민들이 아이들에게 전달될 수 있었답니다. 그림과 색을 통해 만난 과학수업은 아이들에게 새로움을 주었고 새로운 기회를 주었다 생각합니다.

"선생님, 저 그동안 과학시간이 정말 싫었는데 지금은 과학시간이 참 좋아요. 그림을 그리면서 이해하니까 정말 좋아요."

과학을 싫어했었다는 우리 반 여학생이 지금의 과학수업에 만족감을 드러내더군요. 그리고 이렇게 이미지로 배운 내용이 오랫동안 아이들에게 기억되고 있었습니다.

교육과정 톡! Talk? **•이미지 교육의 지속성**

11월, 어느새 태양의 남중고도가 낮아져서 교실 창문으로 들어오는 햇빛이 예전과 다르다는 것을 느끼고 있을 때, 문득 아이들이 이 부분을 기억하고 있을지 궁금해졌습니다. 그래서 다음과 같이 말했습니다.

"요즘 우리 교실 칠판이 잘 안보이네. 왠지 햇빛이 더 많이 들어오는 것 같아. 너희들도 그렇게 생각하니?"
"네!"

"그런데 혹시 왜 그럴까? 생각해 본 적 있는 친구 있니?"

그 순간 매일 교실 뒤편에 앉아 사람 좋은 웃음만 보이던 정훈이가 손을 번쩍 들었습니다.

"선생님, 그거 태양의 고도가 낮아져서 그런 거잖아요."

"와!~~"

"와! 맞아요. 그런데 어떻게 그걸 기억했어? 우리 1학기 초에 배운 내용이잖아?"

"선생님, 그 때 그림을 그렸었잖아요? 그래서 기억하고 있어요."

배움의 방법 중 이미지를 통한 만남은 저나 아이들 모두에게 강렬한 인상으로 남아 있었습니다.

3. 조상의 슬기를 찾아서

배움이라는 것에서 자기주도는 이제까지 가장 중요한 배움의 요소로 인식되어 왔지요. 스스로 선택하고 진행하는 배움, 말 그대로 자발성을 가장 중심에 둔 가장 좋은 배움의 모습인 것 같습니다. 하지만 배움이라는 것이 과연 '자발성'만으로만 이루어지는 것일까요? 주제중심교육과정을 설명하는 부분에서 이야기했던 것처럼 배움이라는 것을 학생만의 문제로 보거나 교사만의 문제로 보고 있지 않습니다. 결국 제가 생각하는 좋은 배움의 모습은 교사와 학생의 상호작용 속에서 나왔기 때문입니다. 물론 학생들 사이의 상호작용과 학생과 주변 환경과의 상호작용도 중요하지만, 여기서는 교사와 학생의 상호작용에 대해서만 이야기 하도록 하겠습니다.

개인적으로 글쓰기는 굉장히 중요한 배움의 요소라 생각한답니다. 왜냐하면 글을 쓴다는 것은 그 아이가 듣고, 말하고, 읽은 모든 것들이 총합되어 표현되는 것이라 생각하기 때문이지요. 어찌 보면 자신이 가지고 있는 모든 것을 보여주는, 아니 보여주게 되는 것이 글쓰기라 생각하지요. 그런데 이런 글쓰기에도 여러 가지 종류가 있습니다.

가장 일반적인 글쓰기로 자신의 감정과 느낌을 서술하는 글쓰기, 즉 일기와 같은 것이 아닐까 생각합니다. 그리고 제가 여기서 언급하고자 하는 글쓰기는 감정과 느낌보다는 주어진 주제에 어울리는 글쓰기를 하는 것입니다. 주제에 어울리는 정보를 찾아서 정리하고 분류하고 요약한 다음 최종적으로 글쓰기까지 하는 것, 제가 생각한 6학년의 글쓰기는 이러한 글쓰기였습니다. 물론 6학년 국어교육과정에서도 이러한 글쓰기를 요구하고 있고요.

아무튼 여기서 시작하고자 했던 글쓰기는 주제에 어울리는 글쓰기였죠. 그런데 이미 주제가 '지혜로운 우리민족'이기에 글쓰기의 주제는 '스스로 생각하는 슬기로운 우리 조상들'에 대한 것이 되었답니다. 그래서 아이들은 각자가 생각하는 우리 조상들의 슬기로운 점을 주제로 잡아 그것에 대한 정보를 찾아보고, 요약하고, 분류하는 작업을 하게 되는 것이었죠.

그런데 문제는 이렇게 글쓰기를 하려면 시간이 필요하다는 것입니다. 예전에 저는 이러한 글쓰기의 의미에 대해서는 공감하고 있었음에도 불구하고, 그 시간을 어떻게 확보해야 할지 몰라서 그저 과제로 글쓰기를 내 주었습니다. 그러다 보니 제가 볼 수 있는 것은 각자가 글을 써서 제출한 결과물 뿐이었죠. 그러다 보니 제출한 글을 읽어 보고 검사한 다음, 다시 그것을 돌려주며 수정할 부분을 지도해 주고 다시 받는 형태가 될 수밖에는 없었습니다.

이렇게 했을 때의 문제는 아이들이 글을 어떤 과정으로 써 나가는지 교사인 제가 알 수 없었으며, 그것을 피드백 해 주는 일이 만만치 않았습니다. 그래서 교육과정 속에 글쓰기를 넣어놓고 시간을 충분히 확보하게 되었죠. 6학년 전체로 보았을 때 처음 시작하는 자기주도 글쓰기에서는

자신이 정한 주제에 어울리는 정보 찾기부터 시작했습니다. 올바른 정보를 찾고 그것을 요약하고 분류하는 작업, 그리고 이렇게 정보 찾는 방법이 익숙해진 아이들은 다음 주제에서 자기주도 글쓰기를 할 때에는 더 높은 단계의 글쓰기로 나아갈 수 있다 믿었기 때문입니다.

정보를 찾는다는 것. 그것도 자신의 주제에 어울리는 정보를 찾는 것은 일면 쉬워 보일 수 있습니다. 단순히 지식 검색을 활용한다면 말이죠. 하지만 근본적으로 정보를 찾는 방법을 알려주는 것이 이번 주제에서 하게 되는 글쓰기의 핵심이라 생각했기에, 지식 검색을 제외한 다른 방법으로 정보를 찾도록 지도하였죠. 그래서 나온 것이 오프라인과 온라인으로 구분해서 정보를 찾도록 하였습니다. 오프라인에서는 도서관의 책을 활용하도록 하였고 온라인에서는 인터넷 신문, 방송, 블로그, 카페, 웹페이지 등 다양한 매체에서 정보를 찾도록 안내해 주었습니다. 그동안 정보를 찾으려고 뒤지던 지식 검색을 활용할 수 없게 된 아이들은,

처음에는 당황한 모습을 보이지만 어느새 다른 매체에서도 정보를 찾아내기 시작합니다. 자연스럽게 블로그나 카페 등에 올라온 자료들에 관심을 가지게 되는 것이죠.

정보를 찾았으면 다시 분류하는 작업과 그것을 다시 요약하는 작업까지 하게 됩니다. 여기서 아이들은 자신의 주제와 정확하게 일치하는 자료나 정보는 없다는 것도 덤으로 알게 됩니다. 결국 아이들은 자신의 주제와 연계되었다고 생각하는 자료들을 스스

로의 기준으로 찾기 시작하는 것이죠. 결국 자신만의 정보는 자신의 관점으로 만들어가야 한다는 사실을 알게 되는 것이 이번 과정에서 다루는 중요한 점이었답니다.

이렇게 구조화된 글쓰기는 수업시간 중 이루어지게 되고 그 과정 하나하나를 모두 제가 볼 수 있다는 점이 교육과정을 재구성했을 때 보이는 중요한 모습이었습니다. 교육과정을 재구성하고 주제를 중심으로 주제중심교육과정을 운영한다는 것은, 이처럼 아이들과 교사가 함께 무엇인가를 배워나가는 것에 여유와 시간을 주는 일이 아닐까 생각합니다. 이렇게 해서 완성된 글쓰기는 아이들이 그동안 배우지 못했던 정보 활용법이나 자신의 관점에 따른 비판적 읽기와 같은 사고까지 확장하는 효과를 가져옵니다. 아이들과 교사가 함께 하기에 가능했던 일이 아닐까요?

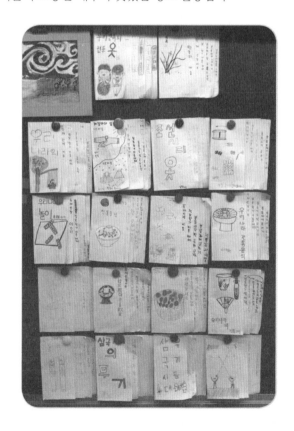

주제관련 책 읽기 이야기

초등학교 고학년 아이들은 여전히 감정과 상상력이 필요한 아이들이지만, 그렇다고 해서 저학년 아이들처럼 그저 즐겁게만 지낼 수도 없습니다. 어느 정도 자신만의 관점을 가지고 세상을 바라볼 수 있는 눈이 필요해서인지 몰라도 6학년 국어에서는 유난히 관점에 대한 글이 많습니다. 자신만의 관점을 통한 글 읽기! 어려운 일일 수 있지만 차근차근 배워나갈 수 있습니다. 그래서 시작된 책 읽기가 '주제관련 책 읽기'였습니다. 줄여서 '주제책읽기'인 이 활동은 그동안의 독서지도와는 다른 점이 있습니다.

일단 권장도서를 주지 않습니다. 그동안은 몇 학년 권장도서라며 책을 제시해 주는 형태가 많았었는데, 고학년이기에 권장도서를 주지 않고 스스로 책을 선정하도록 하였습니다. 그 책의 종류는 가리지 않고서 말이죠. 그렇다면 완전히 자유로운 책 읽기일까요?

단, 한 가지 조건이 있습니다. 바로 주제와 관련된 책을 읽어야 한다는 것입니다. 주제와 관련된 책이라면 무엇이건 괜찮다는 것이 제 생각이었습니다. 만화책이라 하더라도 말이죠. 그리고 이렇게 주제와 관련된 책을 읽고 나서는 그 책이 왜 주제와 관련되어 있는지, 자신의 생각을 쓰도록 하는 것이 주제책읽기의 핵심이랍니다.

앞에서 자기주도 글쓰기의 첫 단계로 자신만의 정보 찾기와 요약, 분류라고 했는데 그것의 바탕이 되는 책 읽기가 아닐까 생각합니다. '지혜로운 우리민족'이라는 주제를 배우고 있다면 자신의 관점으로 보았을 때 이 책의 내용이 우리 민족의 지혜를 표현하고 있다고 생각되면 무엇이건 읽을 수 있는 것. 어떤 책이건 그 책 자체의 좋고 나쁨보다는 그 책을 읽는 독자 스스로의 관점이 중요하다는 점을 아이들과 이야기하고 있습니다. 자신만의 관점을 가지고 세상을 바라보도록 하는 것은 '一인 주인공' 시대가 아닌 '多인 주인공' 시대에서 더욱더 필요한 배움이 아닐까요?

4. 조상의 향기를 찾아서

『오주석의 한국의 미 특강』이라는 책이 있습니다. 지금은 돌아가셨지만 오주석 작가의 우리문화에 대한 이야기는 책으로 남아, 저와 같이 아이들을 교육하는 사람에게는 큰 도움이 되고 있는데요. 한국의 아름다운 그림 하나하나마다 그 속에 숨겨진 의미를 알아가는 것. 아이들과 이러한 의미들을 함께 나누고 싶은 것은 교사라면 누구나 가지는 욕심이 아닐까요?

「일월오봉도(혹은 일월오덕도)」라 불리는 그림도 이 책을 통해 그 의미를 자세히 알게 되었습니다. 우리 아이들과 어떤 작품을 가지고서 만났을 때 '지혜로운 우리민족'이라는 주제와 잘 어울릴지 찾아 헤맬 때 말이죠. '인', '의', '예', '지', '신'의 의미가 한 폭의 그림 안에 모두 들어가 있고, 이 그림 앞에 왕이 앉았을 때만이 비로소 그림이 완성된다는 이야기는 저에게나 아이들에게나 충분히 흥미로웠습니다. 그래서 아이들과 「일월오봉도」에 대한 이야기를 나누고 미술시간 협동화로 표현해 보기로 하였죠. 원래 왕 뒤에 병풍처럼 세워지는 그림이라는 것을 알고 있었기에 세울 수 있는 그림을 생각하게 되었습니다. 그리고 협동화의 방법을 취하기로 하였죠. 이렇게 협동화를 통한 그림의 완성은 그동안 미술활동에서 소외되었던 친구들에게도 새로운 경험과 기회를 줄 수 있어 아주 좋은 방법입니다.

"혼자 그림을 그릴 때에는 제가 그림을 잘 못 그린다 생각했는데 친구들과 함께 완성하고 나니 저도 그림을 꽤 그리는 것 같아요."

그림을 그린다는 것, 색을 칠한다는 것에 정답이 어디 있겠습니까? 자신들이 표현하고 싶은 것을 표현하도록 하면 되는 것인데, 그동안 우리는 아이들에게 잘 그려야 한다는 부담감만 심어 준 것은 아닌지 반성해 보았습니다. Best의 의미가 최고가 아닌 최선이라 생각한다면 말이죠. 아이들은 왕의 그림이라는 생각으로 진지하게 그림을 맞춰보고 색칠해 나갔습니다. 한 땀 한 땀 정성을 들여서 색을 칠하도록 안내하는 일이 교사인 저의 일이었죠. 이렇게 완성된 「일월오봉도」는 모두의 작품이 모였을 때 탄성과 함께 빛을 발한답니다.

"선생님, 이 그림 앞에서 우리 사진 찍어요."
"야. 그런데 「일월오봉도」 앞에서 사진 찍을 수 있는 사람은 임금뿐이라고 하잖아."
"지금은 왕이 없으니까 우리가 앞에 앉아도 되지 않을까?"

아이들은 무슨 조선시대 도화서의 그림 그리는 사람이라도 된 것처럼 호들갑을 떨며 즐거운 마음으로, 그리고 행복한 마음으로 기념 촬영을 합니다. 우리 것에 대한 자부심을 다시 한 번 느끼면서 말이죠. 그것을 지켜보는 내내 저는 행복한 교사였습니다.

4장

자연은 주인, 사람은 손님
: 인간과 자연의 공존

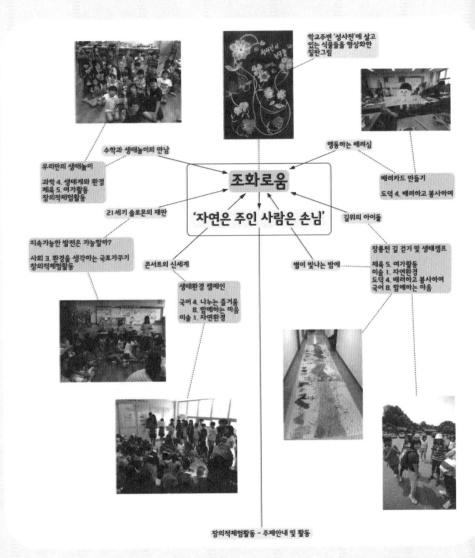

학교주변 '생사천'에 살고
있는 식물들을 형상화한
칠판그림

수학과 생태놀이의 만남

행동하는 배려심

우리만의 생태놀이
과학 4. 생태계와 환경
체육 5. 여가활동
창의적체험활동

배려카드 만들기
도덕 4. 배려하고 봉사하며

조화로움

'자연은 주인 사람은 손님'

21세기 솔로몬의 재판

길위의 아이들

지속가능한 발전은 가능할까?
사회 3. 환경을 생각하는 국토가꾸기
창의적체험활동

창릉천 길 걷기 및 생태캠프
체육 5. 여가활동
미술 1. 자연환경
도덕 4. 배려하고 봉사하며
국어 8. 함께하는 마음

콘서트의 신세계

별이 빛나는 밤에

생태환경 캠페인
국어 4. 나누는 즐거움
8. 함께하는 마음
미술 1. 자연환경

창의적체험활동 - 주제안내 및 활동

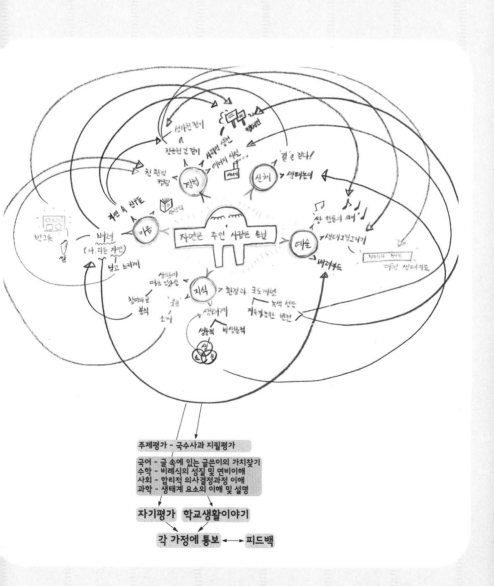

주제평가 - 국수사과 지필평가

국어 - 글 속에 있는 글쓴이의 가치찾기
수학 - 비례식의 성질 및 연비이해
사회 - 합리적 의사결정과정 이해
과학 - 생태계 요소의 이해 및 설명

자기평가 학교생활이야기

각 가정에 통보 ◄──► 피드백

2005년 겨울, 교사가 되고 나서 처음으로 생태탐사라는 것을 떠났던 것 같습니다. 물론 그동안 아이들과 생태교육이라는 이름으로 이것저것 경험해 보았지만 진정한 의미의 생태탐사는 이때가 처음이었던 것 같습니다. 대 자연 속에서 느꼈던 첫 느낌은 경외감이었죠. 거대한 자연 앞에서 나는 무척 보잘 것 없는 한 생명일 뿐이었으니까요. 이렇게 시작한 생태교육은 '환경과생명을지키는전국교사모임'의 활동으로 이어져 현재까지 회원으로 지내고 있답니다. 수많은 교육적 담론들이 있겠지만 개인적으로 생각하는 가장 훌륭한 교육은 바로 생태교육이라 생각하고 있으며, 그 일환으로 진행되는 것들이 아침나들이와 아침햇살 같은 활동들입니다. 인간의 시선으로 자연을 보는 것이 아닌, 거대한 자연 속 일부인 인간의 존재로 자연을 바라보게 된다면, 자연이 우리의 진정한 주인이 아닐까요? 그 이야기를 시작해 보도록 하겠습니다.

1. 길 위의 아이들

서정초 주변 가까운 곳에 성사천이라는 작은 실개천이 흐르고 있습니다. 아이들은 보통 이곳이 더럽다고 생각하는 경향이 많았습니다. 그도 그럴 것이 바로 주변에 있는 아파트와 도로에서 쏟아지는 오물들이 이곳으로 모이니 가끔은 냄새도 나고 쓰레기도 버려져 있으니까요. 하지만 성사천이 우리 아이들이 살고 있는 마을의 중요한 하천이라는 사실을 알아가는 것은 중요하다 생각했습니다. 그리고 이 작은 하천이 흘러 흘러 고양시를 관통하며 흐르고 있는 창릉천으로 흘러가고, 결국 그것이 한강까지 흘러간다는 것. 그렇게 도착한 한강물은 다시 서해로 빠져나간다는 사실. 이 모든 것이 서정초에 다니는 아이들이 인식해야 하는 중요한 지점이라 생각했지요. 그래서 일단 성사천으로 나간답니다. 그리고 자리를 잡고 앉아 그 곳의 작은 꽃들과 인사나누기 부터 시작하지요.

"와! 예쁘게 생겼네. 안녕!"

갑자기 스케치북을 챙겨서 나오라고 하고서는 성사천에 피어 있는 잡초 같은 풀을 보고 인사하는 제 모습이 아이들에게는 신기하게 보였겠죠? 하지만 금세 아이들도 같이 인사를 나누며 자연스럽게 성사천에 살고 있는 예쁜 꽃들과 친구하기 시작한답니다. 꽃은 예쁘잖아요. 모든 인간은 아름다운 것에 끌리는 것처럼 말이죠. 그리고 시작됩니다. 성사천에는 어떤 친구들이 살고 있는지 그 친구들을 그려보는 활동이 말이죠. 햇볕 좋은 날 아이들이 점점이 흩어져 앉아 성사천의 작은 풀꽃들을 그리고 있습니다. 그 모습이 또한 예쁩니다.

　　이렇게 그림을 그리며 새로 사귄 친구들을 우리는 '성사천의 친구들'이라 이름 붙여줍니다. 그리고 이 친구들과 매일매일 인사하고 이 친구들을 도와주기 위해 노력하는 일을 시작하는 것이죠.

　　성사천에서 알게 된 새로운 친구들은 사실 우리 주변에 흔하게 있는 친구들입니다. 민들레, 개망초, 벌노랑이, 쑥부쟁이, 패랭이 등 말이죠. 이렇게 새롭게 사귄 친구들을 만나러 이번에는 조금 먼 길을 걷게 됩니다. 바로 창릉천길 걷기 활동입니다. 창릉천은 성사천보다 큰 하천으로 한강과 바로 이어져 있는 긴 하천으로, 학교 옆을 지나고 있어서 그 길을 따라 한강까지 가 보는 활동이 창릉천길 걷기 활동입니다. 아이들은 6~7km의 길을 걸어가게 됩니다. 날도 이제는 제법 더워졌기에 물도 많이 필요하고 걷는 것도 힘이 듭니다. 하지만 걷는 것만 하지 않습니다. 성사천에서 새로운 친구들을 사귀면서 했던 그림그리기 활동이 창릉천을 걸으면서도 자연스럽게 펼쳐집니다. 중간 중간 그늘이 있으면 그곳에서 잠시 쉬면서 그곳에 피어 있는 친구들을 그림으로 그려내는 것이죠. 그러면서 새로운 친구들도 알게 되는 계기도 됩니다. 이렇게 온종일 걷고 난 후 그날 저녁에는 새로운 친구들을 만난 것을 기억하며 또 다른 활동으로 펼쳐나가게 되지요.

2. 별이 빛나는 밤에

뜨거운 햇볕 아래 오랫동안 걸었던 아이들은 집으로 잠시 돌아가 몸을 씻고 다시 학교로 모입니다. 그 날 저녁에 있는 생태캠프 '별이 빛나는 밤에'에 참석하기 위해서지요. 학교 운동장에서 하는 생태캠프로 청소년 단체에 따로 가입해야만 해볼 수 있었던 야영을 교육과정 속에 포함해서 모두가 함께하는 야영으로 진행하고 있습니다. 아이들은 텐트와 저녁거리를 준비해 와선 저녁 먹을 준비를 바로 시작하지요. 이미 하루 종일 걸어 피곤할 만도 한데 아주 신나는 얼굴로 음식을 만듭니다. 그런데 여기에도 조건이 있답니다.

"애들아. 우리가 오늘 하게 되는 캠프 이름이 무엇이지? 그리고 우리가 현재 하고 있는 주제는 뭐야?"

"우리 주제는 '자연은 주인 사람은 손님'이고 캠프 이름은 '생태캠프'잖아요."

"그래요. 그러면 우리가 하는 캠프로 인해 주변의 친구들에게 피해를 보면 안 되겠지? 성사천에 피어 있는 작은 풀꽃들과 창릉천에서 만난 새로운 친구들에게 말이지."

"네 그럼요. 당연하죠."

"그래서 이번 캠프의 의의를 살려 너희들이 한 가지 약속을 지켜주었으면 해요. 바로 이 작은 20리터용 쓰레기봉투 하나 이상의 쓰레기를 버리지 않는 거야. 음식물 쓰레기는 최대한 줄여서 나오지 않도록 하고. 즉 빈 그릇 운동을 하자는 이야기지. 어때 할 수 있겠니?"

100명의 아이들이 캠프를 합니다. 그렇지만 캠프가 끝났을 때 나온 쓰

레기는 20리터 쓰레기봉투를 다 채우지 않았답니다. 음식물 쓰레기도 최소한으로 한 것은 당연했고요. 생태캠프에 부끄럽지 않은 모습이지 않나요?

생태캠프의 또 다른 활동으로는 6학년 전체가 함께하는 협동화 그리기가 있습니다. 창릉천 길을 걸으며 중간중간 그려왔던 그림들을 참고하여 6학년 전체가 하나 되는 생태그림을 그려내는 것이죠. 긴 천에 그리는 창릉천의 생태그림은 우리 모두의 마음이 들어가 있어 그 자체로 아름다운 결과물이 된답니다. 그리고 캠프의 하이라이트는 역시 캠프파이어 아닐까요? 매년 캠프파이어를 위해 학교에서 자생적으로 운영되고 있는 '아버지모임'에 도움을 요청하고 아버님들의 적극적인 도움으로 진행하고 있습니다. 학교 옥상에서 내려오는 불꽃이 쌓아놓은 장작에 닿는 순간 함성과 함께 진짜 캠프가 시작되는 것이죠. 하지만 그 흥분도 잠시, 아이들은 반 별로 캠프파이어 주변에 모여 앉아 불그스름한 불꽃과 어둠이 교차하는 곳에서 자신들의 속마음을 털어놓는 시간을 가집니다. 친구에게 하고 싶은 말, 부모님께 하고 싶은 말, 선생님에게 하고 싶은 말을요. 때론 웃음 짓고 때로는 눈물짓는 우리만의 이야기가 펼쳐지게 되는데, 우리 모두의 마음이 하나가 되어 하나의 불꽃으로 타오르는 듯한 느낌은 저만 가지는 것은 아니겠지요?

이렇게 마음을 모은 후 마지막으로 운동장 한켠에 마련된 야외극장에 모여 자유롭게 돗자리를 깔고 앉거나, 혹은 누워서 생태관련 영화를 보게 된답니다. 야외극장이라 해 봐야 빔 프로젝트와 하얀 칠판을 가져다 놓은 것이 전부입니다. 비록 어떤 친구는 영화를 보다 잠이 들기도 하고 돌아다니기도 하지만 하늘 위로 떠 있는 별들과 선선한 바람, 그리고 아름다운 영화가 함께하는 이 순간을 오랫동안 기억하리라 생각합니다.

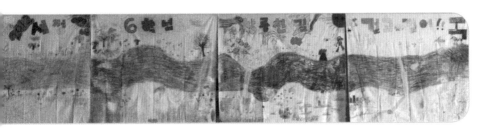

"선생님, 제가 지금 이 순간에 친구들과 함께 이 자리에 있다는 생각만 해도 눈물이 날 것 같아요."

저 또한 아이들과 함께 이 순간을 함께 할 수 있어 행복했답니다.

'실전을 좋아하는 아이들'에서 언급했던 배움의 실천 부분은 단순한 배움의 모습에서 좀 더 다양하고 풍부한 배움으로 이끄는 중요한 부분이라 생각합니다. 그래서 항상 아이들과 함께 할 수 있는 실천을 고민하는 것으로 부터 시작된 활동이 시작됩니다.

'자연은 주인 사람은 손님'이라는 주제에서 중요하게 다루는 조화로움은 우리만의 실천으로는 될 수 없다는 것을 잘 알기에, 주변의 모두에게 알리는 활동을 하게 되었습니다. 그리고 그렇게 알리는 형태에 대해서 3가지 정도가 있을 것 같다고 아이들에게 제안해 줍니다.

① 주변 사람들에게 공연을 준비한 후 보여드리면서 하게 되는 콘서트 형식, ② 우리가 전하고자 하는 것을 전시하거나 직접 홍보하는 캠페인 형식, ③ 알리고자 하는 내용에 대해 정보를 수집하고 결과를 발표하는

학습발표 형식.

아이들은 제가 제안한 3가지 형태의 실천 형태와 자신들이 생각하는 실천 방법들에 대해 논의한 후 최종적으로 콘서트 형식을 선택하였답니다. 이 전의 6학년 학생들은 캠페인 형식을 선택했었죠. 아마도 우리 반 친구들 중 한 명이 작곡을 배우고 있어서였던 것 같습니다.

콘서트 형식으로 정해지자 각자가 맡은 역할을 실행하기 시작하더군요. 작곡을 담당한 친구가 대강의 코드를 준비해 오자 우리 반 친구 중 기타를 잘 연주하는 친구가 즉석에서 코드를 연주해 보았고, 그 연주가 좋았던지 아이들이 멜로디를 만들자고 아우성을 쳤답니다. 그렇게 해서 만들어진 멜로디는 교사인 제가 듣기에도 아주 훌륭했습니다. 이제 멜로디는 정해졌으니 가사를 정해야 하겠죠? 작곡이야 약간은 전문적인 소양이 필요한 부분이라 몇 몇의 친구들이 중심이 되어 했지만, 작사는 누구나 참여할 수 있는 부분입니다. 그렇다고 아무 내용이나 사용할 순 없었죠. 그래서 칠판 가득히 아이들과 함께 우리가 배우고 있는 주제와 관련된 단어들을 적어나갔답니다.

공존, 패랭이꽃, 녹색성장 등 사회시간과 과학시간에 주로 나왔던 단어들이 칠판 가득히 적은 다음, 그것들을 조합해서 가사를 만들었고, 제목은 '모두 같은 친구들'입니다. 왜냐하면 우리가 만나는 주변의 자연환경들도 우리와 똑같은 생명을 가졌고 그러므로 우리 모두 친구라는 생각을 했기 때문이죠. '자연은 주인 사람은 손님'이라는 주제에서 강조하는 조화로움이 느껴지나요?

이렇게 만들어진 노래를 연습한 후 쉬는 시간에 저학년 교실 앞 복도를 다니며 게릴라 콘서트를 열기 시작했습니다. 당연히 저학년 동생들의

반응이 뜨거웠답니다. 쉬운 멜로디가 어렵지 않게 들렸던 것 같습니다. 섭외를 담당한 친구는 콘서트를 교실에서 해 주길 원하는 교실들을 찾아다녔고, 정해진 시간이 되면 우리 모두 악기를 들고 찾아가는 콘서트를 진행했습니다. 처음에는 약간 부끄러워하던 녀석들도 계속되는 콘서트에 자신감을 가지고 열심히 참여해 주어, 누구 하나 빠지지 않는 콘서트를 열게 되었습니다.

노래를 부르며 이미 우리 아이들에게 전달하고자 하는 자연에 대한 마음가짐은 제가 생각한 이상으로 전달되었고요. 아이들의 반짝이는 눈이 그것을 증명해 주었으니 무엇을 더 바라겠습니까?

교육과정 톡! Talk? **계획서와 지도안?**

띠리링~

"오랜만이네. 어쩐 일이야?"

"응, 너희 학교에서 이번에 환경 콘서트 했다면서?"

"어? 어떻게 알았어?"

"다 아는 수가 있지."

"그런데, 왜?"

"환경 콘서트 관련 계획서나 수업 지도안 좀 얻을 수 있을까 해서."

"그런 것은 없는데? 그냥 교육과정에 계획되어 있어서 한 거야. 구체적인 실행 계획은 아이들이 직접 세웠고."

지금도 많은 학교들에서 무엇인가를 할 때 요구하는 계획서나 지도안. 이것 또한 형식을 중요시하는 행정적인 모습이라 생각합니다. 형식보다 더 중요한 마음을 보지 못하는 것일까요? 아니면 형식이 없으면 마음도 없다 생각하는 것일까요? 아이들과 마음으로 만나서 아이들의 이야기를 들어주고 실천하는 것. 이것이 교육과정을 재구성하는 이유가 아닐까요?

4. 행동하는 배려심

'지속가능한 발전'이라는 말을 많이 들어보셨을 겁니다. 녹색성장이라는 말도 말이죠. 그런데 과연 가능한 것일까요? 인간의 역사를 자연 생태적인 관점으로 보았을 때 인간과 자연의 관계는 협력의 관계일까요? 아니면 경쟁의 관계일까요?

아이들과 쓰레기로 만들어진 공원을 갔습니다. 인간이 버린 쓰레기를 쌓아오던 곳이 지금은 아름다운 공원으로 바뀌어 있는 곳. 우리는 그곳에 가서 지금도 공원 곳곳에서 뿜어져 나오는 가스를 정화하기 위해 설치해

놓은 시설들을 보고 왔답니다. 아주 예전에 읽었던 소설책에 이런 말이
나왔던 것 같습니다.

'요정이 다니는 곳은 그 흔적이 남지 않지
만, 사람이 다니는 곳에는 곧 길이 생긴다.'

인간과 자연은 서로 어떤 관계여야 할까
요? 아이들과 이런 마음을 나누고 싶었습니
다. 그래서 다음과 같이 말했습니다.

"선생님은 '자연보호'라는 말이 틀렸다고 생각해. 왜냐하면 자연을 보
호한다는 말 속에는 인간이 자연보다 우월하다는 뜻이 있는 것 같아
서야. 선생님 생각에는 인간이라는 존재는 자연 속의 일부분이지 자
연을 지배하거나 함부로 할 수 있는 존재는 아닌 것 같거든. 너희들은
어떻게 생각하니?"

아이들은 자신의 생각을 솔직하게 이야기
하며 제 이야기에 동의하기도 하고 반대 입장
을 밝히기도 하더군요. 자연스럽게 녹색성장이
나 지속가능한 발전에 대한 이야기도 나누게
되었지요. 그러한 이야기의 끝에 이르러 이런
이야기가 나왔답니다.

"결국은 자연과 인간이 함께 공존해야 하는 거잖아요? 그런데 그러려
면 서로가 서로를 배려하는 마음이 있어야 한다 생각해요."
"선생님 생각도 같아요. 그러면 여러분은 배려에 대해서는 어떻게 생
각하고 실천하고 있나요?"

막연하게 친구에게 양보하거나 물건을 빌려주는 행위도 배려에 들어가지만, 친구의 마음을 위로하는 배려는 해 보지 못한 경우가 대부분이었답니다. 6학년으로서 갖는 여러 가지 부담감들을 모두 마음 깊은 곳에 묻어둔 친구들. 어쩌면 누구보다도 마음의 위로가 필요한 친구들이지 않을까요? 이런 친구들이 서로의 마음을 알아주고 배려할 수 있다면?

"선생님은 그래서 오늘 여러분과 배려를 실천하는 활동 한 가지를 해 보고 싶은데?"

"좋아요!"

"이번 활동의 이름은 배려카드랍니다. 내가 평소 챙기지 못했던 친구나 도움이 필요할 것 같은 친구에게 배려카드를 이용해 배려를 실천해 보는 거죠."

아이들은 열심히 친구들의 마음을 위로할 배려카드를 제작합니다. 그리고 배려카드를 나누는 시간. 말이 필요 없는 활동입니다. 그저 조용히 다가가 눈으로 마음으로 나누는 활동.

때론 어색해서 웃음을 보이기도 하고 쑥스러워 하기도 하지만 결국 여자 아이들의 눈에서는 눈물이 글썽이고…….

"아! 말이 잘 안 나온다. 이렇게 많은 친구들이 고통을 받고 있다는 것이 참 안쓰러웠다. 혼자 고독한 싸움을 하는 것도 가슴이 아팠다. 다음에도 이런 상황이 온다면 나는 인간으로서 우리 친구들을 지켜주겠다."

인간이란 다른 존재를 도와줄 수 있는 유일한 존재임을 서로 확인한 소중한 순간이었답니다.

5. 수학과 생태놀이의 만남

주제에 어울리도록 아이들과 생태놀이를 즐 겁게 하며 지냈습니다. 대표적인 생태놀이 중 먹 이사슬 관계를 잘 설명하는 '박쥐와 나방' 놀이 는 아이들도 무척 좋아하는 놀이지요. 그런데 이 런 생태놀이들은 이미 만들어져 있는 것을 따라 서 하는 것이기에 좀 더 창의적인 방법으로 접근 할 수 없을까 고민했답니다. 그래서 만든 생태놀 이가 먹이 피라미드 놀이였습니다.

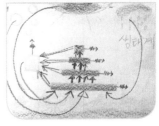

이미 아이들은 먹이 피라미드의 관계를 그림 으로 배웠기에 그 내용에 대해서는 잘 알고 있었 죠. 그런데 이때쯤 공부하던 수학 단원이 '연비'와 관련된 내용이었죠. 연 비의 모습이 생태피라미드와 닮았다 생각한 저는 아이들에게 두 가지의 관련성을 물어보았죠.

"음. 선생님이 생각해 보았는데 우리가 수학시간에 배우고 있는 연비 랑 생태계 피라미드랑 어딘지 닮은 것 같지 않아?"
"아! 연비도 3가지 이상의 비의 값이 연속하는 것이라서 생태계 피라 미드의 1차, 2차, 3차 소비자 등으로 나누는 것과 닮은 것 같아요."
"선생님 생각과 비슷하구나. 그래서 선생님 생각에는 이것을 이용해서 무엇인가 재미있는 놀이를 만들 수 있을 것도 같은데, 예를 들어서 1 차 소비자는 2차 소비자와 만나면 살 수 없잖아? 먹고 먹히는 관계니까? 이런 것을 가위 바위 보로 활용하는 것 등."

그동안 다양한 생태놀이를 했던 경험과 친구들과의 다양한 놀이에서 힌트를 얻은 아이들은 새로운 놀이를 만든다는 사실에 약간 흥분한 듯이 보였죠. 그리고선 하나씩 만들어나갔답니다.

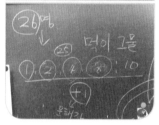

"일단 우리 반 총 인원이 25명이니까요. 이것을 비례배분해서 25명이 다 들어가게 하면 될 것 같아요. 생산자부터 최종 소비자까지 말이죠."
"그런데 선생님 생각에는 최종 소비자 이외에도 분해자도 있어야 하지 않을까?"
"음, 그런데 분해자는 게임에 참여하기가 어려운 것 같은데요? 생산자는 1차 소비자에게 먹히고 1차 소비자는 2차에게 먹혀야 하는데 분해자는 애매해요."

"야~ 애들아! 분해자는 선생님이 하면 되지 않을까? 게임의 규칙을 어기는 친구들은 분해자인 선생님이 제제를 가하는 거지. 분해해 버리는 거야."
아이들의 눈초리가 예사롭지 않습니다. 재미있는 모습들을 잠시 보이더니 다시 진지하게 이야기하기 시작합니다.
"그럼 분해자는 선생님께서 하면 될 것 같고, 게임의 방법은 어떻게 하면 재미있을까?"
"가위 바위 보를 해서 자신의 카드를 친구랑 바꿀 것인지 결정하게 하는 건 어때? 그래야 재미있을 것 같아."

"오! 그거 좋아. 처음에는 자신의 카드를 보여주지 않는 거지?"

"그렇지. 가위 바위 보를 통해 자신의 카드를 친구의 카드와 바꿀지 결정하는 것. 이게 이 게임의 핵심이야."

이런 식으로 아이들은 게임을 하나씩 재미있게 하지만 생태계 피라미드의 중요한 속성이 그대로 녹아 있는 놀이를 만들어 갔습니다. 마지막으로 선생님의 도움을 받아 놀이 시작! 마지막으로 최종 소비자인 아이를 가운데 두고 피라미드 형태로 퍼져서 기념 촬영까지 끝낸 아이들의 얼굴 가득 행복이 넘쳐흐릅니다.

세코포토그래퍼

'자연은 주인 사람은 손님'의 가장 밑바탕에 있는 생태계에 대한 마음가짐. 저는 이 마음가짐이 배움을 대하는 아이들이나 우리 같은 교사들에게 반드시 필요한 마음이라 생각합니다. 그리고 이러한 마음가짐을 키우기 위해 계속 노력해야 한다 생각하지요.

아침햇살. 아침나들이처럼 매일 혹은 정기적으로 가볍게 하는 활동도 좋지만 집중해서 하는 활동도 필요하다 생각했습니다. 그래서 시작한 것이 세코포토그래퍼 활동입니다.

세코포토그래퍼(Seco-photographer) 활동은 한 마디로 '생태+사진'인 활동이랍니다. 생태를 접하되 사진으로 접하는 것이죠. 왜 이런 생각을 하게 되었냐면 제가 사진을 찍어 온지 벌써 15년이 되었기 때문입니다. 한동안은 카메라와 사진에 푹~ 빠져 있었죠. 그 덕에 아이들과의 추억이 가득한 사진들과 함께할 수 있어 참 좋았습니다. 사진을 오래 찍고 지역문화센터에 강사로 나가기도 하며 느낀 생각은 '사진이란 그동안 내가 무심코 넘기던 것들을 자세히 볼 수 있도록 하는 힘이 있구나!' 였습니다.

이 세상에 존재하는 어떤 것도 아름답지 않은 것은 없을 것입니다. 단. 그 아름다움을 알기 위해서는 꾸준히 보아야 하고 자세히 보아야 하지요. 그래서 나태주 시인의 「풀 꽃」시를 좋아한답니다. 세코포토그래퍼 활동은 이런 제 마음의 표현이기도 합니다.

"백년의 약속"

교육은 백년지계(百年之計)라는 말의 의미를 간직하고자 합니다.

5장

진실과 거짓
: 내 마음 속의 보물 vs 내 마음 밖의 보물

창의적체험활동 - 주제안내 및 활동

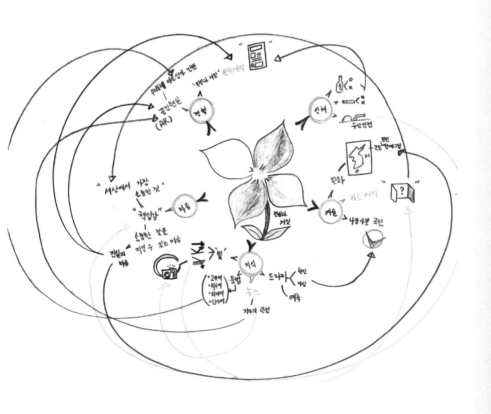

사람의 삶에는 정답이 없는 것처럼 우리가 사실이라 부르는 것들이 정말 '사실'일까요? 우리가 보는 것은 정말 진짜이고 진실일까요? 삶이 복잡하고 손에 잡히지 않으니까 우리는 힘든 생활을 해야 하는 것일까요? 이 세상에서 가장 소중한 것은 과연 무엇일까요? 여름방학을 앞두고 아이들과 이런 고민들을 함께 나누고 싶었습니다. 너무 어려운 이야기라고요? 교육과정과 함께 한다면 가능하다 믿었지요.

1. 진실과 거짓

"우리가 즐겨보는 방송 드라마는 진실일까요?"

"아니요! 보통 드라마들은 가상으로 만들어진 이야기 아닌가요?"

"음. 그렇군요. 그러면 우리가 뉴스라고 부르는 것들은 진실인가요?"

"그렇지 않나요? 뉴스는 있었던 일을 보여주는 거잖아요?"

"음, 정말 그럴까요?"

이미 아이들은 과학시간에 '빛의 직진'에 대해 배우며 우리가 보는 것들이 상하좌우가 바뀌어 전달되고 있다는 것을 알고 있었습니다. 그리고 그것이 기름종이 위에 상이 맺힌다는 사실도 알고 있었죠. 그런데 만약 기름종이 색이 흰색이 아니라 파란색이라면 어떻게 될까요? 기름종이에 비춰진 모습이 실제 모습일까요? 아니 실제 색을 표현하고 있을까요?

아이들은 과학시간에 배웠던 것들과 선생님의 질문을 열심히 연결하며 과연 우리에게 진실이라는 것이 무엇인지 고민하고 있었죠. 그리고 그 고민들을 해결하기 위해 각자가 생각한 것들을 조사하기 시작했으며, 그 조사의 끝은 '진실과 거짓' 신문 만들기였고요.

'지혜로운 우리민족'에서 자기주도 글쓰기의 기본인 정보 찾기가 발전된 형태의 글쓰기가 되는 순간이 되었고요. 그리고 그 결과물이 하나의 신문에 모두 모여 우리만의 신문을 발행하고 공유하는 것. '진실과 거짓' 신문이 가진 의미였습니다.

2012. 7. 20
꾸러기 신문
특별판(25호)

진실과 거짓

서정초등학교 6학년 반
꾸러기들

술의 진실과 거짓

요즘 대부분 어른들의 일상생활은 술과 관련된 생활이 많다. 모든 어른들이 그런 것은 아니지만, 일부 어른들은 일주일 중에서 매일 술을 마시면서 회사 생활하다가 주말에는 거의 집에서 하루 종일 잠만 자는 경우가 많아서 가족과 같이 생활할 수 있는 시간이 적어지고, 회사에서 회식을 할 때나 출장을 갔을 때 많이 먹는 것 같다. 이처럼 많이 술을 많이 먹는 어른들의 건강은 과연 괜찮은 것일까?

우선 술을 많이 먹은 사람들의 공통점은 질병에 빨리 걸린다는 것이다. 조사 결과에 의하면 술과 관련된 질병은, 입에서 구강암, 식도에서 식도염과 식도암, 위에서 위암, 췌장에서 췌장암, 간에서 간암과 간경화 등은 물론 압병증을 유발하는 당뇨병까지, 술은 모든 병의 근원임이 이미 밝혀졌다. 하지만, 이것은 어른들만의 문제가 아니다. 요즘은 청소년과

성사천을 다시 보아야 한다!

5, 3, 7단지 근처에는 성사천이라는 하천이 있다. 이 지역 주민들과 학생들은 성사천이 더럽다고 생각하고 있다. 서정초 6학년들이 이 성사천에 쓰레기를 줍는 활동을 하자고 선생님이 제안하셨다. 하지만 6학년 어린이들은 이것을 제안했을 때 하기 싫다는 의견이 많았다. 하지만 성사천은 원래 더러웠고 무조건 더럽기만 한 것인가??? 이것에 대해 이 동네 주민들과 학생들이 생각해 보아야 한다. 이 성사천은 본래 2급수로 지정되었었다. 하지만 쓰레기를 많이 버리고, 폐수가 증가하여 3~4급수의 생물들이 사는 상태가 되었다. 성사천에 대해 관심을 가졌다면 이런 일이 벌어졌을까?? 요즘은 서정초 6학년들의 쓰레기 줍기 활동과 환경단체의 쓰레기 줍기 활동으로 점점 나아지고 있다.

서정초 6학년이 성사천에 나가 생물을 조사한 결과 거기에는 여러 가지의 꽃들과 생물들이 살고 있다는 것이 확인되었다. 토끼풀, 붉은토끼풀, 벌노랑이, 벌사상자, 소리쟁이, 갈대, 개망초 등 많은 생명체들이 살고 있다. 이것들을 이곳 주민들과 서정초에 다니는 학생들에게 널리 알리기 위해 캠페인을 하였다고 한다. 캠페인을 통해 많은 사람들이 관심을 가졌다. 이곳 주민들이 성사천을 위한 활동과 이곳에 대한 생각을 가지고, 이곳을 더 깨끗이 만들기 위해 할 수 있는 방법을 생각해보아야 할 것이다. 성사천처럼 보이는 것만 믿지 말고 진짜 진실이 무엇인지 잘 알아야 한다.

_환경부 ○○○ 기자

아이들 스스로 쓴 진실과 거짓 신문기사입니다. 그동안 마을에 있던 성사천에 대한 오해에 대한 의문으로 시작된 조사와 글쓰기는 진실과 거짓에 잘 어울리는 글이라 생각했습니다.

2. 증강현실

　모든 것에 뿌리가 있듯이 스마트 교육도 결국 그 뿌리는 아날로그적 사실들이 아닐까요? 새로운 시대에 새로운 교육이 필요하기에 정보화 기기들에 대한 교육도 필요하다 생각했답니다. 하지만 주의 할 점은 정보화 기기가 아무리 발전된 형태로 나온다고 하더라도 아날로그의 삶이 전부 바뀌지는 않습니다. 그 말은 아날로그적 표현 방식은 계속 이어지게 될 것이고 결국 그것이 스마트 교육의 뿌리가 될 수 있다는 것이겠죠.

　'증강현실' 참 말이 어렵습니다. 'Augmented Reality'라는 영어를 우리말로 표현하면 증강현실이 된다고 하네요. 좀 더 쉽게 말하면 '현실과 가상을 혼합한 '혼합현실' 정도 되는 것이죠. 제가 증강현실에 관심을 가지게 된 것은 영화를 통해서였습니다. 〈미션임파서블〉에 등장하는 주인공이 눈 속에 콘택트렌즈를 하고 다니는데 현실 속 인물을 보는 순간 그 인물에 대한 정보들이 눈앞에 펼쳐지더군요.

　영화 속에서만 가능한 것이 아니라 최근 아이들이 가지고 다니는 스마트폰에서도 증강현실이 가능하다는 것을 알게 되었습니다. 그리고 이러한 증강현실은 지금의 아이들에게는 너무나 자연스럽게 사용될 과학기술이 될 것이라 생각했고요. 그렇다면 증강현실을 사용하는 방법을 알려주면 되는 것일까요? 저는 스마트 교육의 의미가 단순히 정보 기기를 다루는 능력을 키우는 데 있다 생각하지 않습니다. 스마트 교육의 진정한 의미는 스마트 기기의 기본 원리에 대해 이해하고 적용하는 것이 아닐까요? 그리고 이러한 증강현실에서 보이는 모습이 현실을 있는 그대로 볼 수 없는 현실과 우리 사이에 무엇인가 하나의 투명한 벽이 존재함을 이야기 할 수 있을 거라는 확신이 들었습니다.

　상당히 어려운 이야기요? 그런데 놀라운 것은 이렇게 우리 어른들에

"증강현실"

우리가 보는 세상은
혹시 이런 창은
통해서 보는
세상이 아닐까?

게는 어렵게 느껴지는 증강현실에 대해 아이들은 너무도 쉽게 받아들인
다는 것입니다. 아이들은 이러한 새로움에 대한 거부감이 적다고 해야 할
까요?

국어시간에 아이들은 고유어, 외래어, 한자어, 외국어를 분류하는 것
에 대해 배우게 됩니다. 이렇게 교과서 속의 분류방법만을 배우는 것은
어떤 의미나 재미를 느낄 수 없습니다. 하지만 이것을 배우는 것과 동시에
증강현실을 적용할 수 있다면 아이들은 그 속에서 새로운 것을 찾아낼
수 있지 않을까요? '나 너 그리고 우리' 주제에서 배웠던 스마트 교육을
연결시킬 수 있지 않을까요? 그리고 우
리가 접하는 많은 것들에 이미 무엇인가
투명한 벽이 존재한다는 것을 체감할 수
있지 않을까요?

"선생님, 그렇다면 우리가 보고 있는 지
금 이 모습들이 진짜가 아닐 수도 있겠

네요? 과학시간에 배웠던 '본다'와 '보인다'의 차이점을 좀 알 것 같아
요."

"그럼. 그래서 진실을 볼 수 있는 눈을 가지도록 계속 노력해야 하는
것이 너희들이 해야 할 배움의 모습 중 하나라 생각해!"

3. 씨앗 뿌리기

'열매의 다른 이름은 씨앗!'에서 이야기 했던
부분입니다. 한 학기 동안 자신의 손으로 직접 작
성한 공책과 스케치북. 그것을 바라보며 흐뭇한
미소와 마음을 갖는 것. 결국 그것이 마음 속 새
로운 씨앗으로 자리 잡는 것. 자기주도학습의 첫
시작이라 생각합니다.

4. 외로움은 나의 친구

'외로움은 고통의 시간일까? 아니 오히려 나를 성장시키는 진정한 친
구의 이름이 아닐까?'

화장품 회사로 유명한 〈샤넬〉의 창업주 샤넬은 '외로움'을 진정한 친
구로 삼았다고 합니다. 그리고 그 시간 동안 자신을 점검하는 시간을 가지
며 외로움을 소중히 여겼다고 하네요. 외로움은 고통의 순간이 아니라 나
를 성장시키는 소중한 시간이며 진정한 친구이지 않을까요?

자존감을 높인다고 우리는 너무 자주 칭찬을 해 줍니다. 하지만 이런 칭찬은 자칫 그 아이가 소중히 키워야 할 '자신을 돌아보는 시간'을 빼앗아버리는 것은 아닐까요? 스스로를 마주하기 보다는 다른 사람이 이야기 해 주는 자신의 모습만 보게 될 수도 있으니까요. 여름방학과 겨울방학 등 방학을 맞이한다는 것은 지금보다 혼자 있는 시간이 많다는 이야기입니다. 외로움과 마주하는 시간이 길어지는 기간이 방학인 것이죠.

"모두 자신의 의자위에 올라가보렴. 그리고 양팔을 뻗어보자! 여름방학은 지금 여러분이 의자 위에 각자 올라가 양팔을 뻗어서 확인한 것처럼 혼자만의 시간이 많을 거예요. 외로워진다는 말이죠. 하지만 슬퍼하지 않았으면 좋겠어요. 왜냐하면 외로움은 나를 성장시키는 진정한 친구일 수 있으니까요."

1학기를 정신없이 달려온 아이들과 혼자만의 시간이 왜 중요한지 생각해 보는 시간을 가졌습니다. 나를 돌아본다는 것. 그것은 새로운 나를 만나는 새로운 길이라 믿으니까요.

5. 쿵푸팬더

개인적으로 〈쿵푸팬더〉라는 영화를 무척 좋아합니다. 단순히 재미있는 애니메이션이라는 것을 떠나 교육적으로 중요한 메시지를 많이 가지고 있다 생각해서입니다. 영화에서 나오는 주인공인 팬더는 무술도 못하고 먹는 능력만 발달되어 있었죠. 하지만 좋은 스승을 만나 새로운 영웅으로 탄생하게 됩니다. 그런데 그냥 연습을 많이 해서 새로운 영웅이 된 것이 아니라 스스로의 깨달음을 통해 영웅이 되죠. 바로 '용의 문서'를 보고서 말이죠.

영화 속에서 용의 문서는 엄청난 무술 비법이 적혀있는 전설의 문서죠. 그래서 그것을 차지하기 위해 싸움을 하게 된답니다. 주인공 팬더는 용의 문서를 먼저 볼 수 있는 기회를 가졌죠. 그런데 용의 문서를 보는 순간! 네, 다들 알다시피 용의 문서에는 아무런 비법도 적혀있거나 그려져 있지 않았죠. 그저 용의 문서를 보고 있는 자신의 모습만이 비춰졌을 뿐.

처음에는 이것이 무엇을 의미하는지 알지 못하던 주인공 팬더는 곧 깨닫게 됩니다. 결국 중요한 것은 '자기 자신을 믿는 마음'이라는 사실을 말이죠. 영화를 보는 내내 이 부분이 마음 가득히 저에게 다가왔고 그 마음을 '세상에서 가장 소중한 보물' 활동으로 표현하게 되었습니다.

'세상에서 가장 소중한 보물'은 저 멀리 어딘가 있는 것이 아니라, 바로 '나'라는 사실을 아이들과 함께 나누게 되었습니다. 여름방학 동안 힘들고 어려운 일이 있을 때 자신을 다시 돌아보며 힘을 내기를 바라는 우리 교사들의 마음이 들어있다고 해야 할까요?

"선생님~ 저 울 뻔했어요. 정말 고맙습니다. 정말 고맙습니다. 정말~"

6학년 여학생. 한창 예민하게 반응하고 쉽게 외로움을 타는 녀석이 방학식 날 저에게 와선 눈물을 글썽거립니다. 고맙다고 말하면서 말이죠.

새로운 수업 지도안 - 통찰과 구조

수업공개. 여전히 교사에게는 어려운 일입니다. 하지만 그 어려움이 무엇인가를 보여주어야 한다는 부담감 때문만은 아닙니다. 2013년 7월경 미국 애리조나주의 교육감 일행이 경기도의 혁신학교와 관련된 교실수업을 보고 싶어 한다는 연락이 학교로 왔습니다. 한마디로 수업을 공개해 달라는 말이었죠. 그래서 고민하기 시작했습니다. 어떤 수업을 보여주어야 할지 말이죠. 과연 어떤 수업을 보여주어야 하는 걸까요? 그런데 이런 생각이 들더군요.

'어떤 특별한 수업을 보여주는 것이 무슨 의미가 있지? 그냥 내가 하던 수업을 공개하면 되는데? 그런데 문제는 그 수업이 어떤 수업인지 어떻게 알려야 할까? 더군다나 그 수업이 전체 교육과정 운영의 어디 정도에 있는지 어떻게 알려주지?'

말도 잘 통하지 않고 수업도 달랑 1시간 정도 볼 텐데 무엇을 해야 할지 막막하더군요. 그런데 그때 떠오른 생각이 있었으니 바로 '꿈꾸는 아이들'에서 이야기했던 이미지의 위대함이었죠. 그래서 지금 하고 있는 주제의 전체 모습을 그림으로 표현했답니다. 그리고 그림에 대한 설명은 단 두 문장으로 정리했죠. '통찰'과 '구조'라고 말이죠.

통찰은 이번 수업을 준비하며 내가 생각하는 저만의 성찰의 내용이 들어가 있고, 구조에는 지금 이 수업이 전체 교육과정 중 어디에 있는지 알려주는 역할을 하는 거라 생각했죠. 이렇게 그림으로 표현하고 나니 외국에서 오신 분들도 쉽게 지금의 수업이 어떤 것인지 파악할 수 있었던 것 같습니다. 그림은 세계 어디를 가건 통하는 만국공통어가 아닐까요?

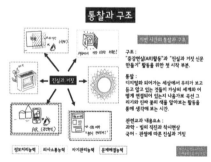

지금도 많은 교사들이 수업을 제대로 해 보기 위해 노력합니다. 그리고 많은 공개수업을 준비하고 있죠. 그래서 한 가지 제안을 드리고 싶습니다. 수업을 보는 분이나 수업을 하는 분 모두가 단위수업 자체만을 두고서 이 수업이 어쩌고 저쩌고 논의하지 말고, 수업자의 통찰과 수업이 교육과정상에서 위치하는 전체 구조를 중심에 두고 서로 이야기를 나누면 좋겠다고 말이죠. 교육과정이 중심이 되는 수업이라면 이런 방법이 더 좋지 않을까요?

6장

여름방학

: 나만의 자기주도학습 베이스캠프 세우기

방학숙제!

저는 학교 다닐 때 방학숙제를 방학 끝나기 전 일주일 남겨두고 아주 열심히 하던 어린이였답니다. 그동안 밀린 일기 한 달치를 한꺼번에 쓰는 신공을 보였었죠. 오늘의 날씨 같은 건 그리 중요하지 않았어요. 그리고 매일 아빠와 바둑 둔 이야기만 잔뜩 넣어놓는 거죠. 그래도 상관없었으니까요. 물론 일기만 그렇게 한 건 아니랍니다. 그리기 몇 점, 만들기 몇 개, 스크랩 북 만들기 등도 방학이 끝나기 전에 바로 해치워 버렸죠. 그런데 여러분의 방학은 어떠셨나요? 요즘 아이들의 방학도 예전에 제가 어렸을 때와 크게 다르진 않아 보였는데 말이죠.

"선생님, 저는 방학보다 학교 오는 것이 더 좋아요. 방학이라고 해 봐야 맨날 학원 다니고 더 힘들어요. 엄마 잔소리도 더 심해지고요."

요즘의 아이들에게는 방학이 방학 같지 않은 경우가 많은 것 같아 보

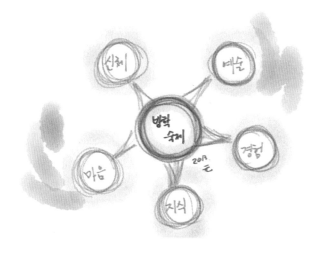

였습니다. 그렇다고 방학 내내 아무것도 하지 않고 있다가, 학교로 오는 것 또한 바람직해 보이진 않았죠. 그래서 생각한 것은 방학을 진정한 자기주도학습의 기회로 삼을 수 있도록 하는 거였죠. 그래서 방학숙제를 주긴 하지만 무엇을 해야 한다는 방학숙제는 주지 않으려고 했답니다. 그럼 어떤 방학숙제를 내 주었을까요?

"이번 여름의 방학숙제는 여러분이 하고 싶은 것을 정하고 그것을 해 오는 거랍니다. 우리가 1학기 동안 주제를 중심으로 공부해 온 것처럼 여러분이 여름방학 동안 스스로 공부할 주제를 정하고 그 결과물을 제출하면 되는 거죠."
"선생님! 영화를 주제로 잡고 영화만 봐도 되나요? 아니면 축구를 주제로 잡고 축구만 신나게 하는 것은 안 되나요?"
"물론 됩니다. 단, 영화나 축구 어떤 것을 하더라도 그 속에서 어떤 배움이 일어났는지 선생님이 알 수 있게 표현해서 와야 해요."
"어떻게 하면 그걸 표현할 수 있어요?"
"우리가 그동안 주제별로 그렸던 주제망을 한번 꺼내서 볼까요? 주제 망을 보면 5가지 영역으로 나눠져 있죠? 지식, 경험, 예술, 신체, 마음

이렇게 말이죠. 여러분이 주제를 정하는 건 자유지만 영역은 이러한 5가지를 유지해 주세요. 그리고 그 영역에 맞는 활동들을 하고 결과물을 가져 오면 되는 거랍니다."

축구를 주제로 정한 남자 친구는 축구 안에 어떤 지식이 있는지 어떤 마음이 있을지 고민하는 모습이고, 영화를 주제로 정한 친구들도 마찬가지로 각 영역에 맞는 계획을 짜느라 분주했습니다. 이제까지 주제별로 만

들어진 주제망은 교사들이 주도해서 만들었고 그 실행에서 아이들이 주도적으로 참여했다고 했는데, 방학숙제로 주제를 정하는 활동에서는 아이들이 직접 정하고 직접 참여하는 상황이 자연스럽게 만들어졌습니다. 이것이 가능한 이유는 국가수준교육과정과 별개로 운영할 수 있기 때문이지요. 굳이 교육과정과 큰 연관이 없다 하더라도 아이들이 원하는 것을 자유롭게 할 수 있는 것. 그것이 방학의 가장 매력적인 요소가 아닐까요?

아이들은 나름 주제를 정해놓고 영역별 활동들을 해 온 결과물을 가지고 학교로 돌아왔죠. 그리고 몇 몇 친구들은 그것에 대해 발표하는 시간도 가졌고요. 아이들은 이렇게 말하더군요.

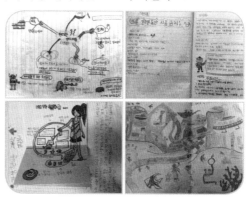

"처음에는 막막하다는 생각도 들었어요. 그런데 이미 1학기 내내 주제를 중심으로 주제망을 그리면서 활동해서인지 금방 주제를 잡을 수 있었죠. 그리고 영역별로 되어 있어서 나름 더 체계적이었던 것 같아요. 이제까지 해 왔던 방학숙제랑은 많이 달랐고 재미있었어요."

주제중심교육과정은 교사 위주만의 교육과정 운영이 아니랍니다. 항상 교사와 학생이 함께 오르락내리락하는 관계가 우리의 교육과정 운영의 모습이랍니다.

7장

아! 대한민국
: 독도! 진정한 나라사랑의 시작

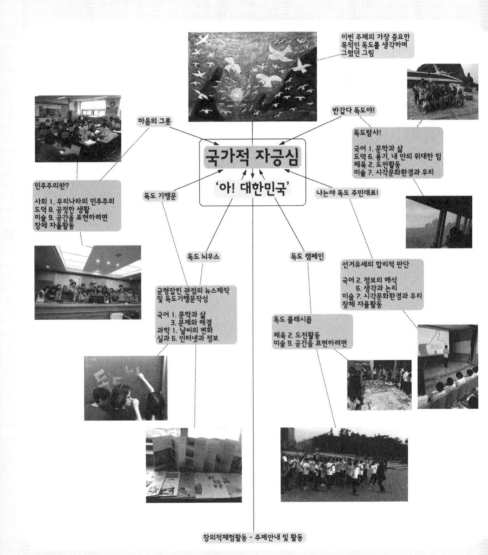

이번 주제의 가장 중요한
목적인 독도를 생각하며
그렸던 그림

반갑다 독도야!

마음의 그릇

국가적 자긍심

독도탐사!
국어 1. 문학과 삶
도덕 6. 용기, 내 안의 위대한 힘
체육 2. 도전활동
미술 7. 시각문화환경과 우리

민주주의란?
사회 1. 우리나라의 민주주의
도덕 8. 공정한 생활
미술 9. 공간을 표현하려면
창체 자율활동

독도 기행문

'아! 대한민국'

나는야 독도 주민대표!

독도 뉴우스

독도 캠페인

선거유세의 합리적 판단
국어 2. 정보의 해석
6. 생각과 논리
미술 7. 시각문화환경과 우리
창체 자율활동

균형잡힌 관점의 뉴스제작
및 독도기행문작성
국어 1. 문학과 삶
3. 문제와 해결
과학 1. 날씨의 변화
실과 6. 인터넷과 정보

독도 플래시몹
체육 2. 도전활동
미술 9. 공간을 표현하려면

창의적체험활동 - 주제안내 및 활동

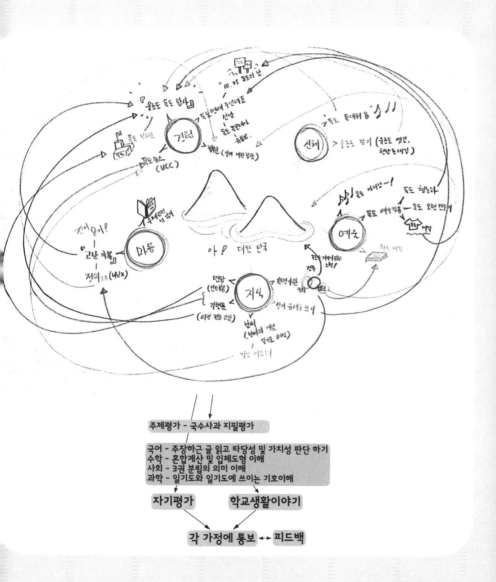

주제평가 - 국수사과 지필평가

국어 - 주장하근 글 읽고 타당성 및 가치성 판단 하기
수학 - 혼합계산 및 입체도형 이해
사회 - 3권 분립의 의미 이해
과학 - 일기도와 일기도에 쓰이는 기호이해

자기평가   학교생활이야기

각 가정에 통보 ←→ 피드백

요즘은 일반적으로 가족과의 여행이 예전보다 많아져서 웬만한 곳은 이미 다녀온 친구들이 많습니다. 예전에 제가 어렸을 때만 해도 경주 같은 곳은 엄청나게 멀고도 낯선 곳이었지만, 지금은 너무도 쉽게 그리고 많은 정보들을 얻을 수 있지요. 이런 상황에서 과연 고학년 아이들이 매년 떠나는 수학여행은 어떤 의미가 있어야 할지 고민했습니다. 배움을 중심에 둔 수학여행은 과연 어떤 모습일지, 그리고 어느 곳을 가면 좋을지 등에 대해서 말이죠. 그 고민의 끝에 만난 것이 바로 '독도'랍니다. '아! 대한민국'의 주제는 독도 이야기입니다.

1. 독도야 반갑다!

2009년 가을, 제가 근무하던 학교 옆 미술전시관에서 '독도 古지도 전'이라는 전시회가 열렸습니다. 독도에 대한 역사적 사실들을 알 수 있는 좋은 전시회였지요. 바로 옆 학교라는 이유로 그곳에 초청받아 갔습니다.

아이들과 그곳을 둘러보던 중 정광태 선생님을 만났습니다. 〈독도는 우리 땅〉이라는 노래를 만든 분을 말이죠.

우리 고장에 이렇게 독도에 관심이 많은 분들이 계셨고, 특히 어릴 때부터 듣던 〈독도는 우리 땅〉 노래를 부르신 정광태 선생님을 뵙게 되어 정말 영광이죠. 그래서일까요? 독도는 그저 저 멀리 나와는 관계없어 보이던 섬이었는데, 어느 순간 제 마음 깊은 곳에 자리 잡기 시작했던 것 같습니다. 그 마음이 의미 있는 수학여행을 찾던 저에게 다가왔답니다.

'독도를 가려면 새벽 4시에 출발해서 4시간 버스를 타야하고, 다시 3시간 배를 타고 울릉도를 들어 가야해. 그리고 마지막으로 3시간 가까이 배를 타고 가야 독도를 볼 수 있다고 하는데, 너무 힘든 일정일 것 같아. 하지만 이런 일정이기에 가족과 함께 독도를 가는 것이 어렵지 않을까? 학교니까 배움을 생각하며 이런 어려움을 이겨내고 독도를 갈 수 있지 않을까?'

위와 같은 생각으로 독도를 가기로 결정했습니다. 하지만 그냥 독도를 다녀오는 것은 의미가 없다 생각했죠. 그 고생을 하고 다녀올 텐데 이왕이면 큰 의미를 찾고 싶었죠. 아무튼 독도를 가기로 결정하고 나니 마음이 급해졌습니다. 아이들의 마음도 다져야 했지만 제 마음도 다져야 했습니다. 그만큼 마음의 부담감은 컸답니다. 그 부담감을 4년 연속 가지게 될 줄은 모른 채 말이죠.

2013년 8월 28일 오후, 독도에 도착했습니다. 4번째 독도와의 만남이었죠. 아이들은 독도에 내려 환호성을 지르기도 하고 기념 촬영을 하기도 하였습니다. 저 또한 마찬가지였지요. 그리고 바로 이어서 벌어지는 '독도 플래시몹' 한판! 6학년 아이들 모두 한 마음으로 목이 터져라 노래 부르며 독도 플래시몹을 펼칩니다. 주변의 시선은 중요치 않았답니다. 모두 한마음으로…….

독도는 돈만 내면 갈 수 있는 곳은 맞습니다. 하지만 우리 아이들과는 그렇게 다녀올 수 없었습니다. 만약 그렇게 다녀올 거였다면 아마 절대 가지 않았을 것입니다. 독도를 통해 우리나라에 대한 마음과 더불어 6학년 생활의 중간 지점으로 6학년이 하나 되는 경험을 하기 위해 독도를 다녀왔습니다.

혼자서 가족과 다녀올 수도 있겠지요. 하지만 친구와 함께 그리고 선생님과 함께 다녀온 독도는 모두가 함께 다녀온 곳으로 더 큰 의미가 있다 생각합니다. 그리고 그 힘은 10월 25일인, '독도의 날'에 독도를 알리는 캠페인에서 다시 한 번 분출되지요. 우리가 사는 고장의 제일 번화한 거리에 아이들은 당당히 서서 다음과 같이 외칩니다.

"독도는 한국의 땅이고 영토입니다. 독도에 대해 더 많은 관심을 가져 주면 고맙겠습니다. 독도는 우리 땅입니다!"

수줍어서 평소에는 고개도 잘 들고 다니지 않던 녀석도 목소리 높여 외치며 거리를 휘젓고 다닙니다. 이것이 가능한 이유는, 이미 이 아이들은 6학년으로서 하나가 되었기에 가능했겠지요. 혼자선 외롭고 두렵지만 함께 하기에 할 수 있다는 마음. 독도를 다녀오고 독도의 날을 기념하는 활동까지 하는 것. 단순히 추억을 만들고 독도를 다녀온 스펙을 넘어 모두가 하나 되는 마음을 얻을 수 있었던 소중한 활동이었답니다.

4회 독도 입도, 그리고 '꿈'

무엇인가를 간절히 원하는 사람의 꿈은 이루어진다고 한다. 단, 그 꿈이 개인의 욕심에 의한 것이나 허황된 꿈이 아닐 경우에 말이다. 올해로 네 번째 독도 입도를 하고 왔다. 매년 이맘때가 되면 독도에 내려서는 꿈을 꾸었고, 그 꿈이 이루어지는 것을 겪으며 위의 말을 믿게 되었다. 우리 모두의 염원이었던 독도 밟기. 어떻게 네 번이나 연속해서 가능했을까? 열 번 가면 두세 번 정도만 내릴 수 있다고 하는데……

나만의 개인적 욕심이 아니라 우리 모두의 꿈이었기에 가능하지 않았을까? 독도를 가겠다고 결정하는 순간 반드시 이야기하는 한마디는 이러한 모두의 염원을 표현한다.

'우리 모두의 염원이 필요합니다. 모두 간절한 마음으로 기원해 주세요.'

허황된 꿈이 아닌 철저한 준비를 통한 독도탐사라서 가능?

2010년, 독도를 들어가는 것이 어떤 것인지 전혀 모르던 그 때와 비교해보면 지금은 언제 독도를 가야하는지 어떻게 준비해야 하는지 정말 많은 것들을 알고 있다. 처음에는 그냥 독도는 들어갈 수 있는 곳이라 생각했고, 시기별로 어떤 영향이 있는지도 몰랐는데. 어느새 여름 극 성수기를 지나서 가야 하고(비용문제 등 해결), 여름과 가을의 태풍의 진행 상황을 잘 파악하고 그 틈새를 이용해야 하며(태풍이 오기 전에 혹은 태풍이 막 지나간 시기 등) 독도 입도를 위해 동원할 수 있는 모든 루트를 통해 입도를 위한 작업(?)도 필요하다는 것이다. 그것과 더불어 독도에서의 짧은 시간(20여분 남짓) 무엇을 할 것인지 철저한 시뮬레이션을 통한 준비까지. 독도를 가기 전과 다녀온 후가 연계되는 교육과정 재구성. 독도 탐사를 위한 관리자와 학부모가 함께 참여하는 독도탐사협의체 구성과 회의까지. 이 모든 준비가 비록 복잡하고 어려움도 있지만 이러한 과정을 거쳤기에 독도에 대한 꿈이 허황된 꿈이 아닌 현실적이고 구체적인 꿈이 되었다 생각한다.

독도를 4번이나 연속으로 아이들과 다녀온 것은 그 자체로 특별한 일임에 틀림없을 것이다. 하지만 더 중요하고 특별한 것은 이러한 꿈이 이루어질 수 있도록 모두가 함께 한 마음으로 염원하고, 계획을 실천하는 데 함께 한 분들이 있어서 가능했다 생각한다.

'독도탐사 그것은 우리 모두의 탐사다.'

_2013. 8.30. 이경원

서정초는 개교와 동시에 혁신학교가 된 학교라 말씀드렸었죠? 아무래도 개교하는 학교였기에 부족한 부분도 많았겠지만, 그 반면 새로운 것을 시도하기에 좋은 여건이기도 하였답니다. 그래서 개교와 동시에 기존의 학교들이 하던 조직체계에 대한 반성부터 시작할 수 있었죠. 그 반성 중 하나가 초등학교에서의 학급임원제도였습니다.

대부분의 학교에서 오랫동안 관행처럼 유지되어 온 제도 중 하나가 학급임원제도일 것입니다. 제가 어릴 때도 반장선거가 있었으니까요. 그런데 최근에는 반장 말고도 회장이라는 새로운 역할도 생겼더군요. 반장과 회장이 무엇이 다른지는 잘 모르겠지만 말이죠. 아무튼 이런 임원제도를 그냥 무작정 도입하지 않고 다시 성찰하며 바라보았답니다. 그리고 내려진 결론은 임원제도의 폐지였습니다. 그 대신 '다모임제도'의 활성화에 주목하게 되었죠.

다모임제도라는 것은 쉽게 말해 직접 민주주의라고 할 수 있을 것 같습니다. 임원제도가 대의 민주주의라면 말이죠. 어떤 사항을 처리할 땐 모두가 함께 모여서 처리하는 방식을 다모임 형태라 이야기하는데 , 보통 시골의 작은 규모의 학교들에서 많이 볼수 있었던 제도였죠. 하지만 우리처럼 도시에 있는 규모가 나름 큰 학교는 다모임제도가 어렵답니다. 전교생이 다 모여야 하니까요. 하지만 '학년다모임'은 가능하지 않을까요? 그래서 학년이 함께 모여 회의하고 결정하는 학년다모임이 중심이 된 새로운 제도가 만들어졌답니다. 그리고 학년다모임도 결국에는 교육과정 속에 녹아들어가게 되었지요.

'교육과정 멘토링' 부분에서 인성교육과 교육과정은 따로 떼어놓고 볼수 없다 이미 말씀드렸을 겁니다. 마찬가지입니다. 아이들의 리더십이나 민주시민의식은 임원제도를 통해 선출하는 과정이 제도화 되어 있다고 해서 길러지는 것이 아니라, 모두가 함께 참여하고 그 속에서 자신의 의사를 당당히 밝힐 수 있는 문화 속에서 나온다고 생각합니다.

그리고 그러한 자신의 의사를 끌어낼 때도 아이들의 삶 속의 문제에서 끌어내야 하겠지요. 여기서 제가 생각한 아이들의 삶 속의 문제라는 것은 각 개인의 개인적 문제를 처리하는 것보다는, 우리 모두가 함께 나아가야 할 것에 대한 염원을 처리해 나가는 것이라 생각했고, 그것이 결국에는 교육과정 속에 녹아들어가야 한다 생각했죠. 너무 거창한가요? 어렵지만 불가능하진 않습니다.

2010년 독도를 다녀온 사람들은 '독도명예주민증'이라는 것을 받을 수 있다는 것을 알게 되었습니다. 전제 조건은 독도를 다녀온 사람만이 받을 수 있다는. 그래서 함께 독도를 다녀온 우리 모두는 '독도명예주민'이 되는 것이죠. 이왕 독도명예주민이 되었다면 이것을 실전으로 옮겨보고 싶었습니다. 마침 6학년 국어에는 선거유세에 대한 단원이 제시되어 있고요. 자! 무엇을 했을 것 같습니까? 네! 맞습니다. 아이들과 함께 독도명예주민 대표 선발을 위한 선거를 치렀답니다. 수업시간에 배운 선거유세문 쓰기를 실전에서 사용해 보는 것이죠. 반별 경선을 거친 친구들이 반대표가 되어 학년다모임의 자리에서 자신이 왜 독도명예주민 대표가 되어야 하는지 선거유세를 펼칩니다. 아이들은 진지한 자세로 선거유세를 판단하지요. 기존의 선거용지가 아닌 우리만의 객관적인 지표를 포함한 선거용지를 가지고서 말입니다.

어떤 분들은 이런 우리의 학년다모임이 정기적이지 않고 형식화 되어 있지 못하다고 걱정하는 분들도 계십니다. 하지만 저는 전혀 걱정되지 않았습니다. 그리고 그 걱정이 기우였다는 것이 중학교에 올라간 졸업생들을 통해 조금은 드러났답니다.

"선생님, 올해 ○○중학교 전교회장이 정훈이가 되었어요. 전교 부회장 두 명도 낙현이와 민준이에요. 서정초 아이들이 다 된 거예요."

리더십이나 민주시민의식은 단순히 어떤 직책을 뽑거나 뽑힌다고 생기지 않는다 생각합니다. 왜 내가 그 직책을 가져야 할지 심각하게 고민하고, 그 고민의 끝에 도전해야하며, 또한 도전을 진지하게 바라보는 마음을 가졌을 때 진정한 리더십과 민주시민의식이 생기는 것은 아닐까요? 독도명예주민 대표가 된 친구들. 선생님들과 함께 독도의 날 캠페인을 위해 회의를 진행하고 아이들의 의견을 듣습니다. 그리고 실전의 맨 앞에 당당히 섰답니다. 그 모습이 아름답습니다.

3. 마음의 그릇

저는 문구점에 놀러가는 것을 좋아합니다. 그곳에 쌓여 있는 문구류들, 특히 스케치북이나 색연필을 보는 재미가 쏠쏠하답니다. 그러다 마음에 들면 덥석 사는 바람에 집에 스케치북이 넘쳐나는 진풍경이 연출되기도 하지만요. 그날도 여느 때와 마찬가지로 문구점을 탐방하고 있었습니다. 그러다 문득 눈에 들어온 목판 하나. 이렇게 두꺼운 목판이 있었나 하는 생각도 잠시. 어느새 그 목판은 제 손에 들려있었고 집으로 향하는 발

걸음 중이었습니다. 집으로 돌아온 저는
그 목판에 이렇게 글씨를 썼죠.

'마음의 그릇'

매년 아이들과 만나면 항상 이야기하는 마음의 그릇. 그것을 글자로
멋있게 새겨보고 싶었습니다. 나무를 만지며 파내는 동안 제 마음이 더
깨끗해지고 차분해지는 느낌이었습니다. 이 느낌이 좋아서 시작된 사회과
정치수업이 지금부터 이야기 할 내용입니다.

마음의 그릇을 나름 멋있게 파내고 나니 아이들과 이 수업을 해 보고
싶었죠. 그런데 마침 공부해야 하는 것이 사회과 정치단원. 정치단원은 개
인적으로 좀 싫어하던 단원입니다. 왜냐하면 너무 내용이 많아요. 그런데
시간은 너무 적지요. 도대체 누가 교육과정을 만들었는지? 그래서 아이들
과 항상 이 부분을 배울 때는 허덕이며 배웠던 것 같습니다. 여유가 없는
곳에 배움이 일어날리 만무했죠. 그저 사회과목은 외워야 할 것이 많은
재미없는 과목이 되어버리기 일쑤였지요.

아무튼 아이들에게 목판 하나씩 사 주었습니다. 학습준비물로 사주
면 되니 크게 걱정하지 않아도 되었습니다. 목판 하나와 정치관련 부서
의 심벌마크 하나. 그리고 그 마
크를 조각하게 하였습니다. 언제
요? 집에서 공부하다 지쳐 쓰러
질 것 같으면 하라고 했죠. 물론
아이들은 전혀 그럴 생각이 없었
지만요. 집에서 조각만 하다 엄
마에게 잔소리를 잔뜩 들은 아

이들은 하나 둘 약속이나 한 듯이 모두 교실에 가져와 쉬는 시간이면 자신이 맡은 목판에 심벌마크를 조각하기 시작했습니다. 온 교실 가득히 나무향이 진동하더군요. 첫 시작은 제 욕심에 시작했죠. 목판을 파는 일이 즐거웠으니 너희들도 해 보면 좋겠다는 욕심이요. 그런데 '꿈꾸는 아이들'에서 이야기 했던 것처럼 아이들은 이미지에 무척 강합니다. 자신들이 파고 있는 심벌마크가 이미지로 아이들의 머릿속에도 각인되고 있었던 것이죠.

"선생님 제가 뉴스를 보는데 제가 파고 있는 마크가 나왔어요!"
"저기에 재욱이가 파고 있는 마크가 있어요!"
"여기에도 마크가 있어요!

아이들은 어느새 우리 주변의 온갖 정치 관련 마크들에 반응하기 시작합니다. 그전부터 있었던 마크들인데 전혀 보이지 않다가 이제 보이기 시작하는 것이죠. 사람들은 자신이 보고 싶은 것만 본다고 하잖아요? 한 번 이미지로 다가온 마크들은, 아이들에게 사회시간에 배우는 재미없고 딱딱한 정치의 여러 가지 부서들을 친근하게 다가오도록 만들었답니다. 마크를 조각하는 친구가 그 마크의 주인공이 되었으니 더욱더 그랬겠지요. 청와대 마크를 조각하던 친구는 당연히 대통령이 되었겠죠? 국회 마크를 조각하는 친구는 국회의원이 되었고요.

정치관련 단체 마크를 조각하며 다시 한 번 이미지의 위대함에 대해 생각했습니다. 아름답게 조각된 각 마크들은 다시 교실을 아름답게 꾸며 주었답니다. 애들아! 수고했다!

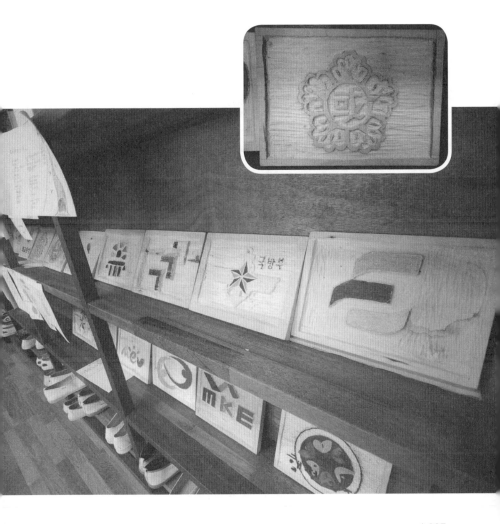

8장

지구별 세계일주
: 지구촌, 나는 세계시민이다!

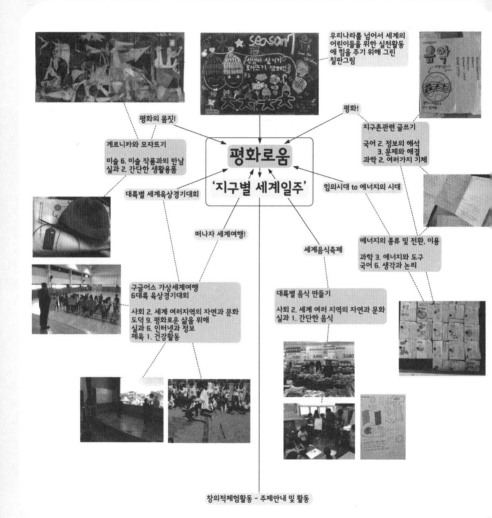

우리나라를 넘어서 세계의 어린이들을 위한 실천활동에 힘을 주기 위해 그린 칠판그림

평화의 몸짓!

평화!

게르니카와 모자뜨기
미술 6. 미술 작품과의 만남
실과 2. 간단한 생활용품

지구촌관련 글쓰기
국어 2. 정보의 해석
　　　3. 문제와 해결
과학 2. 여러가지 기체

평화로움
'지구별 세계일주'

대륙별 세계육상경기대회

힘의시대 to 에너지의 시대

떠나자 세계여행!

세계음식축제

에너지의 종류 및 전환, 이용
과학 3. 에너지와 도구
국어 6. 생각과 논리

구글어스 가상세계여행
6대륙 가상육상경기대회
사회 2. 세계 여러지역의 자연과 문화
도덕 9. 평화로운 삶을 위해
실과 6. 인터넷과 정보
체육 1. 건강활동

대륙별 음식 만들기
사회 2. 세계 여러 지역의 자연과 문화
실과 1. 간단한 음식

창의적체험활동 - 주제안내 및 활동

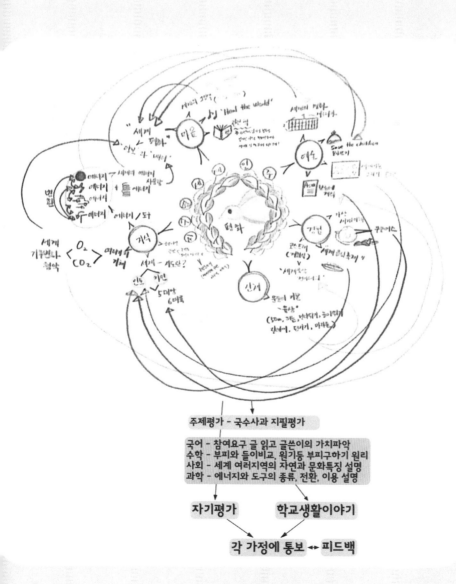

주제평가 - 국수사과 지필평가

국어 - 참여요구 글 읽고 글쓴이의 가치파악
수학 - 부피와 들이비교, 원기둥 부피구하기 원리
사회 - 세계 여러지역의 자연과 문화특징 설명
과학 - 에너지와 도구의 종류, 전환, 이용 설명

자기평가   **학교생활이야기**

각 가정에 통보 ↔ **피드백**

세계지도 그리기 – 이미지 활용 6
6대륙 – 공동체 3 : 학년 공동체 문화
세계 음식 축제 – 핵심역량 8 : 국제사회문화 이해, 의사소통 능력
구글 어스 – 스마트 교육 3 : 첨단 정보통신 활용하기
게르니카 – 핵심역량 9 : 범지구적 소양
평화 – 자기주도 글쓰기 3 : 정보력 + 비판적 사고력
세이브더칠드런 – 인성교육 8 : 세계평화를 생각하는 마음

2학년이 우리 마을을, 3학년은 우리 고장을, 4학년은 우리 고장이 속해 있는 경기도를, 5학년은 우리나라의 역사를, 마지막 6학년은 우리나라 전체와 세계로. 사실 초등학생에게 조금은 벅찬 구성의 교육과정은 아닌가 하는 생각이 들기도 했습니다. 하지만 국가에서 요구하는 교육과정 성취기준이 있기에, 이 부분을 어떻게 하면 의미 있게 배울 수 있을지 생각할 수밖에는 없었죠. 그래서 찾아낸 마음이 바로 세계평화랍니다. 세상의 아픔을 외면하지 않고 현재의 나는 어떤 환경에 살고 있는지 돌아보는 시간이 되기를 바라며 진행한 주제랍니다.

1. 세계지도 그리기

역사나 지리 같은 분야에서는 특히 그림의 중요성이 더 높은 것 같습니다. 아이들은 눈으로 보고 귀로 듣는 것으로 끝나는 활동은 직접 손으로 그리거나 써 본 것에 비해서는 쉽게 잊어버리는 모습을 보여주었습니다. 그래서 '지구별 세계일주' 주제의 시작은 세계지도를 그리는 활동부터 시작했습니다.

세계지도를 많이 보긴 했지만 그려보는 것은 대부분 처음인지라 다 그려놓고 보니 아프리카가 북반구로 쑥 올라와있거나, 남아메리카가 북아메리카의 자리까지 차지하는 이상한 세계지도가 완성되기도 한답니다. 잘못된 그림은 그 자리에서 바로 확인하고 다시 고쳐가며 세계지도를 완성해 가는 것이죠. 지도가 완성되면 무엇을 할까요? 네~ 이제부터는 모든 수업에서 이 지도를 활용하게 됩니다. 국어시간에 배우는 「시애틀 추장의 이야기」를 읽을 때는 얼른 세계지도를 펼쳐놓고

시애틀을 찾아보고 표시하는 것이죠. 콜럼버스의 이야기가 나오면 지도에다 콜럼버스의 항해 경로를 직접 표시해 본답니다. 왜 유럽인들이 지금의 미국 원주민들을 '인디언'이라 불렀는지 지리상으로 확인하면 더욱더 확실하게 알 수 있지요. 무엇을 하건 지도를 계속 활용하고 그 지도 또한 자신들이 직접 그리고 점점 내용을 채워가는 활동들. 결국은 자신들의 손으로 만든 자신들만의 세계지도를 완성해 내는 것. 아이들에게 왜 이미지를 통한 교육이 좋은지 마음 가득 느꼈던 활동이랍니다.

2. 6대륙

경쟁이 아닌 협력의 체제로 가려는 마음을 반영하여 우리 반 친구들은 모둠으로 앉는답니다. 같이 가까이 앉아 서로 나누는 모습이 지금의 아이들에게 필요하다 생각하기 때문이지요. 그런데 그 모둠이 총 6개랍니

다. 우연을 가장한 필연. 우리의 지구촌은 5대양 6대주라고 하지요. 그렇습니다. 각 모둠별로 하나의 대륙을 담당하게 되었습니다. 물론 아이들이 스스로 정하게 되는 것이죠. 같은 대륙을 원할 시에는 아이들과 제 의견을 조율해서 정했고요. 아이들은 그동안 해온 여러 가지 활동들을 통해 다른 사람과 함께 하기 위한 마음가짐을 잘 알고 있답니다. 아마 경쟁이 아닌 협력의 문화가 서로를 배려하는 분위기를 더욱더 크게 만들지 않나 싶습니다.

자! 그럼 이렇게 정해진 대륙이 어디에 쓰일까요? 이미 '아! 대한민국'을 통해 학년공동체를 진하게 느낀 아이들은 이번에 다시 학년공동체의 경험을 하게 됩니다. 바로 대륙을 통해서 말이죠. 무슨 말인고 하면 각 반마다 똑같이 대륙별 모둠을 만들었고, 그 말은 1반에도 아시아 대륙 모둠이 있고 2반과 3반에도 아시아 대륙 모둠이 있다는 말이죠. 유럽이나 아프리카 등도 마찬가지고요. 반은 다르지만 같은 대륙의 사람이 되는 것입니다. 진짜 지구촌이 형성된다고 해야 할까요?

이렇게 형성된 대륙별 아이들은 중요한 대회를 준비하는데, 바로 '대륙별 세계 육상 대회'입니다. 그래서 각 대륙별로 모여서 회의를 하는 시간을 가지게 된답니다. 당연히 6학년 전체가 섞여서 움직이게 되겠지요. 내 반 네 반 할 것 없이 말이죠. 왜냐하면 6학년은 이미 하나가 되었거든요.

대륙별로 모여서 회의를 하며 아이들은 자신의 대륙을 표현하는 브로셔(안내서)를 제작합니다. 브로셔에는 대륙에 대한 이야

기와 육상 대회에 출전하는 선수들 명단이 들어
가죠. 어떤 대륙의 아이들은 이름까지도 그 대륙
의 이름과 비슷하게 바꾸더군요. 역시 아이들은
재미있습니다. 이렇게 정해진 대륙별 육상 대회
의 준비는 각 반별로 체육시간에 진행됩니다. 굳
이 육상 대회를 생각한 이유도 체육교과의 육상
단원 때문이었죠.

드디어 육상 대회가 열리는 날. 아이들은 먼
저 개회식부터 준비합니다. 그냥 개회식은 재미
없잖아요? 그래서 아이들이 대륙별로 맞는 코
스프레를 준비한 후 참여하게 되지요.

교감선생님께서 오셔서 개회사를 해 주고 나
면 시작하는데, 여기서 중요한 것은 세계 육상
대회를 어떤 마음으로 해야 할지 생각해 보는 것
이죠. 바로 세계평화를 바라는 마음에서 서로
소통하는 장소가 바로 육상 대회의 의미라고 생
각하고 시작한답니다. 그것을 잘 보여주는 경기
가 바로 마라톤이죠.

마라톤의 유래에 대해서는 많이들 아실 것
입니다. 그러한 마라톤을 하며 평화에 대한 이야
기를 하고 싶었습니다. 아이들 마음속에 심한 경
쟁의 마음보다 다른 사람을 배려하는 마음이 자리 잡게 하고 싶었습니다.
그래서 마라톤에 5% 다른 것을 넣어주었답니다.

'일등은 자신에게 영광이지만 꼴찌는 모든 사람에게 감동을 준다!'

이와 같은 글자를 하나씩 들고서 마라톤 코스 중간 중간 어머님께서 서 계신 겁니다. 아이들이 마라톤을 완주한 것을 증명하려면 어머님들이 들고 계신 문장을 완성해서 말해야 하는 것이죠.

"헉~ 헉~ 선생님, 일등은 자신에게 영광이지만 꼴찌는 뭘까요?"
"선생님은 몰라. 끝까지 가 보면 나올 거야."

지치고 힘든 마라톤이지만 아이들은 그 속에서 또 다른 무언가를 생각하는 것처럼 보였습니다. 그리고 그것이 아이들 마음속에 자리 잡고 있다는 것은 마지막 꼴찌와 함께 들어가는 순간 알게 되었답니다. 어떻게요? 아이들이 모두 모여 큰 박수로 마지막에 들어오는 친구를 격려해 주거든요. 꼴찌는 모두에게 감동을 주니까요.

3. 세계 음식 축제

예전에 방송에서 어떤 학교의 학생들이 학교 근처의 시장에 직접 나가 실제 상인들을 만나 시장을 조사하고 물건을 사는 모습을 보았답니다. 그것을 보며 학교라는 울타리를 넘어서도 이렇게 좋은 배움의 모습이 펼쳐질 수 있다는 것을 알게 되었죠. 그리고 그것을 저도 적용해 보고 싶었습니다. 그래서 시작된 조금은 특별한 '세계 음식 축제' 이야기입니다. 무엇이 다르냐고요? 음식 축제를 하는 날은 하루 종일 음식 만드는 일에만 집중한답니다. 심지어 급식도 먹지 않고요. 미리 그 날은 영양사 선생님께 급식을 하지 않는다 말씀드리죠. 쉽게 말하면 하루 종일 음식 만들고, 그 음식을 먹는 날이라 보면 되겠습니다. 그런데 이걸로 끝이 아닙니다. 음식 축제의 핵심은 하루 종일 하는 축제라는 것과 동시에 부모님과 함께 한다는 점입니다.

"이번 세계 음식 축제를 위해 특별히 전학생 여섯 명이 왔어요. 모두들 인사하세요."

네. 새로운 전학생의 신분으로 부모님들께서 함께 하는 수업이랍니다. 덕분에 부모님들께서는 아이들과 하루 종일 학교에서 보내실 수 있습니다. 물론 음식을 만들기 위한 준비시간에도 함께 합니다. 부모님들께서 단순히 음식만 만들러 오지 않는다는 말입니다. 음식 만들기를 준비하는 수업시간에 미리 참석하는 것부터가 음식 만들기의 시작이죠. 그래서 그동안 아이들이 공부해 온 세계지도를 함께 보며 전 세계의 특징에 대한 간단한 브리핑을 듣고 자신들이 맡은 대륙

에 대한 자세한 정보도 얻게 됩니다. 그런 후 어떤 음식을 만들면 좋을지 탐색하는 활동까지 함께 하는 것이죠. 학생의 입장에서 말이죠.

"선생님, 그런데 아프리카에서는 무엇을 만들어야 할까요? 제가 집에서 고민해 보았는데 특별히 떠오르는 음식이 없어요. 혹시 흙으로

만든 파이, 이런 걸 먹어야 하는 건 아니겠지요?”

“너무 걱정 마세요. 어머니. 아이들과 수업시간에 찾아보면 분명 맛있는 음식이 나오지 않을까요?”

부모님의 입장으로 주도하는 것이 아닌 아이들과 함께 아이들 입장이 되어 참여하는 수업이 펼쳐지고, 그 결과로 세계 대륙별 음식을 만들 수 있었습니다. 음식 만들기를 하는 당일에는 바쁘답니다. 아침부터 자신들의 모둠이 어떤 음식을 만들지 그 대륙의 어떤 특징과 연계되어 있는지 발표를 하고, 그것이 끝나면 실제 장을 보러 떠나는 것이죠. 아이들은 모둠별로 필요한 것을 사러 학교 밖으로 나간답니다. 부모님들이 함께하기에 저 또한 든든한 마음으로 보낼 수 있고요. 마트에서 실제 장을 보고 그것을 가지고 하루 종일 음식을 만들고 서로 만든 음식을 나누는 일. 그날 하루 저는 전 세계의 음식을 다 맛볼 수 있는 아주 특별한 레스토랑에 있게 되는 셈이지요.

“아프리카에도 이렇게 다양하고 맛있는 음식이 있는 줄 몰랐어요.”

처음 아프리카로 모둠이 배정되었을 때 살짝 실망하기도 했던 아이들이 어느새 밝고 건강한 모습으로 이야기합니다. 빈부의 차이, 경제력의 차이가 행복의 순위를

만들 수 없다는 것을 아이들과 함께 나눌 수 있었습니다. 전 세계 어디를 가건 결국 우리는 모두 같은 사람들이기 때문이 아닐까요?

4. 구글 어스

'열매의 다른 이름은 씨앗!'에서 이야기 했던 것처럼 정보화 된 세상 속 아이들이라 하더라도 그 본질은 변하지 않았다 생각합니다. 하지만 주변 환경은 무척 달라졌고 그 환경에 대해 교사가 적절하게 안내해 주는 것이 필요하다 했었죠. 아날로그적 삶의 실천이 분명 본질이지만 그것만 가지고서 아이들을 대하기보다는, 빠르게 변화하는 정보화 세상의 물결도 접할 수 있도록 해야 한다는 이야기입니다. 그러려면 교사인 제가 먼저 그러한 정보화 기기들을 접해 보고 그것의 본질은 무엇인지, 그리고 아이들과 이것을 어떻게 만나게 해 줄 것인지 고민하는 것부터가 먼저였습니다.

어느 날 유튜브에서 아주 신선한 영상을 보았답니다. 정보화 기기가 발전하고 세상이 디지털화 되어서 정말 좋은 점 중의 하나는, 이렇게 내가 미처 생각하지 못한 새로운 것들을 쉽게 접할 수 있다는 것이라 생각합니다.

'Google Demo Slam: Route 66'라는 제목의 유튜브 영상으로, 주소는 http://youtu.be/PTeCqnBuDdU입니다. 영상 속 젊은이들은 구글 어스라는 구글의 프로그램을 이용해 가상으로 미국 대륙을 횡단하는 모습을 영상으로 올렸답니다. 마치 진짜 자동차를 타고 여행하듯이 말이죠. 도구라고 해 봐야 노트북 한 대와 쇼파, 그리고 스크린이 전부였는데도 불구하고 그 효과나 느낌은 진짜 여행하고 있는 듯이 보였습니다.

　'와! 저런 것이 가능하다니. 간단한 몇 가지 기기만 있으면 저런 재미있는 활동이 가능하구나. 아! 우리 아이들도 저 정도는 할 수 있을 것 같은데? 가상 세계 여행? 구글 어스를 찾아봐야겠다.'

　이렇게 시작된 구글 어스를 활용한 가상 세계 여행 활동. 이미 대륙이 나눠져 있었기에 자신의 대륙에서 자신들이 찾아가 볼 중요한 곳들을 정하고 구글 어스로 그곳을 탐색한 다음, 아이들 앞에서 가상 세계 여행을 하는 것입니다. 물론 큰 스크린 앞에서 해야 맛이 나겠죠? 모둠이 한 대륙을 조사하는 것이니, 안내하는 사람, 관광객, 구글 어스를 조작하는 친구 등 나름대로 역할도 나누고 준비한 후 발표를 하게 되었답니다. 아이들도 다 알고 있죠. 이것이 가상으로 하는 여행이라는 것을요. 하지만 구글 어스가 보유한 3D 형태의 사진 자료를 보는 것만으로도 입에서는 저절로 '와!'소리가 터져 나온답니다.

　교사인 제가 아무리 멋진 사진을 준비하고 그것을 대륙별로 소개해 준들 아이들 입에서 '와~'소리가 나왔을까요? 그리고 아이들이 대륙별로 여행하듯이 꾸며 발표하는 것만큼 재미있었을까요? 그리고 아이들이 정말 보고 싶어 하는 곳을 제가 다 보여줄 수 있었을까요? 저는 이 모든 물음에 그러지 못했을 것이라 대답하고 싶습니다. 아이들은 스스로 자신들이 원하는 곳을 찾아가 재미있게 그리고 감동적으로 그것을 보여주었으니까요.

　정보화 기기. 정말 쓸 만합니다!

5. 게르니카

'세계 평화'에 대한 마음이 절절하게 드러나는 활동이 피카소의 〈게르니카〉 그림을 그리면서가 아니었을까 합니다. 아이들은 이 때 전쟁의 참혹함을, 그리고 인간이란 어때야 한다는 생각을 깊이 하는 모습을 보여주었으니까요.

피카소는 우리 모두가 다 알다시피 세계적인 예술가입니다. 그런데 단순히 예술작품에만 몰두했던 분이 아니라 세계의 평화에 대해 걱정하고 그러한 그림들을 그렸다는 것을 알게 되었죠. EBS의《지식채널e》프로그램의 〈나는 피카소다〉를 보며 알게 되었답니다. 아이들과 의미 있는 명화를 함께 나누고 싶었는데, 그 때 그 프로그램을 보게 되었죠. 그래서 아이들과 피카소에 대한 이야기와 게르니카에 대한 그림 이야기를 나누었답니다.

"선생님은 여러분이 이 그림을 직접 그려보는 것도 의미가 있다 생각하는데, 여러분은 어떻게 생각하나요?"
아이들은 이미 〈게르니카〉가 어떤 생각으로 그려졌는지 한 번 들었기에 좋다는 의견들을 보여주었습니다.
"그러면 이제부턴 여러분이 선택하세요. 어떻게 이것을 그릴 것인지는요. 피카소의 그림을 그대로 따라할 것인지, 색을 어떻게 칠할 것인지, 역할은 어떻게 나눌 것인지 등에 관해서 말이죠."

아이들은 피카소의 〈게르니카〉를 어떻게 표현할 것인지 협의를 하고 저는 지켜보는 것이죠. 그리고 결정된 방법대로 표현하기 시작! 아이들 모습 하나 하나가 진지했습니다. 그리고 아이들끼리 나누는 이야기 속에서는 피카소의 마음이 전달되는 모습도 보여주고 있었고요.

"야. 이거 그려보니까 진짜 나치가 나쁘다는 생각이 더 든다. 어떻게 이렇게 잔인하게 폭탄을 떨어뜨릴 수 있냐?"
"여기 봐봐. 손이 잘린 그림인가 봐. 아유 징그러워"

그림을 직접 그려보며 아이들은 그저 눈으로 보았다면 보지 못했을 그림의 세세한 부분까지 보는 모습을 보여주었습니다. 그리고 완성된 그림. 아이들은 스스로 그린 그림에 감탄하며 저에게 이렇게 말하더군요.

"선생님, 이거 기념으로 사진 찍어도 되나요?"

물론 학교에서는 휴대폰을 꺼 놓도록 하고 있지요. 하지만 이 날 만큼은 사진을 맘껏 찍도록 해 주었습니다. 스스로 만든 작품이 아름답다 느끼는 것. 모든 인간은 아름다움을 추구한다 말씀드렸던 것과 같은 모습입니다. 아이들의 얼굴에 자부심이 넘쳐흐른 것은 두말할 나위도 없지요. 그렇게 완성된 〈게르니카〉는 교실 뒤편을 장식하고, 모두가 다시 한 번 세계 평화에 대해 생각해 보는 시간을 될 수 있었습니다.

"이 그림을 그리면서 피카소가 어떤 마음으로 〈게르니카〉를 그렸을지 상상이 되었어요."

6. 평화

　정보를 찾고 그 정보를 분류하고 다시 정리해서 자신만의 새로운 글을 쓰는 작업. 글을 쓴다는 것은 자신의 모든 역량이 동원되는 것과 같기에 더욱더 신경 쓰는 부분이라 말씀드렸죠. 아이들은 어느새 정보 찾기에서 자신의 생각과 어떻게 연결해야 할지, 그리고 글은 어떻게 구성하면 좋을지 많이 배운 모습을 보여준답니다. 1학기 첫 자기주도 글쓰기에서 보여주던 허술함을 많이 벗어났다고 해야 할까요?

　세계평화와 관련된 주제를 찾고 그 주제에 대해 조사하고 글을 쓰는 것. 자유로운 주제이다 보니 아이들의 창의적인 주제들이 많습니다. '음악과 세계평화', '건축과 세계평화'와 같이 말이죠. 이렇게 쓰인 세계평화 글쓰기는 칠판 가득히 붙여놓고 우리가 한 글쓰기 작품을 함께 감상한답니다. 그때의 알 수 없는 뿌듯함이

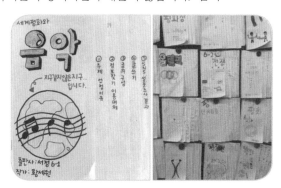

란. 그리고 그 글 하나 하나를 아침시간마다 읽어 나갑니다. 아침나들이 이후 교실에서의 활동시간을 아침활동이라고 하는데, 특별히 정해진 것이 없고 그저 이렇게 교육과정과 연계된 활동들을 해 나가는 것이죠. 아이들은 자신들의 글을 읽어주는 것도 좋아한답니다. 이렇게 발전된 글쓰기는 마지막 자기주도 글쓰기로 연결되겠지요?

7. 세이브더칠드런

매년 연말이면 불우이웃 돕기 성금을 걷거나 그러한 행사들이 많이 펼쳐지게 됩니다. 매년 행사를 진행하면서 든 아쉬움은 무엇인가 자신의 몸으로 그리고 정성이 가득 담긴 것이었으면 좋겠다는 생각이었습니다. 이때 알게 된 것이 세이브더칠드런 모자뜨기 캠페인이었답니다. 단순히 돈만 내면 되는 것이 아닌 직접 손으로 만들어야 하고 그것을 만드는 동안 내 마음 속 정성들이 담긴다는 것이었죠. 실과 책에 나와 있는 뜨개질 단원도 연결되었고요.

'지구별 세계일주' 주제가 시작되고 끝나는 때까지, 아니 그보다 더 오랜 기간 동안 아이들은 손에서 뜨개질을 놓지 않고 계속 모자를 만들어갑니다. 저 또한 쉬는 시간 아이들과 교실 한켠에 쪼그리고 앉아 모자를 뜨는 거죠. 모자 뜨기는 구석에 쪼그리고 앉아 떠야 제 맛이더라고요. 이렇게 완성된 모자들은 아이들과 직접 세이브더칠드런 본사로 찾아가서 전달한답니다. 의외로 가까운 곳에 본사가 있더군요. 비록 전철과 버스를 갈아타야 하지만요. 그래도 그곳에 들러 그곳에서 일하는 분들과 인사하고 전해주는 것만으로도 많은 것을 생각하게 되었답니다. 세상은 참 따뜻한 곳임을 다시 한 번 느끼는 것이죠.

9장

행복한 미래
: 진로교육, 직업탐색에서 행복 찾기로!

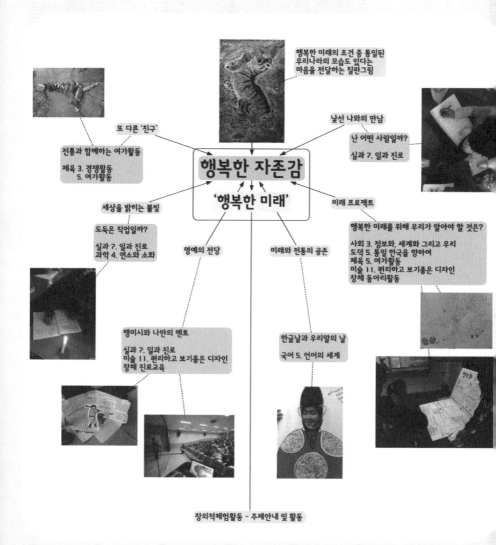

행복한 미래의 조건 중 통일된
우리나라의 모습도 있다는
마음을 전달하는 칠판그림

또 다른 '친구'

전통과 함께하는 여가활동
체육 3. 경쟁활동
5. 여가활동

낯선 나와의 만남

난 어떤 사람일까?
실과 7. 일과 진로

행복한 자존감
'행복한 미래'

세상을 밝히는 불빛

도둑은 직업일까?
실과 7. 일과 진로
과학 4. 연소와 소화

명예의 전당

미래와 전통의 공존

미래 프로젝트

행복한 미래를 위해 우리가 알아야 할 것은?
사회 3. 정보화, 세계화 그리고 우리
도덕 5. 통일 한국을 양하여
체육 5. 여가활동
미술 11. 편리하고 보기좋은 디자인
창체 동아리활동

행미시와 나만의 멘토
실과 7. 일과 진로
미술 11. 편리하고 보기좋은 디자인
창체 진로교육

한글날과 우리말의 날
국어 5. 언어의 세계

창의적체험활동 - 주제안내 및 활동

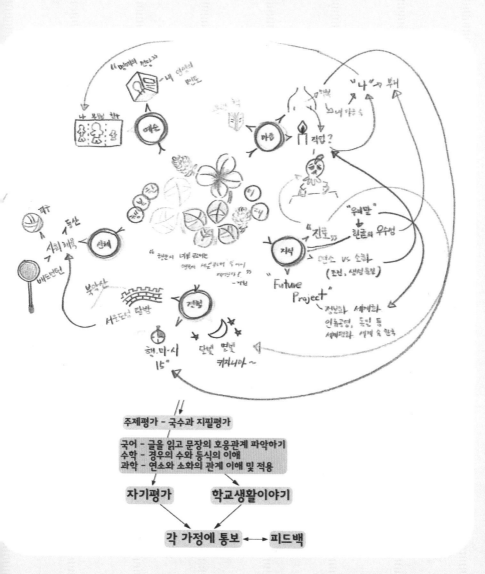

주제평가 - 국수과 지필평가

국어 - 글을 읽고 문장의 호응관계 파악하기
수학 - 경우의 수와 등식의 이해
과학 - 연소와 소화의 관계 이해 및 적용

자기평가   학교생활이야기

각 가정에 통보 ◄─► 피드백

'미래의 행복을 위해 현재를 희생해서는 안 된다.'는 말을 들어 보셨겠죠? 저는 이 말의 대상으로 특별하게 생각해야 할 존재가 아이들이어야 한다고 생각합니다. 그래서 세상에서 가장 행복해야 할 아이들에게 너무 큰 짐을 주고 있는 어른의 한 사람으로 죄스럽고 미안할 따름입니다. 이러한 죄스러움을 조금이나마 보상하기 위해 아이들이 학교생활만큼은 행복하기를 바라며 지내고 있답니다. 어차피 우리가 공부를 하는 것도 행복해 지기 위해서가 아닌가요?

1. 낯선 나와의 만남

아이들이 지쳐 쓰러져 갑니다. 항상 남들과 비교당하는 환경에서 행복하지 않습니다. 자신을 자꾸 초라하게 생각합니다. 제가 좀 심하게 표현한 것일까요? 교사생활 15년 동안 만나온 아이들이 점점 이런 식으로 변해가는 것은 아닌지 하는 생각을 많이 한답니다. 왜 그럴까요? 어떻게 아이들의 마음에 행복을 자리 잡게 해 줄 수 있을까요? 항상 그 결론의 지점에서는 '자신과의 만남'을 생각하는 것 같습니다. 자기 자신을 똑바로 볼 수 있는 것. 이것이 행복의 시작이고 자존감의 시작이지 않을까요?

우리 주변에는 이런 자기 돌아보기 프로그램들이 참 많습니다. 애니어그램으로 알아보기, 성격유형 검사로 알아보기 등 말이죠. 하지만 꼭 그렇게 전문적이고 도식화되어 있는 검사만이 자신을 알아보고 돌아볼 수 있는 것은 아닐 것입니다. 그래서 생각한 것이 '낯선 나와의 만남' 활동입니다. 이 활동은 그림을 그려서 진행하는 것이죠.

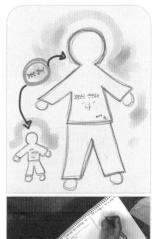

"자! 지금부터 3개로 구분된 곳에 자신의 모습을 표현하는데, 첫 번째 칸은 '부모님이 생각하는 나'의 모습을 그리고, 두 번째 칸에는 '내가 생각하는 나', 마지막 칸에는 '친구들이 생각하는 나'를 표현해 보렴. 크기와 색은 맘대로 하고 대신 모양은 간단하게 그리는 거야."

모양을 통일한 이유는 여기서 중요하게 생각한 표현의 모습은 '크기'와 '색'이었기 때문입니다. 크기를 통해 자존감의 크기를 짐작하고, 색을 통해 존재의 상태를 짐작하고자 했던 것이죠. 아이들은 심각하게 그렇지만 진지하게 그림을 그려나갔습니다. 그리고 그것을 보며 스스로에 대한 여러 가지 생각들을 하는 모습입니다. 부모님, 나, 친구의 모든 부분에 아주 작은 자신의 모습을 그려놓고 한없이 쳐다보고 있는 아이. 무슨 생각을 하고 있을까요?

자신이 그린 그림을 가지고 친구들을 만나게 하였습니다. 친구들에게 자신이 느끼는 자신의 모습을 다시 확인해 보는 것이죠. 자신을 작게 그

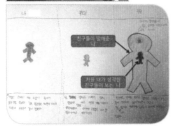

린 친구들은 다른 친구들이 말해주는 자신의 크고 밝은 모습에 용기를 얻게 되는 활동입니다. 아이들은 누가 먼저랄 것도 없이 서로를 위로해 주고 격려해 주고 있었으니까요.

친구들로부터 들은 자신의 모습을 반영하여 다시 그림을 그려보았습니다. 자신이 생각한 것 보다 훨씬 더 크고 밝은 자신을 말이죠. 그러면서 생각하기를 바랍니다. 누구 하나 소중하지 않은 존재는 없다는 것을 말이죠.

2. 도둑은 직업일까? [양초에서 직업의 의미를 발견하다]

"영화 〈도둑들〉에서 모두가 주인공이라는 말씀 드렸죠? 그러면 다른 질문을 해 볼게요. 영화 속에 등장하는 인물들의 직업은 무엇이었나요? 네? 도둑이라고요? 그러면, 도둑도 직업인가요?"

선생님과 학부모들을 대상으로 한 연수를 가서 항상 하는 이야기랍니다. '도둑도 직업인가요?'라는 말에 연수를 듣는 많은 분들이 웃음을 짓죠. 어떠세요? 도둑은 직업인가요? 그렇다면 도둑질은 일인가요? 엉뚱한 질문 같지만 사실 굉장히 중요한 질문이라 생각합니다. 왜냐하면 직업의 의미에 대해 생각할 수 있는 아주 간단하면서도 중요한 질문이라 생각하기 때문이죠. 아이들과 이 질문을 나눌 때 아이들의 모습도 아주 재미있답니다.

"야! 도둑도 직업이지. 돈을 벌어 와서 그걸 가지고 생활하잖아. 아이들 학원도 보내고"

"어떻게 그게 직업이냐? 다른 사람에게 피해를 주잖아!"

중요한 것은 이럴 때 저는 쏙 뒤로 빠져있다는 것입니다. 제가 답을 내릴 문제가 아니라 생각해서이지요. 결국 이 물음에 대한 답은 아이들이 스스로 내려야한다 생각했습니다. 그래서 과학시간에 '초'를 가지고 실험하다가 슬쩍 이 이야기를 꺼내놓고 스스로 해답을 찾아보도록 한답니다. 이렇게 말이죠.

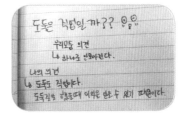

"연소와 소화 실험을 위해 우리가 이렇게 초를 관찰하고 있는데 선생님이 궁금한 점이 하나 있어. 아까 우리가 도둑이 직업이냐는 질문 때문에 친구들과 열심히 토론했잖아? 그런데 선생님이 생각하는 직업은 이 초와 같다고 생각하거든. 너희들은 어떻게 생각하니?"
잠시 망설이는 분위기가 이어지다 한 친구가 손을 번쩍 들어서 대답합니다.
"선생님, 초가 점점 녹아서 사라지는 것을 보니 직업과 관련이 있는 것 같아요. 우리도 나중에 직업을 가질 텐데, 결국 이 초가 사라지는 것처럼 우리도 명예퇴직을 해야 하는 것이 비슷한 것 같은데요?"

헉! 명예퇴직이라니요? 순간 제 머리가 멍~ 해지는 느낌이 들었습니다. 역시 아이들은 제가 생각하는 것 이상을 생각할 수도 있는 존재라는 사실을 다시 한 번 확인했다고 할까요? 순간 멍 한 분위기에서 아이들은 다시 웃으며 활기를 되찾고 제가 의도한 대답을 꺼내놓더군요.

"선생님, 초가 타면서 주변의 어둠을 밝히고 있는 것 같아요. 아마 직업을 가진다는 것은 우리가 이렇게 어둠을 밝히는 것. 즉 사회에 이로움이 되는 것이 직업이 아닐까요?"

"아 맞아. 나도 그렇게 생각했어. 그리고 초가 점점 녹아들어가는 것이 내가 나를 희생해서 다른 존재를 도와주는 모습 같아요. 인간의 모습인 것이죠."

와우! 아이들은 정말 대단합니다. 어떻게 이렇게 연결할 수 있을까요? 아이들과 생활한다는 것은 이런 새로움을, 이런 창조성을 볼 수 있는 축복은 아닐지 생각했답니다. 그런데 마지막으로 더 하고 싶은 말 없냐는 말에 한 친구가 말하더군요.

"선생님, 초의 연소를 자세히 관찰해 보니까요. 초가 반듯하게 잘 타다가도 가끔씩 흔들거릴 때가 있어요. 그런데 흔들거릴 때 초가 제대로 타지 못해서인지 연기를 막 내더라고요. 저는 이것을 보고 우리가 나중에 직업을 가졌을 때 보이는 모습이라 생각했어요. 직업이 무엇이건 그것을 정말 최선을 다해 한다면 지금 초가 반듯하게 타는 것처럼 지낼 수 있지만, 내가 가진 직업에 만족하지 않고 불만만 가지고 불평하면 초가 흔들리며 제대로 타지 않는 것처럼 되지 않을까요?"

아이들과 저는 단순한 과학수업이 아닌 '철학적 과학수업'을 하고 있었습니다. 이런 아이들과 함께 있을 수 있도록 해 준 신께 감사드립니다.

○○에게서도 다음의 일곱 가지를 배울 수 있다.

그는 밤늦도록 일한다.
그는 자신이 목표한 일을 하룻밤에 끝내지 못하면
다음날 밤에 또다시 도전한다.
그는 함께 일하는 동료의 모든 행동을
자기 자신의 일처럼 느낀다.
그는 적은 소득에도 목숨을 건다.
그는 아주 값진 물건도 집착하지 않고
몇 푼의 돈과 바꿀 줄 안다.
그는 시련과 위기를 견뎌낸다. 그런 것은
그에게 아무것도 아니다.
그는 자신이 하는 일에 최선을 다하며
자기가 지금 무슨 일을 하고 있는가를 잘 안다.

_랍비 주시아(하디딤 : 유태교 신비주의자)

위 글의 ○○이 누구인지 혹시 아셨나요? 네! 바로 '도둑'입니다. 아이들과 최선을 다하는 생활을 이야기하며 살고 있지만 무엇에 최선을 다해야 할지 생각해 보아야 할 것 같았답니다. '직업에는 귀천이 없다!'라고들 합니다. 하지만 다른 존재를 도울 수 있는 직업에 최선을 다해야 할 것 같습니다.

3. 행·미·시

'행복한 미래를 위한 시간 15분'을 줄여서 '행미시'라 부른답니다. 외국의 〈TED〉와 우리나라의 〈세바시〉라는 프로그램에서 영감을 얻은 활동이지요. 유명한 강사가 와서는 강의를 단 15분만 한다는 것이 매력적이었답니다. 길게 하지 않고 짧으면서도 여운이 있는 강의. 이 정도 길이의 강의라면 일반적인 어른들은 누구라도 도전할 수 있겠다 생각했고, 그 어른으로 학부모님들을 생각했죠. 왜냐하면 학부모님들께서 생각하는 '행복'에 대해 같이 나누고 싶었기 때문입니다. 아무리 학교에서 행복은 이런 것이라고 배워도 가정에서 전혀 다른 가치의 행복만을 추구한다면, 아이 입장에서는 혼란스러울 수밖에 없을 테니까요.

"행복이란 것이 저 멀리 있는 것이 아니라 내 옆에 지금 있는 친구들, 가족들이 함께 있는 것 자체가 행복이라 생각해요. 여러분들도 행복하길 바랍니다."

행미시를 위해 나와 주셨던 어머님의 마지막 이야기였습니다. 무엇인가 위대한 일을 해야, 좋은 직장에 들어가야, 좋은 대학에 들어가야만 행복한 것이 아닌 우리 일상 속 작은 행복들을 느끼며 살아가는 것. 이것이 우리가 추구해야 하는 행복이라 생각한답니다. 그리고 그러한 행복들이 모여서 큰 행복을 만들어가는 것 아닐까요? 크고 높은 수준의 것만을 바라지 않는 마음은 우리를 편안하고 행복하게 해 준다는 것을 잘 보여주는 활동이었습니다. 아이들의 진지한 눈망울과 더불어 함께 행미시에 참여하신 부모님들의 눈물을 통해서 말이죠.

아직 어린 새싹 같은 존재인 아이들. 그래서 세상 어느 것보다 아름다운 아이들. '실전을 좋아하는 아이들' 이야기 속 토마토 모종 이야기가 생각날 것입니다. 아름다운 아이들이지만 아직은 누군가의 조언이 필요한 아이들인 것이죠. 이럴 때 우리에게 조언을 해줄 사람들을 찾게 되고 그런 사람을 '멘토'라 부를 수 있을 것입니다. 그래서 아이들과 내 마음을 흔들었던 말을 한 사람을 찾아보자 했고, 그 사람이 바로 각자의 멘토가 된다 했습니다. 아이들은 지금까지 자신이 살아오면서 느꼈던 여러 가지 감정들 중에 자신의 마음을 움직인 말을 생각하기 시작했고 그 말을 한 사람을 조사하기 시작했죠. 그리고 만들어진 나만의 '명예의 전당!'

한 사람씩 자신이 정한 명예의 전당에 대해 이야기를 나눕니다. 서로가 어떤 말에 감동받았는지 확인하면서 말이죠. 그 말 속에 우리가 가져야 할 인간의 자세가 모두 포함되어 있는 것은 당연한 일이겠지요?

이렇게 만들어진 명예의 전당은 자신의 책상 위 한켠에 자리 잡고 매일매일 아이와 눈을 맞추며 마음을 다지는 작용을 합니다. 나만의 멘토가 이야기하는 삶을 나도 살아갈 수 있기를 간절히 바라면서 말이죠. 나만의 멘토를 찾아보는 일. 자기 관리의 첫 시작으로 어떨까요?

나만의 멘토를 찾는 활동은 '내 마음을 움직이는 말을 한 사람'을 찾는 활동이랍니다. 그러다보니 우리가 일반적으로 생각하는 위대한 일을 한 사람만이 멘토가 되는 것은 아니었죠. 그 대표적인 예가 부모님을 멘토로 정한 친구가 있답니다.

'흉내만 내지 말고 마음과 정성을 다 담아라!'

아빠의 이 말이 자신의 마음을 울렸고 그래서 아빠를 멘토로 정한 친구. 어쩌면 제가 원했던 멘토는 이런 멘토였다는 생각을 했습니다. 내 주변에 있는 나를 보아주고 살펴주는 어른들이 멘토가 되는 세상. 제가 꿈꾸는 아름다운 세상이랍니다.

5. 한글날? 우리말의 날?

10월 9일은 한글날입니다. 한글날이 되면 우리 문화에 대한 자긍심을 이야기하며 다양한 행사가 펼쳐지게 되지요. 그 중 가장 중심이 되는 것이 '한글'인 것이고요. 그런데 개인적으로는 한글날을 조금은 다르게 생각하고 있답니다.

'한글날. 왠지 한글과 세종대왕이 생각나는 날이지. 그런데 사실 한글이 과학적이고 훌륭한 글이지만 한글이 표현하고자 했던 '우리말'이 더 의미 있고 훌륭한 것은 아닐까? 중국이라는 거대한 나라와 딱 붙어 있는 나라였음에도 우리는 우리나라 우리민족만의 말을 가지고 있었잖아? 그리고 그 말을 표현하기 위해 만들어진 것이 한글이고? 한글날, 한글의 우

한글날 =우리말의 날

수성과 세종대왕의 위대하심을 이야기 하는 것과 동시에 우리말의 우수성에 대해서 좀 더 깊이 있게 생각해 보면 좋을 것 같아.'

국어책에는 한글의 창제원리와 다른 나라에서도 우리 한글을 표기법으로 사용한다는 내용이 나와 있지요. 하지만 그것을 넘어서는 우리말의 위대함에 대해서도 이야기하고 싶었답니다. 우리말의 숨어 있는 뜻. 어쩌면 우리는 우리도 모르는 사이 그 말을 통해 힘을 얻고 있을 수도 있으니까요.

"애들아. '고맙다'는 말 있잖아? 이게 엄청난 뜻이 있는 말이래. 너희들도 단군신화에 나오는 곰과 호랑이 이야기는 알고 있지? 거기서 곰이 나온 것이 그냥 나온 것이 아니라 신을 곰으로 표현한 것이라고 해. 그래서 '고맙습니다'는 '당신은 곰과 같습니다'라는 말이 줄어들어서 만들어진 말이라고 하더라고. 그 말은 '당신은 신과 같습니다'와 같이 해석되는 것이지. 즉 당신은 존귀하고 소중한 존재라는 뜻을 표현할 때 '고맙습니다'라고 한다는 거야."

'고맙습니다.'라는 말의 어원을 알게 된다면 우리 스스로 '감사합니다.'라는 한자어가 포함된 말 보다 '고맙습니다.'라는 우리말을 더 많이 사용하고 소중히 하지 않을까요? 이렇듯 우리가 알지 못하는 곳에 우리의 소중한 것들이 있다는 마음을 가지고 '미래 프로젝트'를 진행합니다.

    그동안의 글쓰기가 최종으로 마무리되는 활동이 미래 프로젝트입니다. 이제까지의 글쓰기에서도 마찬가지였지만, 이번 글쓰기에서는 팀별 협력이 더욱더 중요해지고 발표도 정식으로 형식까지 갖춰야 하기에 더욱더 신경 쓴 활동이지요. 그리고 그동안은 어떤 표현을 하건 크게 상관없었다면 이번에는 인포그래픽이라는 형태로 표현해 보라는 구체적인 미션까지 주어졌답니다. 배움에서 한 단계 나아가기 위한 방법 중 먼저 시도했던 사람인 교사가 보기에 필요한 표현 방법을 따라서 해 보는 활동도 필요하다 생각했습니다. 그래서 최근 많은 곳에서 이용되고 있는 인포그래픽을 발표할 때 표현해 달라고 미션을 주었죠.

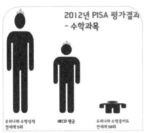

    이 그림은 인포그래픽 형태의 결과물입니다. 아이들에게 인포그래픽이 무엇인지 설명할 때 사용했던 것이랍니다. 그동안 해 왔던 것들을 총 동원해서 주제망도 작성하고 정보도 찾고 글을 쓴 다음 마지막 발표까지.

    물론 이 모든 것들이 학교의 수업시간에 이루어지도록 미리 타임테이블을 공지하고 시작했지요. 2시간이 넘는 발표시간 내내 아이들은 진지하였고 서로 배워가는 시간을 가졌답니다. 그리고 그것을 다시 나누며 마무리.

10장

축제 : 삶과 문학이 하나 되는 졸업축제

졸업여행에서 마지막 밤
하늘위로 날려보낸 풍등을
생각하며 그린 칠판그림

안녕 우리 친구들

애완동물과의 헤어짐

실과 5. 동물과 함께하는 생활

졸업여행

나의 초등학교 생활 돌아보기!

국어 4. 마음의 울림

희망

'축제'

마지막 저녁노을

졸업 전야제 준비

국어 1. 문학과 삶
    4. 마음의 울림
    7. 즐거운 문학
도덕 10. 참되고 숭고한 사랑
체육 4. 표현활동
미술 3. 조형요소와 원리

마지막
저녁노을

창의적체험활동 - 주제안내 및 활동

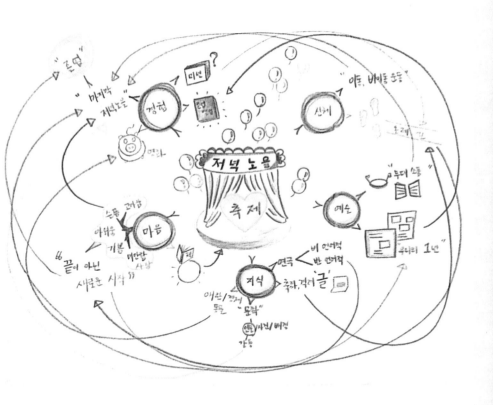

2009년 6학년을 담임할 때였습니다. 학교에서 치뤄지는 공식적인 졸업식이 끝난 후 교실에 돌아가 졸업장과 앨범을 나눠주면 끝나는 시간이었죠. 그 때 아이들이 무엇인가를 한다고 하면서 주섬주섬 준비하더군요. 처음에는 그저 고맙다는 표현을 하려나 보다 하고 보고 있었는데, 장장 1시간이 넘는 시간 동안 저만을 위한 공연을 해 주었답니다. 아이들이 자발적으로 준비한 공연은 제 마음 속 깊은 곳에 큰 감동으로 남았던 것 같습니다. 같이 계셨던 아이의 할머님은 '왜 이리 늦게 끝나냐?'면서 '배고프다.'고 하며 밖으로 나가기도 했지만요. 그래서였을까요? 아이들과 그냥 졸업식이라는 행사를 하고 헤어지긴 싫었습니다. 무엇인가 의미 있는 마무리가 필요했고 그 이야기가 '축제' 이야기입니다.

1. 마지막 저녁노을

앞에서 '저녁노을'이란 것에 대해 말씀드렸었죠? 모두가 함께 모여 운동하고 학부모님들과는 교육과정에 대한 이야기를 나누는 시간이라고요. 5% 다른 우리만의 졸업식의 이름이 바로 '마지막 저녁노을'이랍니다. 초등학교 6학년생활의 마지막, 그 마지막을 모두와 함께 만들고 싶은 마음이 이 속에 들어가 있습니다.

아이들은 반 구분 없이 하나의 문학작품을 중심에 두고 무대에서 공연할 작품을 만들어 갑니다. 권정생 선생님의 『강아지똥』 이야기를 중심에 두고 우리 모두 소중한 존재라는 생각을 펼친 2011년 졸업생 공연. 다사다난했던 2012년 우리의 이야기를 무대에 올리겠다 준비하고 공연한 2012년 졸업생들. 2013년에는 '나 너 그리고 우리'에서 소개했던 『심술쟁이 보시베어』 이야기를 중심에 두고서 자신들의 이야기를 펼쳐나갔답니다. 『심술쟁이 보시베어』 이야기 속 거북이의 '지금부턴 안 그러면 되잖아!'라는 말을 붙잡고서 말이죠.

대본을 쓰는 일부터 무대 위에서의 율동까지. 음악 선정도 아이들과 함께 만들어갑니다. 교사인 저는 그저 아이들을 도와줄 뿐이지요. 그리고 모두의 졸업식이 되기 위해 아이들뿐만이 아니라 학부모님들의 공연까지 펼쳐졌답니다. 졸업공연을 위해 자발적으로 모이고 오랫동안 연습한 학부모님들의 난타와 사물놀이 공연은 기억에 두고두고 남을 만한 공연이었습니다.

1시간 가까운 6학년 전체의 공연을 보는 내내 제 마음은 그동안 잘 해주지 못한 일들만 떠오르니 참 뭐라고 해야 할까요? 아쉬움만 남는다고 해야 할까요? 그 아쉬움을 털어버리기 위해 또 힘을 내야겠지요. 이렇게 우리의 주제중심교육과정도 끝을 맺게 되었습니다.

'끝이 아닌 새로운 시작!' 중학교에 진학하는 아이들에게 마지막으로 전달하는 우리의 마음입니다.

'길 위의 아이들'에서 언급한 많이 걷는 활동의 대표적인 활동이 졸업여행입니다. 제주도 올레길을 걷는 여행이지요. 긴 겨울방학 기간 중 3박 4일을 제주도 졸업여행에 참가하기 위해 아이들은 아침 일찍 공항으로 모여듭니다. 교사인 우리들도 마찬가지로 방학 중 일부를 졸업여행을 위해 비워두게 되는 것이죠.

프로그램은 간단합니다. 첫 날 저녁 모둠별로 모여서(한 반을 두 모둠으로 만듭니다) 올레길 몇 코스를 걸을 것인지 스스로 정하는 활동을 합니다. 그리고 정해진 올레길을 걷기 위해 다음날 아침을 먹고 출발하는 것이죠.

사실 이 프로그램에 대한 영감은 대안학교의 제주도 이야기를 듣고서였습니다. 대안학교의 아이들은 제주공항에 내리는 순간부터 혼자서 숙소도 찾아가야 하고 혼자서 여행을 다닌다고 하더군요. 하지만 우리와 같이 아직은 어리고 안전상의 위험에 적극적으로 대처할 필요가 있는 공립학교에서는 그렇게까지는 무리라 판단했습니다. 그래서 한 반을 두 모둠으로 나누고 각 모둠에 선생님이 한 분씩 같이 다니는 것이죠. 그렇다고 그 선생님이 주도하는 것이 아닌 그저 보호자로 따라다니기만 한답니다. 그러다보니 모든 계획부터 실행까지 아이들이 해 내야 하는 것이죠.

"우리가 가려는 7코스 시작점에 가려면 5번 버스를 타야 하는데 5번 버스가 여러 개가 있어. 무엇을 타야하지? 그건 지도 검색에도 나오지 않는데?"

아이들은 낯선 제주도의 대중교통 시스템에 적응하기 위해 스마트폰으로 지도와 대중교통을 검색해 보고 길을 찾아갑니다. 하지만 현실은 스마트폰에 나와 있는 것처럼 모든 것이 정리되어 있지 않죠. 그러다보니 계속 헤매고 다닙니다. 교사인 저를 쳐다보지만 저는 모른 척 그저 따라만 다닐 뿐이죠. 결국 아이들은 걸어서 2분이면 갈 곳을 빙 돌아 30분이 걸려서야 도착을 합니다. 그 때 제가 살짝 개입을 하는 것이죠.

"나름 고생했는데 허탈한 마음이 들 수도 있을 것 같아. 하지만 선생님은 이것도 좋은 배움이라 생각해. 선생님이 말해 주고 싶은 한 가지는 세상에서 가장 좋은 정보는 '사람'에게서 나온다는 것이야. 너희들이 길을 잃고 헤맬 때 스마트폰의 지도만 보지 말고 주변에 있는 사람들과 소통한다면 아마 지금보다 더 쉽게 길을 찾을 수 있을 것 같은데?"

다시 한 번 사람의 소중함에 대해 생각하는 순간이 온 것이죠. 아이들은 그 뒤부터는 주변의 사람들에게 다가가 소통하기 시작합니다. 수줍은 첫 모습은 어느새 보이질 않죠.

정보화 기기가 아무리 발전한다고 해도 사람의 기본적인 속성은 변하지 않을 것이라 믿습니다. 그리고 그것을 찾아가는 것이 배움의 본질이라 생각하고요. 그런 의미로 접근하는 또 한 가지는 졸업앨범이랍니다.

그동안 학교에서는 졸업앨범이라고 하면 어떤 사진관을 정해놓고 학교 행사가 있을 때면 사진관에서 나와 사진을 찍거나, 아이들 증명사진을

찍어서 앨범에 넣는 경우가 대부분이었죠. 그리고 그 외에 다양한 사진들은 CD에 담아 나눠주었고요. 그런데 CD로 담겨 있는 사진은 얼마나 자주 보게 될까요? 저는 아무리 디지털카메라가 대중화 되어있다 하더라도 나에게 소중한 사진들과 장면들은 꼭 출력을 해서 본답니다. 손으로 느껴지는 감촉만으로도 그 때의 느낌이 전달되는 것 같으니까요. 여행을 다녀온 후 찍은 사진을 컴퓨터에만 저장해 놓게 되면 결국 얼마 지나지 않아 기억에서 점점 사라진다고 할까요?

마찬가지라 생각했습니다. '졸업앨범에 좀 더 사진이 많이 들어가 있다면 좋겠다.'고 생각한 것은 어쩌면 당연한 결과였습니다. 그리고 아이들과 함께 만들면 좋겠다 생각했죠. 이렇게 만들어진 졸업앨범. 앨범 사진 하나하나마다 우리의 소중한 추억들이 스며들어있답니다. 제가 받은 최고의 선물 중 하나가 이 졸업앨범과 관련된 것인데요.

2011년 졸업생 아이들을 졸업 후에 만났습니다. 그런데 아이들이 선물이라고 무엇인가를 주고 가더군요. 바로 '서정초등학교 제2회 졸업앨범 6-1 설명서'라는 종이였습니다. 그 속에는 우리가 함께 만든 졸업앨범의 페이지마다 설명들이 쓰여 있었습니다. 그 당시에는 말하지 못했던 이야기들도 함께 담겨서 말이죠.

"마지막 22페이지. 처음에는 '비밀'(2011년도 교실에서 고양이를 소재로 한 영화를 제작했는데 그 영화의 제목이 〈비밀〉이었음)에 별 흥미 없었습니다. 재욱이와 친하지 않았고요. 하지만 생각해보면 '비밀' 덕분에 대본 쓰는 것이 즐거워서 제 꿈을 소설가로 바꾼 것 같습니다……"

자신들이 경험했던 수많은 일들이 사진과 함께 앨범으로 남는 것. 졸업한 아이들이 많이 하는 이야기 중 하나가 중학교 생활이 힘들 때면 가끔 앨범을 꺼내서 본다고 하더군요. 바로 책상 위에 꽂혀 있는 앨범을 말이죠.

"어린 시절부터 간직한 아름답고 신성한 추억만한 교육은 없을 것 … (중략)… 추억들을 많이 가지고 인생을 살아간다면 그 사람은 삶이 끝나는 날까지 안전할 것이다."

위의 글 기억하세요? 앞에서 『아이는 기다려 주지 않는다』라는 책 이야기에서 말씀드렸던 내용을 다시 생각하며, 세상에 단 하나밖에는 없는 우리만의 교육과정 이야기를 끝내고자 합니다.

행복한 당신의 이름은 '교사' 입니다

음치탈출!

처음 교대에 입학 할 때 면접시험 중 애국가를 부르는 시험이 있었습니다. 요즘도 그런 시험이 있는지는 모르겠지만 제가 알기로는 초등교사가 되려면 최소한 음치는 아니어야 한다는 생각으로 시험을 보는 것 같았습니다. 전 과목을 가르칠 수 있어야 하니까요. 그런데 음치인 사람은 왜 음치인 것일까요? 제가 의사나 치료사가 아니기에 정확한 것은 모르겠지만 여러 가지 방송을 통해서 음치를 치료(?)하는 모습을 보며 이런 생각이 들었답니다.

'커다란 대야를 얼굴에 덮고 노래를 부르네? 저렇게 하면? 아! 자기 목소리를 들을 수 있는 거구나! 잠깐! 그렇다면 음치는 자신이 내는 소리를 제대로 듣지 못해서 되는 것인가?'

내가 어떤 존재인지 모르고 아무것에나 막 덤비거나 집착하는 사람을 우리는 무척 곤란한 존재로 생각하지요. 음치도 그런 것이 아닌가 하는 생각이 들었습니다. 스스로는 노래를 즐겁게 잘 부른다 생각하지만, 음정과 박자가 전혀 맞지 않는 것이죠. 교사 입장으로 다시 생각해 보니 제가 어떤 교사인지 생각하지 못하거나 보지 못한다면 저 또한 음치와 다를 바가 없다는 생각이 들었습니다. 그러면서 문득 이런 생각이 들더군요.

교사인 내가 아무리 노력해도 이렇게 착하고 아름다운 아이들처럼은 될 수 없다는 사실과, 수많은 선입견과 고정관념으로 쌓여 있는 제 모습이 아이들에게는 괴물같이 보일까 두렵습니다.

하지만 음치가 자신의 목소리를 제대로 듣지 못해서 음치를 벗어날 수 없었다면, 자신의 목소리를 듣게 되면 벗어날 수 있다는 이야기가 되겠지요. 저 또한 마찬가지 희망을 가져 봅니다. 누구를 탓하거나 주변 환경을 핑계 삼기 전에 나 스스로 내가 내고 있는 목소리를 들어보자고 말입니다. 그렇게 하면 분명히 나도 음치에서 탈출할 수 있을 것이라고 말이죠. 괴물이 되지 않도록 계속 노력해야 할 것 같습니다. 그것이 교사의 길이라 생각하고요.

행복한 교사는 바로 당신!

'네 잎 클로버 = 행운'

우리의 삶에서 아주 가끔씩 찾아오는 '행운'은 어떻게 오는 것일까요? 그냥 가만히 있다가 갑자기 찾아오는 것일까요? 아니면 어떤 노력을 해야 행운을 만날 수 있는 것일까요? 네 잎 클로버를 찾기 위해 수많은 세 잎 클로버를 뒤지다 생각했습니다.

'네 잎 클로버는 행운, 세 잎 클로버는 행복. 혹시 행운은 행복한 가운데 찾아오는 것은 아닐까? 네 잎 클로버 혼자 뚝 떨어져 있는 경우는 없으니까 말이지.'

교사로 살아간다는 것. 아이들과 함께 있다는 것. 세상 어느 곳 보다 아름다운 곳에서 아름다운 아이들과 함께 할 수 있다는 것은, 행복 속에 있다는 것을 말하고 그 행복 속에서 피어나는 행운을 붙잡을 수 있는 교사. 그 교사가 바로 당신이라 생각합니다!

2012년 아이들과 함께 졸업여행을 하던 중 올레길을 하루 종일 걸어 몹시 피곤했습니다. 하지만 숙소로 돌아가기 위해 버스를 타야했지요. 그런데 버스 정류장은 오르막을 50미터 정도 더 올라가야 하는 곳에 있었고요. 더군다나 한 친구는 다리 한쪽에 깁스를 한 상태였기에 무척 걷기가 힘든 상태였습니다. 그 때! 평소 수업시간이면 잠이 와서 집중하지 못하고 무엇을 하건 힘없이 앉아 있던 녀석이 그 친구에게 다가가더니 덥석 그 친구를 업는 것이 아니겠습니까? 자기도 힘들 텐데 친구가 더 힘들어 보였나 봅니다. 그러고선 뚜벅뚜벅 언덕길을 오르더군요. 아무 말도 없이 말이죠. 그 장면을 본 친구들은 너나 할 것 없이 달려와 서로 도와주겠다며 옆에서 함께 했답니다. 그것을 저만치 떨어져 볼 수 있었던 행운을 누릴 수 있었던 사람이 바로 저였습니다. 제가 교사였기에 볼 수 있었던 장면이 아닐까요? 아름다운 아이들과 함께 할 수 있는 행운아가 바로 교사인 것이죠. 그리고 아름다운 아이들과 함께 하는 또 다른 행운아는 부모님이기도 하지요.

어렵고 힘든 일이 있더라도 항상 자신을 돌아보고 스스로를 채우는 행복한 교사가 되기를 간절히 바라며 이만 이야기를 마치고자 합니다. 그동안 이 이야기를 함께 읽어주며 아낌 없는 조언을 해 준 많은 동료 선생님들께 고맙다는 말씀 드리고 싶습니다. 특히 저에게 교육적인 멘토로 영감을 주셨던 이우영 교장선생님께 다시 한 번 고맙다는 말씀 드리고 싶습니다. 제가 힘들 때 옆에서 묵묵히 기다려주고 들어준 제 아내에게도 고맙고 사랑한다 말하고 싶습니다. 그리고 누구보다도 저와 함께 웃고 울며 함께 생활한 모든 아이들과 부모님들께 고마움을 전합니다. 이제까지 부족한 이야기를 함께 해 준 모든 분들께 고맙다는 말씀 다시 드리겠습니다.

"고맙습니다!"

좋은 교육을 꿈꾸는 나쁜 교사

이경원 올림

내 아이들이 이런 재미있는 공부를 많이 하고 있구나!

_박혜숙 님(2012년 6학년 졸업생 황세원 어머님)

교사생활 10년도 넘으신 선생님도 혁신학교 교육과정이라는 말이 괴문같이 느껴졌다고 하셨는데, 전업주부로 10년 넘게 생활해온 학부모 입장으로서의 느낌은 '외계어' 같은 말이었겠지요.

두 아이를 혁신학교 2년을 보낸 후에도 주제중심교육과정이라는 것은 뜬구름처럼 잡아보고, 만져보지는 못하지만, 쳐다보고 있으면 막연하게 좋은 거겠지 생각했던 것 같아요.

큰아이가 6학년 반 배정을 받고 친한 친구가 없다며 울먹였을 때, 담임선생님이 좋으신 분이라니 힘내보자고 말해줬어요. 그때만 해도 아이들과 체험을 잘 다녀서 많은 경험을 쌓게 해주는 선생님을 만나는 게 혁신학교 교육에서 가장 좋은 비중을 차지한다고 생각했죠.

아이들과 같이 수업에 참여해보자는 선생님의 권유를 받고, 처음에는 선생님이 수업을 잘하고 있는지 궁금해서 들어갔던 것 같아요. 그런데 첫 번째 주제망 수업을 듣고 나서 뭔가 깨달음을 얻은 것처럼 뜬구름 같았던 주제중심교육과정이라는 말이 머릿속을 파고 들어왔어요. 2년 넘게 막연했던 그 말의 의미를 한 순간에 알게 되다니요. 놀라웠죠.

'내 아이들이 이런 재미있는 공부를 많이 하고 있구나!'

미소가 지어졌어요. 다음 수업부터는 학부모라기보다는 아이들과 같이 학생이 되어 재미있는 공부 맛에 푹 빠져 다녔어요. 그러면서 내 학생시절에 이렇게 재미있게 공부하지 못했던 교육환경이 안타까웠고, 내 아이가 이런 교육과정 속에 있다는 게 다행스러웠고, 하루 빨리 모든 아이들이 재미난 공부를 할 수 있게 되기를 기대하게 되었어요.

큰아이는 이제 중학교 2학년입니다. 중학교에서는 칠판에 필기하는 일이 거의 없다고 합니다. 그런데 딸아이는 꼼꼼하고 예쁘게 노트정리를 잘 해옵니다. 서정초에서 아이는 교과서 속의 지식을 외웠던 것이 아니라, 주제중심교육과정 속에서 자신만의 재미있는 공부 방법을 배운 것은 아니었을까요? 학부모들이 좋아하고 바라는 스스로 좋아하는 방법을 찾아 공부하고 있는 거죠.

참된 교육과정의 씨앗을 뿌리는 선생님, 열매가 되어 돌아오는 그날까지 힘내세요~^^

교육은 학교와 선생님만의
몫이 아님을 강조한 교육

_이미옥 님(2012학년 졸업생 서아란 어머님)

     저는 이경원 선생님께서 진행하셨던 주제중심교육과정을 한 학년 동안 함께한 학부모입니다. 두 살 터울에 두 딸을 키우면서 차분하고 조용하고 일반적으로 학교에서 가장 좋아하는 모범적인 스타일의 큰 딸과 달리, 둘째는 겁도 없고 자기주장이 확실하고 궁금한 것은 꼭 확인하고 넘어가는 우리 교육에서는 소위 나댄다는 소리를 들을 수도 있는 성향을 보이는 아이였습니다. 1학년에 입학하여 궁금한 것이 있어 교탁 앞으로 나가 선생님께 물으러 갔던 아이는 선생님의 날카로운 음성 '일단 들어가 있어 앞으로 나오지 마!'라는 말에 상처를 받았습니다. 3학년 때는 몰라서 물어봤던 질문에 친절하게 답하지 않으셨던 선생님을 집에 와서 저에게 '친절하게 말해주면 안 되는 거야?'라며 이제는 선생님을 평가하고 비판하는 발언을 하는 것이었습니다. 보기만 해도 예쁜 둘째 아이의 입에서 그런 말이 나왔을 때 어이가 없어 웃음이 나왔지만, 곧 저에게는 아이를 어떻게 해야 하나 걱정이 들며 그동안 관심 없었던 혁신학교나 대안학교를 찾아보게 되었습니다. 마침 인근에 혁신학교인 서정초등학교가 개교를 하였다는 단비와 같은 소식에 저는 작은 아이를 위해 집을 알아보고 이사를 하여 4학년부터 다닐 수 있게 되었습니다.

340

첫 날 손을 잡고 학교를 찾았던 저는 너무도 예쁜 가사의 교가와 아이들을 배려하는 선생님들의 따뜻하신 모습에 안도할 수 있었습니다. 당시 6학년이었던 큰 딸은 다니던 학교의 친구들과 정을 버릴 수 없다는 본인의 의견을 따라 다니던 학교에서 졸업을 하게 되었는데, 이는 제가 6학년 과정의 작은 아이의 수업을 지켜보면서 큰 아쉬움과 후회를 남기는 계기가 되었습니다. 4학년 때 6학년이었던 큰 아이는 바이올린을 전공하게 되어 예중 입시를 앞두고 있었기에, 작은 아이를 혁신학교에 보내긴 했어도 작은 아이의 학교와 교육에 관심을 가질 여유가 없었습니다. 다만 학교 가는 것을 너무나 좋아하는 아이의 표정과 간간이 아이의 밝은 이야기 속에서 학교에 대한 믿음과 선생님에 대한 신뢰감과 감사함을 깊이 느낄 수 있었습니다.

등교 후 텃밭 가꾸는 시간에 배추를 돌보면서 '이것도 내꺼 저것도 내꺼'라고 했을 때, 옆에 계신 선생님께서 '그래 이 배추 다 아란이 배추야'라고 해주셨던 일화가 있었습니다. 일반적으로 '너는 왜 그렇게 욕심이 많니!'라고 다그쳤을 수도 있었을 텐데, 그러지 않아서 저에게 오랫동안 따뜻함과 선생님에 사랑을 느낄 수 있는 너무나 소중한 예쁜 추억이 되었습니다. 큰 아이가 원하는 중학교에 입학을 하고 적응기간 일 년을 함께 해주고 나니, 소홀했던 작은 아이를 위해 학교에 관심을 갖기 시작했습니다. 미안한 마음에 '이번 일 년은 너와 함께야'라는 생각으로 6학년을 맞이하게 되었습니다.

저희 아이는 6학년 부장 선생님반이였고, 키 크신 남자 선생님에 대한 정보가 없었던 저는 어머니 모임에서 선생님께서 혁신교육을 가장 잘 진행하시는 선생님이라는 것을 알게 되었습니다. 또한, 선생님반이 되기 위해서 기도했다는 엄마도 있다는 소리와 함께 선생님 반이 되게 정말 운 좋은 사건임을 알게 되었습니다. 교육은 학교와 선생님만의 몫이 아님을 강조하며 학교, 교사, 가정의 일치를 중요하게 생각하시고 우리 아이들이 받는 수업을 부모님들이 참여할 수 있는 너무나 소중한 시간을 만들어 주셨습니다. 저는 학창시절의 느낌과 함께 내 아이의 모습은 어떨까 하는 궁금함과 설렘으로 교실 안에 발을 들여 놓게 되었습니다. 학부모인 우리는 하나의 주제가 시작될 때마다 참여를 했으며 아무것도 몰랐던 주제중심수업의 매력에 빠져들게 되었습니다. 엄마의 부재에 목말라 있던 아이는 엄마의 참여에 더욱 열심히 수업에 참여하는 모습을 보여주었고요. 처음으로 접한 주제중심교육은 소통이 없고 대화가 단절된 수동적인형태의 교육환경에서 자라난 저에게는, 충격적이고 혁신적인 교육의 새로운 모습이었습니다.

주제중심교육은 아이들이 직접 몸으로 느끼는 체험교육과정이었습니다. 한 예로 국어과 5단원 '언어의 세계', 사회과 3단원 '정보화 세계화', 도덕과 5단원 '통일한국을 향하여'를 배우는 과정이 있었습니다. 사회과의 '정보화 세계화'에서 '과학기술과 정보화에 따른 미래사회 변화를 알고 전통의 공존과 통일과 세계평화를 알아간다'가 성취기준으로 제시되었고, 저희 모둠의 아이들은 광화문의 경복궁과 세종대왕박물관 견학을 선정하여 4명의 아이들과 함께하는 일인, 교사가 되어 광화문을 다녀오게 되었습니다. 남자 아이 둘, 여자 아이 둘을 데리고 버스를 타고 가야하는 프로그램은, 얌전한 여자 아이들에 익숙해져 있던 저에게는 남자 아이들이 섞여 있는, 그것도 네 명의 아이들과 함께 한 외출은 조금은 겁나는 원치 않는 일이였습니다. 그러나 함께 간 아이들은 저의 이런 우려를 잠식시키기라도 하듯 본인들이 얻어가야 할 것이 무엇이며, 무엇을 해야 하는지 정확히 알고 있었고, 얻어 가야 하는 과제를 수행하기에는 주어진 시간이 모자란 듯 너무나 열심히 몰두하며 사진을 찍고 자료를 정리하였습니다. 저의 존재는 처음부터 없었던 듯, 누가 시키지도 않고, 감시하지도 않는 자유로운 공간에서 스스로의 힘으로 그 시간을 헛되이 보내지 않는 모습 속에서 어렸을 때 소풍가던 시절에 정신 없는 아이들을 데리고 예민하게 소리치시던 선생님과 아이들의 모습만 기억했던 저의 무지함을 한탄하며 너무도 훌륭히 과제를 수행하는 아이들 속에서 우리 교육의 밝은 미래를 볼 수 있었습니다.

주제중심교육과정은 선생님이 주체가 되는 수업이 아닌 아이들이 주체가 되는 수업이었습니다. 교과서에 기록되어 있는 지식을 습득하는 피동적인 교육이 아닌, 능동적이고 적극적으로 무언가를 스스로 찾아보고 찾아내는 살아 있는 교육이었습니다. 훌륭하신 한 사람의 교육자를 통해 변화하려는 학교를 통해 아이들은 변화하고 있었습니다. 아이의 6학년, 1년 동안의 교육경험은 저와 아이의 평생의 추억이며 값진 경험이 되었고 잊지 못할 소중한 시간이었습니다. 이제 저는 아이에게 소위 남들이 말하는 좋은 대학, 좋은 직업이 아닌 사회 속에서 자연스럽게 녹아들어 소통할 수 있는 작은 직업에도 감사하며 보람과 행복을 찾는 성인을 꿈꾸어 봅니다. 이런 꿈을 갖게 해주신 선생님께 진심으로 감사드리며, 교육의 변화를 위해 노력하시는 선생님께 박수를 드리고 싶습니다.

영화 〈변호인〉에서 계란으로 바위를 깨뜨릴 수는 없지만, 바위는 죽은 것이며 계란은 그래도 살아 있는 생명체라는 말처럼, 안 된다고 안 하는 것이 아니라 변화할 수 있는 믿음으로 누군가 교육의 개혁을 위해 함께 해준다면 그것이 비록 어느 조그만 학교에서 교사 한 분의 힘으로 이루어지더라도 우리의 교육과 아이들의 미래는 밝아질 것이며 훌륭한 핀란드 교육과 같이 변화될 것이라 생각합니다. 저는 요즘 교육방송에서 하는 〈우리는 왜 대학에 가는가〉라는 프로를 보면서 우리 교육의 심각성과 질문이 없고, 소통이 없는 수동적인 자세로 받아 적는, 오히려 질문하는 학생이 배타자가 되는 현실 속에서 혁신교육을 위해 애쓰시는 선생님으로부터 새로이 변화되는 교육을 접했고, 거침없이 자신의 의사를 표현할 수 있는 건강한 교육을 꿈꾸고 있습니다.

그리고 좋은 교육을 받은 아이의 리듬이 깨지지 않았으면 하는 간절한 마음을 가지고 있습니다. 저는 이 모든 변화가 선생님들의 힘으로 변화되리라 생각합니다. 우리가 모두 부러워하는 핀란드나 미국대학의 교수님을 당황시키는 거침없는 질문공세를 하는 건강한 학생들을 꿈꾸며……